本书为2020—2021年度河北省社会科学基金项目结项成果，项目名称：《从单一到多元：政府购买养老服务模式研究》，项目编号：HB20GL046

政府购买养老服务相关问题研究

——以居家养老服务为例

王士心　刘梦月　郭禹辰/著

吉林大学出版社
·长春·

图书在版编目（CIP）数据

政府购买养老服务相关问题研究 / 王士心, 刘梦月,
郭禹辰著. -- 长春 : 吉林大学出版社, 2022.7
ISBN 978-7-5768-0068-5

Ⅰ.①政… Ⅱ.①王… ②刘… ③郭… Ⅲ.①养老 –
社会服务 – 政府采购制度 – 研究 – 中国 Ⅳ.①D669.6
②F812.2

中国版本图书馆CIP数据核字(2022)第134879号

书　　名：政府购买养老服务相关问题研究
　　　　　ZHENGFU GOUMAI YANGLAO FUWU XIANGGUAN WENTI YANJIU

作　　者：王士心　刘梦月　郭禹辰　著
策划编辑：矫　正
责任编辑：矫　正
责任校对：王寒冰
装帧设计：雅硕图文
出版发行：吉林大学出版社
社　　址：长春市人民大街4059号
邮政编码：130021
发行电话：0431–89580028/29/21
网　　址：http://www.jlup.com.cn
电子邮箱：jldxcbs@sina.com
印　　刷：天津和萱印刷有限公司
开　　本：787mm×1092mm　　1/16
印　　张：13.75
字　　数：200千字
版　　次：2023年5月　第1版
印　　次：2023年5月　第1次
书　　号：ISBN 978–7–5768–0068–5
定　　价：78.00元

前　言

　　根据1956年联合国《人口老龄化及其社会经济后果》确定的划分标准，当一个国家或地区65岁及以上老年人口数量占总人口比例超过7%时，则意味着这个国家或地区进入老龄化。1982年维也纳老龄问题世界大会确定，60岁及以上老年人口占总人口比例超过10%就意味着这个国家或地区进入老龄化。依照此标准，我国1999年就已经完全符合老龄社会的特征。据2010年第六次全国人口普查结果显示，我国60岁及以上人口已占全国总人口的13.26%（约1.776亿人），65岁及以上人口占总人口的8.87%（约1.188亿人）①；2016年，我国65岁及以上老年人占人口比重达10.85%，老年人口抚养比为14.96%。国家统计局第七次全国人口普查结果最新统计，截至2020年10月末，全国大陆31个省、自治区、直辖市60岁及以上人口为264 018 766人，占18.70%，其中65岁及以上人口190 635 280人，占13.50%。与2010年第六次全国人口普查相比，60岁及以上人口的比重上升5.44个百分点，65岁及以上人口的比重上升4.63个百分点；除西藏外，其他30个省份65岁及以上老年人口比重均超过7%，其中，12个省份65岁及以上老年人口比重超过14%。②由此可见，我国人口老龄化程度持续加深，老龄化问题严峻。同时，我国空巢化、高龄化问题也不断加剧，庞大的老年人群体对在中国持续数千年的家庭养老方式提出了巨大考验，机构养老的高成本也使得很多老年人和家庭望而生畏。面对老年人的多元化养老服务需求，政府如何科

---

① 2010年第六次人口普查主要数据公报（第1号）［EB/OL］. http://www.gov.cn/test/2012-04/20/content_2118413.htm.

② 第七次全国人口普查公报（第五号）［EB/OL］. http://www.stats.gov.cn/tjsj/tjgb/rkpcgb/qgrkpcgb/202106/t20210628_1818824.html.

学、有效、可持续地解决养老问题，已成为全社会共同关注的焦点。

2016年印发的《"健康中国2030"规划纲要》提出："坚持以人民为中心的发展思想，牢固树立和贯彻落实新发展理念，坚持正确的卫生与健康工作方针，以提高人民健康水平为核心，以体制机制改革创新为动力，以普及健康生活、优化健康服务、完善健康保障、建设健康环境、发展健康产业为重点，把健康融入所有政策，加快转变健康领域发展方式，……"①习近平总书记在党的十九大报告中进一步提出："构建养老、孝老、敬老政策体系和社会环境，推进医养结合，加快老龄事业和产业发展。"②这为新时代中国特色养老事业指明了方向——加强社会保障体系建设，要按照兜底线、织密网、建机制的要求，全面建成覆盖全民、城乡统筹、权责清晰、保障适度、可持续的多层次社会保障体系。③

养老服务体系是老年人在生活中获得全方位服务支持的系统，完善的养老服务体系更有利于我国养老服务业的发展。养老服务体系既包括家庭提供基本生活设施和生活环境，也包括社区提供的服务和基本条件，还包括政府、社会提供的有关养老服务的形式、制度、政策、机构等各种条件。在我国，养老方式主要有居家养老、社区养老和机构养老三种。居家养老作为传统养老方式，易于被社会所接受，一直以来都是最主要的养老方式。居家养老最早出现在英国，当时的英国政府鼓励家庭照顾，尽量让老人留在家庭和社区得到服务的提供和满足。我国居家养老模式的首创是在大连市，由大连市民政部门引导并培训大龄下岗职工成为专职护工，安排到街道社区中为生活自理困难的老年人提供护理服务，解决了很多家庭因家庭成员无法全职提供养老服务而出现的矛盾和困扰，为街道社区营造了良好的养老氛围，使老年人安享晚年。这一举措算是较早的居家养老尝

---

① 中共中央 国务院印发《"健康中国2030"规划纲要》_中央有关文件_中国政府网［EB/OL］. http://www.gov.cn/zhengce/2016-10/25/content_5124174.htm.

② 习近平.决胜全面建成小康社会 夺取新时代中国特色社会主义伟大胜利——在中国共产党第十九次全国代表大会上的报告［M］.北京：人民出版社，2017：48.

③ 《党的十九大报告辅导读本》编写组.党的十九大报告辅导读本［M］.北京：人民出版社，2017:335.

试和探索，从这种模式中可以看出居家养老的优势明显：从老年人的生活方式上来看，老年人不用到专门的养老机构接受养老服务，可以生活在家里，满足老年人对家庭情感的寄托和环境的熟悉。从经济角度来看，居家养老是最优的社会公共资源利用和最经济的资源组合。

我国的养老服务供给滞后于日益增长的养老需求。相比于机构养老和家庭养老方式，政府购买居家养老更具优势。原有的家庭养老模式面临巨大压力——家庭结构的变化和劳动力流动性的增强：家庭结构的变化，即随着计划生育政策的严格执行，独生子女增多，家庭结构由原来的"4+N+N"转变为"4+2+1"倒三角形养老模式的形成，家庭主要劳动力的经济压力增加，养老压力也随之增大；劳动力流动性的增强，即家庭中劳动力与老人在工作和居住等空间上出现分离，传统的家庭养老模式受到挑战。居家养老服务既承接了原有家庭养老模式的养老观念，又体现了养老机构所呈现的专业化服务，从现有养老观念和养老投入来看，居家养老服务更容易被认可和接受。从财政角度来讲，政府购买居家养老服务充分体现了政府在养老服务领域的"兜底"，提供基本的公共养老服务，养老机构更偏向于市场化，所以大力发展居家养老服务是重点，更能突出养老服务的公共性和公益性。此外，居家养老服务方式可以与社区、社会组织、医疗机构等很多参与主体合作协同，应用场景和内涵更广泛，还融合了家庭养老和机构养老的优势，更符合中国实际。

与西方养老服务体系发展的"去机构化"路径相反，中国养老服务体系发展是以"去家庭化"为起点的。居家养老服务模式是政府包办和过度市场化的中庸之道——政府购买居家养老服务实质上是政府部门、市场部门和社会组织等多元参与主体之间关系的重新界定，权责利重新理清。居家养老服务有效供给需要引入竞争性的激励机制，充分发挥多元参与主体的互补优势。国内学者的研究大多数沿袭着"谁购买、为谁买、买什么、向谁买、怎么买"等问题，对于政府购买居家养老服务财政补贴方式、绩效评价体系构建、运行管理等深层次问题关注度较低，而政府购买居家养老服务的核心要素和实践过程中的复杂性、困难性需要重点研究，这也正是本书研究的主要内容。

本书从我国人口结构与人口老龄化概念界定入手，概述我国人口老龄化现状和我国面临的养老困境以及我国人口老龄化对养老产业的影响，分析美国、日本、英国、德国、澳大利亚的养老保障制度及养老服务体系的特征，总结相关经验，为我国的养老服务业发展提供一些经验与启示；在此基础上，详述政府购买居家养老服务的政策演进历程及特点，深入剖析我国政府购买居家养老服务的发展现状、问题及成因，为提高我国政府购买居家养老服务质量提供现实依据。政府购买居家养老服务的运行管理与绩效分析是本书研究的重点，首先，从地方政府的角度出发，在对政府购买居家养老服务实现模式和财政制度分析的基础上，针对政府购买城市居家养老服务全过程之运行管理各环节的实践操作流程，依据机制设计理论设计政府选择社会组织准入阶段的综合评价模型，构建四方监督管理信息化平台，完善支持性政策；其次，从政府购买居家养老服务的绩效模型建构、效率评价、质量评价和综合评价等四个方面探讨构建居家养老服务绩效评估框架，为科学评价居家养老服务的绩效提供参考依；最后，以W市为例，对政府购买居家养老服务进行实证分析，为解决我国所面临的养老难题建言献策。

完善政府购买居家养老服务是一项长期而又浩大的工程，市场前景的不明朗，各项法规、政策的不确定性，使得居家养老服务仍停留在初级阶段，养老服务市场还未发展成熟。因此，本书在研究居家养老服务发展的过程中存在一定的限制，仅能根据政府购买养老服务已经取得的成果和已经发现的问题进行探索和研究。笔者希望随着政府购买养老服务的不断发展，未来能够展开更加深入的研究和探索。居家养老服务的发展之路还很漫长，但是我们可以确定的是，大力发展政府购买居家养老服务是符合我国国情的，是有助于构建社会主义和谐社会的重要举措，随着社会、经济、政治的不断发展，政府管理水平的提高，社会公共设施的不断完善，居家养老服务将是中国未来养老服务体系中最重要的一种方式。

目　录

第一章　我国人口老龄化现状与面临的养老困境

进入21世纪以来，我国人口老龄化速度不断加快，老龄化程度不断加深。与世界发达国家相比，无论是老龄化速度还是老年人口规模，我国都位列世界前茅。这也就意味着，在新的一百年里，我国必须要面临日趋严重的人口老龄化的挑战。人口老龄化日趋严重一方面加重了养老负担，给我国经济社会发展带来了巨大压力；另一方面也对养老产业提供了广阔的发展空间。

本章将从我国人口结构与人口老龄化、我国人口老龄化现状、我国面临的养老困境以及我国人口老龄化对养老产业的影响等四个方面展开论述。

第一节　我国人口结构与人口老龄化

一、人口结构

人口结构，也被称作人口构成，就是以不同标准为依据，对人口进行分类的结果，用百分比来表示，根据人口结构，可以了解特定时间、特定区域中人口整体异质性数量比例关系。实践中常用的标准主要有性别、年龄、民族、职业、收入以及宗教等，最普遍的是根据人口所固有的自然、地域和社会特征来划分。

自然结构主要是按照人口生物学特征为依据的分类，包括性别结构以及年龄结构。人口自然结构是人口再生产的起点与最终落脚点，在一定程度上影响人口发展速度与规模。社会结构主要是以人口社会特征为依据，涉及阶级结构、民族结构、语言结构、文化结构、家庭结构以及职业结构等。社会生产方式与人口社会结构之间存在作用与反作用。区域结构主要是以人口居住区域为依据作出的分类，包括自然地理结构以及行政区域结构两部分。地理环境、自然资源以及经济发展状况等都会对人口区域结构造成或多或少的影响，人口区域结构合理是确保自然资源合理高效开发、经济健康有序发展的前提和保障。与此同时，人口区域结构还会直接影响人口的出生率、死亡率以及平均寿命，形成区域差异。

社会、经济、文化以及人类自身的发展必然会影响人类结构，同时人口、社会、经济之间又是互相影响的。在人口结构所有因素中，最关键、最重要的两大要素就是年龄与性别，这就意味着，年龄结构与性别结构给人口结构造成的影响最为明显[1]。

人口年龄结构问题逐渐成为影响社会经济发展的主要因素。自马尔萨斯（T. R. Malthus）发表《人口论》以来，人们关注的焦点主要是人口数量与社会的发展问题，仅仅把人口年龄结构问题当作次生问题来处理。随着发达国家步入老龄化社会，人口年龄结构对一国经济、政治、文化的影响逐渐成为学者所研究的主要对象。

二、人口老龄化

"老龄化"一词广义上来说有两种含义：个体的老化和整个人口群体的老化。所谓人口老龄化，就是总人口中年轻人口数量减少，年老人口数量增加，从而使得人口总量中年老人口所占比重超过标准限度，并且呈现出继续增长的趋势。具体而言，人口老龄化的内涵主要涉及以下两方面：第一，老年人数量持续增加，在人口总量中所占比重相应增加，并且这一增长趋势依然继续；第二，社会人口结构显现出老年态势，步入老龄化阶段。联合国于1956年发布的《人口老龄化及其社会经济后果》中所界定的标准是：当一个国家或地区年龄在60岁以上的人口所占比重达到过或超过10%，或者65岁以上的老年人所占比重达到或超过7%，就可以认为该国家

---

① 姜向群. 对人口老龄化社会经济影响问题研究的回顾与分析 [J]. 南京人口管理干部学院学报，2001（02）：18-21.

或地区已经步入老龄化社会阶段；1982年维也纳老龄问题世界大会决议指出：年龄达到或超过60岁的老年人口数量在人口总量中所占比例达到或超过10%，就可以判定该国家或地区处于老龄化阶段。

导致老龄化问题的根本性原因大致可归为以下三点：（1）生育率不断下降，育儿成本增加，生活节奏提升，生活压力加大，导致很多已婚夫妇推迟生育，甚至有越来越多的人加入丁克一族；（2）国家在一定期限与人群范围内实施计划生育政策，在一定程度上对生育率起到限制作用；（3）医疗水平不断提高，优越的医疗条件惠及范围越来越宽泛，人均寿命延长。

第二节　我国人口老龄化现状

一、人口老龄化的现状及趋势

（一）人口发展历史过程

中国人口发展主要分为五个阶段。第一阶段是新中国成立初期至1970年，是人口无控制、高增长的时期。新中国成立后，社会安定，经济发展，中国人口开始出现持续、高速增长。1949至1957年，是中国人口的第一个高增长阶段。1949年，中国人口出生率为36‰，死亡率为20‰，自然增长率为16‰；到1957年，死亡率下降到了10.8‰，而自然增长率上升为23.2‰；总人口数由5.42亿人上涨至6.47亿人。1959年至1961年，中国由于三年自然灾害，死亡率骤增，人口进入低增长阶段。接着，1962年至1970年，自然灾害过后，人口出生率迅速回升，中国人口进入第二次高增长阶段。[①]

第二阶段是1971年至1980年，是人口有控制增长阶段。由于人口快速增长，社会、环境等方面的压力越来越大，政府开始有意识地通过计划控制人口增长。中国总人口从1971年的8.52亿人增长到1980年的9.76亿人，在这个阶段，人口出生率和自然增长率都迅速下降，但人口基数庞大，全国

---

① 数据来源见中国历年出生人口（1949—2019）_中央资讯_中国社会保障学会[EB/OL]. http://www. caoss.org.cn/1article.asp?id=4659.

总人口净增1.35亿人。①

第三阶段是1981年至1990年，是人口高增长阶段。此时，开始施行严格的计划生育政策，并且将政策推到了中国战略发展高度。经过政府、人民共同努力，计划生育取得巨大成就，中国的生育率开始持续下滑，到1990年，总人口增至11.43亿人，净增1.43亿人。②

第四阶段是1991年至2014年，是人口平稳增长阶段。计划生育政策不断完善，出生率得到有效控制，中国人口进入平稳增长阶段。随着大量劳动人口步入老年，中国在2000年进入老龄化社会。受到计划生育政策的影响，20世纪80年代至90年代出生的人口多是独生子女。

第五阶段是2015年以来，普遍放开二孩政策阶段。2015年10月，党的十八届五中全会提出普遍二孩政策，这是积极应对中国人口老龄化的一项重要举措。放开二孩政策标志着中国人口发展战略目标已经由人口总量控制，转向促进人口均衡发展，国家制定相关配套措施，鼓励适龄人群按国家政策生育，适当提高出生水平。从二孩政策实施几年来的效果看，2018年出生人口1 826万人，2019年出生人口1 723万，二孩比重已经超过出生人口的50%，生育水平低已经成为人口发展的新问题。③

（二）人口老龄化的现状

2019年年末，我国大陆总人口140 005万人，比上年年末增加467万人。从性别结构看，男性人口7 1527万人，女性人口68 478万人。从年龄构成看，60周岁及以上人口25 388万人，占总人口的18.1%，其中65周岁及以上人口17 603万人，占总人口的12.6%，65岁及以上老年人占总人口比重较2000年上升了4.44个百分点。④

---

① 数据来源见中国历年出生人口（1949—2019）_中央资讯_中国社会保障学会[EB/OL]. http://www.caoss.org.cn/1article.asp?id=4659.

② 数据来源见中国历年出生人口（1949—2019）_中央资讯_中国社会保障学会[EB/OL]. http://www.caoss.org.cn/1article.asp?id=4659.

③ 数据来源见中国历年出生人口（1949—2019）_中央资讯_中国社会保障学会[EB/OL]. http://www.caoss.org.cn/1article.asp?id=4659.

④ 相关数据见国家统计局编. 中华人民共和国2019年国民经济和社会发展统计公报 [M]. 北京: 中国统计出版社, 2020.

2000年中国总抚养比为32.64%，老年抚养比为9.92%。2019年总抚养比为39.20%，其中少年儿童抚养比为23.40%，老年抚养权比持续上升到15.90%。2010年，我国总抚养比降至最低的34.2%，人口红利也达到顶点。此后，随着老年抚养比的上升，总抚养比上升至2019年的39.2%。目前我国人口结构仍处于人口红利期，但是由于劳动力成本上升和劳动力结构性不足，人口红利正在逐渐消失。随着人口老龄化的快速发展，总抚养比，特别是老年抚养比将快速升高，人口红利将逐渐转变为人口负债。

（三）人口老龄化的趋势

发达国家也同样面临着人口老龄化的问题，但同发达国家相比，中国的老龄化问题更加严峻。2000年中国进入人口老龄化社会，相对发达国家进入较晚，但是中国老龄化的发展速度却远超发达国家。20世纪50年代到80年代，60岁及以上老年人占总人口比重不高，1982年中国60岁及以上人口比重为4.9%。但是，随着改革开放以来的社会经济发展和科学技术进步，以及中国实施人口计划生育政策，2000年中国60岁及以上老年人占总人口比重的10.1%，65岁及以上老年人8821万人，占总人口比重的7.0%，中国开始进入老龄化社会。2017年，65岁及以上老年人口增长到1.58亿人，占总人口的比重达11.39%。①

近年来，中国总人口增长率明显减缓，2019年人口总数达到14亿，比2018年增长了467万人。根据国家卫健委预测，预计到2029年，中国总人口将达到14.44亿人；随后，总人口将开始逐渐降低；预计到2050年，总人口为14.04亿人；预计到2100年，总人口降到11亿人。预计到2029年，65岁及以上人口为2.5亿人，总抚养比为51%，年龄中位数为41.83，自然增长率为0.11%。预计到2030年，自然增长率变为负增长，中国人口结构类型转变为负增长期。预计到2050年，中国60岁及以上老年人口将达到5.15亿人（36.7%），65岁及以上老年人口将达到3.95亿人（28.1%）。②

---

① 数据来源见中国历年出生人口（1949—2019）_中央资讯_中国社会保障学会[EB/OL]. http://www.caoss.org.cn/1article.asp?id=4659.

② 数据来源：2018年中国卫计委人口中长期预测

（四）人口老龄化的特点

1. 老年人绝对数量大、发展态势迅猛

我国是世界上人口最多的国家，随着老龄化水平的不断上升，我国也成为世界上老年人口最多的国家。截至2018年底，全国60周岁及以上老年人口2.49亿人，占总人口的17.9%，其中65周岁及以上老年人口1.66亿人，占总人口的11.9%[1]。2017年世界60岁及以上老年人口9.06亿人，我国老年人口占世界老年人口1/4以上，同时我国也是全球第一个老年人口数量突破两亿的国家，如表1-1所示。

表1-1　2010—2018年我国60岁及以上老年人口数量及比重

	2010年	2011年	2012年	2013年	2014年	2015年	2016年	2017年	2018年
人数（亿人）	1.78	1.85	1.94	2.02	2.12	2.22	2.31	2.41	2.49
比重（%）	13.3	13.7	14.3	14.9	15.5	16.1	16.7	17.3	17.9

资料来源：国家统计局网站http://www.stats.gov.cn/

从老年人口增长速度来看，2010年到2018年，全国60岁以上的老年人由1.78亿增加到2.49亿，老年人口的比重由13.3%增至17.9%，2010—2018年的九年间，每年新增老年人口数量接近1000万。据预测，未来30年，我国老年人口进入持续高增长阶段，自2030年以后，每年新增老年人口数量将超过1120万人。预计到2050年，我国65岁以上老年人口将超过4亿，约为总人口数量的1/4，大约1/10的家庭至少有一个65岁以上的老年人[2]。面对庞大的老年人口规模以及迅猛的老年人口增长速度，养老服务需求量迅速攀升，如何有效地满足不断上升的养老服务需求，实现老有所养，是我国养老服务体系面临的严峻挑战。

2. 人口高龄化趋势加剧

我国未来老龄化的总体趋势不仅表现为老年人口总体规模的膨胀，还

---

① 民政部：《2018年社会服务发展统计公报》[EB/OL]. http://www.mca.gov.cn/article/sj/tjgb/2017/201708021607.pdf.

② 白晨. 新时代中国老龄化趋势、挑战及应对思考[N]. 中国社会科学报, 2019-08-09.

突出地表现为老年人口内部年龄结构的快速老化。

我国80岁及以上高龄人口数量不断增加，从1999年的1 169.81万人增加到2017年的2 880万人，人数增长一倍之多；80岁及以上高龄人口比重持续上升，从1999年的0.9%上升至2017年的2.1%。我国高龄人口的绝对规模在加速膨胀，从2000年的1 200万人增加至2017年的2 800万人。①据预测，2032年我国高龄人口将超过5 000万人，2048年将超过1亿人，2050年将攀升至1.09亿人，高龄人口占老年人口的22.3%。与老年人口整体的增长速度相比，高龄人口的增长速度更加迅猛。到2050年，我国老年人口的总体规模约为2000年的4倍，而高龄人口规模约为2000年的9倍②，我国高龄人口规模的膨胀速度远高于全部老年人口规模的增速。

由于年龄的不断增加，身体机能的衰退，高龄老人的患病率以及致残率均较其他老人更高，因而会带来除基本生活需求以外的医疗保健和精神慰藉类需求等，养老服务需求结构更复杂，高龄老人是老年人中最为脆弱的群体，解决好高龄老人的养老服务需求问题是目前社会养老服务体系建设的重点和难点。

3. 人口老龄化发展地区间不均衡

我国人口老龄化主要表现在城乡之间和地区之间的发展不均衡。从区域分布上来看，人口密度较高的东南沿海地区比人口密度较低的西北、西南地区老年人口比例要高。从发展趋势上来看，我国东部地区的老龄化速度逐渐放缓、中西部老龄化速度不断加快，由于我国中西部青壮年人口不断向东部流动，中西部老龄化程度加快的态势将进一步加剧。上海市是我国最早进入人口老龄化的城市，西藏是我国最迟进入人口老龄化的省份，两者之间相差四十余年。可以看出，我国老龄化地区间的发展不均衡。

目前，我国农村人口老龄化程度高于城市，形成了老龄化城乡倒置的严峻格局。农村老龄化程度的加大，一个关键原因在于大量的农村青壮年

① 数据来源见中国历年出生人口（1949—2019）_中央资讯_中国社会保障学会[EB/OL]. http://www.caoss.org.cn/1article.asp?id=4659.

② 翟振武，陈佳鞠，李龙.中国人口老龄化的大趋势、新特点及相应养老政策[J].山东大学学报（哲学社会科学版），2016（03）：27-35.

劳动力从农村流入城市，随着农村青壮年劳动力的大量外迁，农村老年人口比重会远超城市，相应地提高了农村的老龄化程度，但在一定程度上也降低了城市的老龄化水平。另一方面，由于早年计划生育政策的影响，城镇生育率较农村生育率低。据2015年全国1%人口抽样调查数据统计，农村老年人口规模是城市的1.74倍，其中城市老年人口比重为14.2%，农村老年人口比重为18.5%，目前的差值为4.3个百分点，农村人口老龄化程度将始终高于城镇，2033年差值将达到最高的13.4个百分点。[①]

4. 独居老人和空巢老人增速加快、比重增高

我国老年人口在数量持续增长的同时，独居老人和空巢老人的比重和数量也在攀升。2000年第五次全国人口普查数据表明，全国有65岁及上老年人的家庭户中，空巢家庭户占22.8%，其中单身老人户占11.5%，只有一对老夫妇户占11.3%。2015年全国1%人口抽样调查数据显示，空巢家庭户占33.6%，其中单身老人户占15.8%，只有一对老夫妇户占17.8%。可以看出，相较2000年，2015年我国空巢家庭户占比大幅提升，上升了10.8个百分点，空巢家庭逐渐将成为老人家庭的主要形式。据预测，到2050年，我国家庭平均人数将下降至2.51人，独居老人数量攀升至5 310万[②]。

国务院发布的《"十三五"国家老龄事业发展和养老体系建设规划》（国发〔2017〕3号）曾预测，到2020年，我国独居老人和空巢老年人将增加到1.18亿人左右[③]，独居老人和空巢老人将成为老年人中的"主力军"。2000年第五次全国人口普查数据表明，在不同类别的家庭户规模中，一代户占比21.7%，二代户占比59.3%，三代户占比18.2%。2015年全国1%人口抽样调查数据显示，一代户占比33.8%，二代户占比46.0%，三代户占比19.4%。[④]随着我国城市化进程不断加快，一代户、二代户等小型家庭户逐

①　总报告起草组. 国家应对人口老龄化战略研究总报告[J]. 老龄科学研究，2015（03）：4-38.

②　白晨. 新时代中国老龄化趋势、挑战及应对思考[N]. 中国社会科学报，2019-08-09.

③　国务院关于印发"十三五"国家老龄事业发展和养老体系建设规划的通知_政府信息公开专栏 [EB/OL]. http://www.gov.cn/zhengce/content/2017-03/06/content_5173930.htm?gs_ws=tsina_636253488746230195.

④　数据来源见中国历年出生人口（1949—2019）_中央资讯_中国社会保障学会[EB/OL]. http://www.caoss.org.cn/1article.asp?id=4659.

渐增多，家庭户规模的不断缩小，年轻子女陪伴父母的时间越来越少，靠子女养老便无从谈起，我国传统的家庭养老功能日趋弱化。

5. 人口老龄化水平与经济发展不匹配

与发达国家不同，我国在出现人口老龄化现象时经济发展水平整体不高。2000年我国进入人口老龄化社会时人均收入仅有800美元，多数发达国家在进入人口老龄化社会时，人均收入已经达到10 000美元。经济能力是老年人养老的重要保障，经济水平未达到一定程度就进入老龄化社会也是我国人口老龄化的一个重要特征，即未富先老。从人口抚养比的变化来看，人口结构、家庭结构的变化导致人口抚养比大幅提升，养老负担将超过抚幼负担。预计在2030年前后，我国老年人口的快速上升，老年抚养比超过少儿抚养比，养老负担的日益加重成为劳动年龄人口的主要压力来源。到2050年，我国老年抚养比预计攀升至49.9%，与OECD发达国家平均水平的43.9%相比高了6个百分点。[①]

随着经济的快速发展，2011年我国GDP达到58 786亿美元，比日本多出4 044亿美元，成为世界第二大经济体。2018年我国的GDP为13.59万亿美元，成为世界上第二个经济总量超10万亿美元的大国。但由于人口基数大，人均GDP仍然处于世界第70名之后，我国在进入老龄化社会后又呈现出了未富先老、边富边老的老龄化特征。

（五）人口老龄化原因

人口老龄化是我国社会发展的必然趋势，其发生并不是单一原因影响产生的，而是多种因素综合作用的结果。通过研究发现，我国老龄化产生的原因主要有以下几方面。

1. 科学技术的进步为老龄化提供物质基础

科学技术的进步提高了劳动生产力，面对日益庞大的老年人群体以及少儿群体，科学技术的进步使得供养这类人群成为可能，并为人口老龄化的发生提供了物质条件。科学技术的进步改善了人类生存环境，大大地降低了死亡率，预期寿命随之延长，年龄结构老化严重。在科学技术不发达

---

① 白晨. 新时代中国老龄化趋势、挑战及应对思考 [N]. 中国社会科学报, 2019-08-09.

时期，人口再生产始终处于高出生率、高死亡率的结构状态。科学技术发展实现了"死亡率的革命"，能够存活到老年的人口越来越多，从而为人口老龄化的发展提供了前提[①]。科学技术的进步为老年人口的增加开辟了道路，为老龄化的发生创造了物质条件，人类社会呈现出科学昌明、经济繁荣、人们物质和精神文化生活水平提高的良好局面，科学技术也为人口结构转向、老龄化到来和发展起到了助推作用。[②]

2. 医疗技术的发展和进步为老龄化提供技术支撑

医疗技术的发展和进步为人类的生存和生命的延续提供了技术支撑，极大地提高了人类生存到老年的可能性。阻碍人类生命延续的最重要的因素便是疾病，随着医疗技术的不断提高，科技支持的医疗设备智能化提升，卫生医疗条件的逐步改善，威胁人类生存的各类疾病被逐一攻克。青霉素和大量抗生素的发明，有效防治了一些急性传染病和疑难杂症，人类生命得以有效地延续，预期寿命不断延长。我国人口的平均预期寿命从1981年的67.77岁增长至2020年的77岁，三十多年间提高近10岁。东京大学动物学教授江上信雄说："在野生状态下动物的寿命是不会延长的，人类也是一样。只是由于发现抗生素等，人为地创造了长寿的条件时，寿命才开始延长。因此，老龄化时代也可以称作'人造生命的时代'。"[③]

3. 经济和社会的进步为老龄化提供保障

医疗技术的进步满足了人们的健康需要，经济社会的进步带来了丰富的物质财富，能够满足人们衣食住行的需要，通过改善饮食和营养、生活条件和医疗水平，健康状况得以显著提高，平均预期寿命不断延长，为人口老龄化的全面到来提供经济保障。物质财富和精神财富的不断充裕，人们得以追求更高水平的物质享受和更高层次的精神享受，在物质和精神的双重支持下，人们可以顺利地进入老年期，并实现老有所乐、老有所为、老有所养。从全球来看，预期寿命从1820年的26岁提高到2014年的71

① 党俊武. 老龄社会引论[M]. 北京: 华龄出版社, 2004: 80–81.

② 韩振秋. 老龄化问题应对研究——基于科学与社会的视角[D]. 北京: 中共中央党校, 2018: 8.

③ 日本经济新闻社编. 老龄化社会——无形的革命[M]. 北京: 新华出版社, 1987: 1–2.

岁[①]。借助于经济社会的进步，新中国成立初期经济不发达，人均预期寿命仅为35岁。2020年，我国经济发展有了质的腾飞，已经成为世界第二大经济体，人均预期寿命提高至77岁，可以看出，经济的进步对于预期寿命提高的巨大作用。从欧洲看，预期寿命由18世纪的25岁提高到2020年的80.9岁。经济社会的发展和进步，带来了社会福利、养老保障制度的日趋健全，为老年人在老龄化社会得以生存提供了保障。

4. 生育观念的转变成为老龄化的加速器

随着经济社会的进步，国家和政府有条件建立起社会福利以及社会保障等缓解社会矛盾的制度，过去"多子多福""养儿防老"的陈旧观念已不再适应现今社会，青年一代在人生价值观、生育观念等方面有了巨大转变，直接影响了生育意愿。在科技创新、经济进步、社会发展的条件下，妇女地位、受教育水平以及自我价值意识逐渐提高，"不育文化""丁克家庭"等观念和家庭结构的出现，一定程度上降低了生育率。从技术发展水平来看，避孕技术的迅速提升和普及助推了生育率的持续下降，加快了人口老龄化的进程。[②]简言之，生育观念的转变配合技术发展的，改变了人口出生率和人口结构，成为影响老龄化程度重要因素之一。

5. 人口迁移直接影响了地区间的老龄化程度

人口迁移是影响一个国家或地区老龄化进程的重要因素。人口迁移有国际迁移和国内迁移，无论何种迁移，主要都是以青壮年劳动力移民、技术移民为主，当一个国家或地区有大批青壮年移出，老龄化程度就会相对加重，反言之，有大批外来移民的国家或地区老龄化程度会相对降低。法国是进入老龄化社会较早的国家，但由于其积极的移民政策，放缓了老龄化的整体进程，自1865年进入老龄化社会以来，法国老龄化程度在历经多年后依然维持在一个可以接受的程度。从我国迁移方向来看，多为青壮年从中西部到东部、从农村到城市的迁移，对于迁出地来说，大量的劳动力的迁出，在一定程度上改变了当地人口的年龄结构，导致老龄化水平有所提升，我国现阶段老龄化程度的特点为农村高于城市，中西部地区高于东

---

① 李旭初. 我的老龄观［M］. 武汉：武汉大学出版社，2014：10.

② 党俊武. 老龄社会引论［M］. 北京：华龄出版社，2004：80-81.

部地区。上海市是我国最早进入老龄化社会的城市，也是热门迁入地，国内外的迁入人数较多，且以青年劳动力为主，一定程度上改变了上海人口的年龄结构。2000年，上海65岁以上老年人口比例为11.46%，老龄化水平严重，2010年反而下降到10.12%，由于大量人员的迁入，使其老龄化水平得到一定的缓解。与之相反，重庆、四川2010年老龄化水平达到全国的前两名，由于大量青年劳动力的迁出，其老龄化水平居高不下。由此可见，人口迁移对迁入地和迁出地的老龄化程度影响颇深。[①]

影响人口老龄化的进程除了上述的各类原因之外，计划生育政策也是我国所特有的一个影响因素。总而言之，人口老龄化并不仅仅是人口年龄结构的变化，而是科技、医疗、社会、经济、生育意愿、人口迁移等多重因素综合作用的结果。究其根本，是科学技术与社会发展相互作用的结果，人口老龄化是社会进步和发展的重要标志。

第三节　我国面临的养老困境与挑战

我国社会养老服务体系的建设目标是为满足所有老年人的养老服务需求。伴随着老龄化速度加快、程度加深，老年人口数量日渐庞大，与之相对应而产生的养老服务需求也逐渐增多。面对养老服务需求总量的激增，养老服务需求种类多样化的现实，老年人口在不同年龄段的养老服务需求结构也有所改变，对社会、经济、文化、教育等各个领域都会带来巨大影响，对我国社会养老服务体系中社会养老服务机制（法制、发展理念、政策规划、监管保障）、社会养老服务方式（家庭供给、社会多方参与）以及社会养老服务内容提出新的挑战。

一、养老服务机制的困境与挑战

社会养老服务机制包括与养老相关的法制建设、政策规划、理念引导以及保障监管等。人口老龄化程度的加剧，要求我国政府建立完备的法制

---

① 熊必俊. 人口老龄化与可持续发展 [M]. 北京: 中国大百科全书出版社, 2002: 13.

体系对社会养老服务参与者予以规制，引导符合老龄化形势的养老服务发展理念，以政策规划扶助实施，最后用严密的监管手段保障养老服务供给的公平和效率，使得整个社会养老服务体系运行有序且高效。

老龄化社会的到来要求加强立法和政策制定来规制社会养老服务体系的运行秩序。我国已出台一定数量的规范性法律文件，在一定程度上推动了社会养老服务的有序开展。但与此同时，立法层级低、可操作性差等现实问题亟待解决。一方面，我国除《老年人权益保障法》以外，还未形成一部专门的养老服务法律，规制养老服务的相关依据多散见于不同层级的规范性法律文件之中。由于我国缺少专门针对养老服务的法律规定，对养老服务主体行为、服务内容等缺少法律的制约，在出现问题和纠纷时难以归责，老年人维权难现象频发。另一方面，就我国目前已发布的政策来看，对养老服务各供给主体的职能边界尚未有清晰的界定，家庭、政府、市场以及社会组织的责任划分较为模糊。

老龄化社会的到来要求转变社会养老服务理念。要树立从生存到尊重的养老服务理念，多方养老服务供给主体协调发展。在新中国成立初期，社会服务的发展没有得到充分的重视。进入老龄化社会后，亟须解决的问题便是养老服务的供给如何与老年人养老服务需求进行对接，充分满足老年人的日益增长和丰富的养老服务需求。如果处理不当，不仅会导致家庭纠纷、亲情疏离，还会影响到经济发展、社会冲突、甚至会导致严重的政治问题。[①]家庭养老的难以为继，政府养老的不堪重负，亟须社会力量的积极参与，共同承担起庞大的老年群体的养老服务需求。政府责任需要从"幕前"转向"幕后"，从养老服务的直接供给者转变为社会养老服务体系的运行规则的制定者、发展的引领者。政策制定要与实际需求对应，政府负责基本公共服务，将高端服务和个性化服务开放给市场和社会主体。[②]

---

① 陈宁. 从"生存"到"尊重"：我国居家养老服务理念的嬗变 [J]. 南华大学学报（社会科学版），2018（02）：61.
② 肖俊. 养老服务政策的两个基本理念 [N]. 深圳特区报，2017-09-12.

二、养老服务方式的困境与挑战

老龄化社会要求我们采取多元主体的养老服务供给方式。目前我国主要有居家养老、社区养老、机构养老三种养老服务方式，其中又以居家养老为主，三者的作用各有侧重，各有利弊。居家养老、社区养老由于其不离家的服务方式，能满足老年人的情感需求，但由于家庭功能的不断弱化，出现生活照料困难、服务不完整等问题；机构养老能满足生活照料以及医疗保健需求，对于身体健康状况较差的老年人而言，可以较好地满足生存需求，但精神慰藉服务十分欠缺；目前我国三种养老服务方式彼此相对独立、没有形成互补机制，无法同时满足老年人的生活、健康、精神等需求，与医疗服务的结合也并不完善。

面对老龄化社会的挑战，为满足老年人养老服务需求，社会养老服务体系应做到两个一体化：即医院和养老院的一体化；机构养老、社区养老与居家养老三种养老服务方式的一体化。[①]要将居家养老服务作为社会养老服务体系建设的重点和重心。受传统观念影响，我国多数老年人更倾向于在家中养老，完善的居家养老服务能够满足大部分老年人的养老服务需求；社区养老服务设施和服务功能的完备，对居家养老服务形成有力的支撑，对于无法在家享受养老服务的老年人，养老机构为其提供所需的养老服务。三种方式共同承担养老责任，互相弥补不足，协调供给养老服务。我国社会养老服务体系对三种方式间的关系界定为，以居家养老为基础、社区养老为依托、机构养老为补充。随着老龄化程度加深，亟须完善居家养老服务，不断加强社区养老服务服务设施，丰富社区养老服务供给内容，加快养老机构与医疗机构融合的进程。

三、养老服务内容的困境与挑战

在我国社会进步、经济发展的新时期，老年人受家庭、身体、收入等因素影响，对社会养老服务内容的需求不断增加和丰富。根据对我国人口

---

① 钱学明.社会化养老服务关键在于一体化[J].小康，2018(10)：79.

老龄化发展特点的分析可以看出，高龄老年人数增多的同时伴随身体健康状况不断下降，由此引发的医疗保健需求不断攀升。宋晨晓等对广东、四川、江苏以及湖北四个省份的老年人医疗服务使用情况的研究表明，老年人患病率为75.44%，其中慢性病患病率为64.24%，老年人的疾病患病率整体较高，对医疗服务需求较高。①2015年全国1%人口抽样调查数据显示，城乡失能、半失能老年人占老年人口的18.3%。面对如此高的医疗需求，我国卫生医疗事业发展却并不理想，尤其是老年人看病难、看病贵的问题异常突出。有数据显示，我国约有3 250万老年人需要不同形式的长期护理照护服务，越是经济发达地区，养老护理需求越高。但是目前专为老年人提供医疗服务的机构和设施严重不足，服务项目和服务内容不全，收费水平不合理，医疗服务人员的匮乏以及专业水平不高，无法满足老年人的医疗保健需求，是养老服务内容方面亟待加强的重点。

老年人口数量的激增，社会保障压力明显增大。劳动和社会保障部透露，在退休人员以每年6%的速度递增的情况下，养老保险个人账户空账以每年1 000亿元的规模增加。预计到2030年，领取养老金的退休者将超过1亿人，供养比例将达到2.5∶1。

家庭规模缩小，空巢老人和失独老人数量的增长，老年人日常照料需求不断增加。老年日常生活照料需求通常不是某一个方面的，而是多方面的，比如一个老人通常会有疾病照料需求，又会有心理照料需求，也可能会有家务照料需求。家庭自身提供的照料服务难以为继，应当以鼓励社会组织和民间资本兴办居家养老服务专业机构为基础，积极引导养老服务企业实行规模化、网络化、品牌化经营。以居家为基础、社区为依托、机构为支撑，把居家养老、"抱团"养老等纳入服务网点，为老年人提供紧急呼叫、家政预约、远程医疗等服务项目。

精神慰藉需求的增加是对我国社会养老服务内容的一项新的挑战。我国精神慰藉服务严重不足，随着老龄化加剧，空巢老人，独居老人逐渐增多，原本由子女提供的精神慰藉类照料已经无法满足老年人需求，与子女

① 宋晨晓，徐爱军，王丹丹. 老年人口卫生服务利用现状及影响因素分析 [J]，现代预防医学，2018（45）：2778-2783.

同住或子女在身边的老年人由于代际差异使得双方沟通存在一定障碍，老年人通过家庭获得的精神慰藉效果也逐渐降低，需要借助社会力量进行供给。空巢老人、独居老人由于缺少沟通和交流的对象，容易产生孤独感，进而引发"遗弃感"，对自我价值产生怀疑，长此以往，情绪低沉和烦躁不安容易易引发精神疾病。老年人在刚退休、与子女分离、逐渐失能这几个时间点是心灵较为脆弱的时期，也最容易产生孤独感。精神慰藉十分需要通过社会力量建立多渠道的服务供给路径，以此促进老年人心灵健康以及代际和谐。

第四节　我国人口老龄化对养老产业的影响

一、养老产业及其影响因素

1. 养老产业

在西方发达国家，由于社会养老保障制度健全、体系完善，针对老年人提供的服务种类丰富，因此只有"银发产业"的概念，并没有"养老产业"的明确解释。可以说养老产业是一个具有中国特色的理论概念。

在我国，养老产业研究起于20世纪90年代末。目前学界有关养老产业的定义尚未达成统一意见。有学者提出，老年人存在消费需求，为满足老年人群体消费需求的产品及服务行业都属于养老产业范畴。这种观点的不足之处主要是仅仅考虑到老年人作为消费者的角色，而实际上，在现实市场中，老年人有时也充当劳动者。有学者在结合现有观点基础之上提出，老年人群体一方面是消费者，另一方面也是劳动者，必须综合考虑到老年人在社会生活中所扮演的消费者和生产者的双重角色。还有学者指出，老年人享受老年生活并不意味着步入彻底享受休闲阶段，还有相当多的老年人有足够的精神与体力继续服务大众，继续为社会主义现代化建设做贡献，其中退休时间延迟的做法就是一个很有力的证明。鉴于此，在对养老产业进行研究的过程中，要对老年人力资源利用问题予以高度关注和重视。

笔者认为，满足老年人物质精神文化方面的需要，向老年人提供商品、服务以及各种基础设施所构成的"产业链"就是养老产业。养老产业的出现是社会经济发展的必然结果，是存在于第一、第二以及第三产业之中的一个相互交叉的综合性产业体系，现阶段社会生产生活中全部面向老年人提供商品、服务以及就业机会的、以营利为目的的经济实体都属于养老产业范畴。

　　养老产业的形成与发展与老年人口规模扩大、产业结构调整、居民购买力水平提高以及购买欲望上升所带来的市场需求是密不可分的。养老产业的健康发展，有利于减轻老龄化带来的养老负担，满足老年人日益增长的物质需要和精神文化追求，促进产业结构的优化升级，也能够有效地缓解就业压力、减轻社会保障负担。

　　2. 养老产业发展的影响因素

　　第一，传统观点的影响。首先，老年人有着重积累、轻消费，重子女、轻自身的传统观念；其自身的消费观念在短期内难以改变，直接影响了养老市场的形成。其次，一直以来所形成的福利化养老的认识误区影响了养老服务的产业化和社会化进程。而由于福利化认知误区，养老产业是否应该营利仍是个长期争论的话题。最后，老年人根深蒂固的勤俭节约思想，为了儿女往往把房产和养老金攒下，转移了老年人原有的有效需求。

　　第二，体制性障碍。养老产业的性质介于产业属性和事业属性之中，缺乏明确的政府介入和市场介入的边界划分，产业之中的行业竞争性和非竞争性区分尚不明确。政府职能部门在养老产业的管理上条块分割、缺乏相互协调、政策制定和执行效率低下；民营资本在财政支持、土地使用、融资服务等方面先天不足，无法享受到与公办机构同等优惠政策，无法平等参与竞争。

　　第三，缺乏总体规划和指导。政府对老年服务产业的双重属性定位有所缺失，缺乏长期养老产业发展战略规划，明确的养老产业发展规划和推动养老产业发展的制度体系尚未出台。整个养老市场处于无序运行的状态，养老产业管理滞后、缺乏统一的市场规范、行业标准和有力的监督机构。

第四，养老产品、养老服务质量差。充斥在养老市场的劣质产品严重打击了老年人消费的积极性；养老服务专业人员素质参差不齐使养老服务的数量和质量都远远不能满足养老市场的有效需求。

第五，缺乏产业政策扶持。投资养老产业需要巨大的资金量，而且养老产业盈利低、资金回收期长。有利于养老产业发展的优惠政策和配套措施难以落实、投资环境尚未形成，养老产业投资动力不足。

二、人口老龄化对经济结构的影响

人口年龄结构变化在供给方面会带来劳动力数量和质量方面的改变，导致劳动力成本变化；在需求方面会促进消费层次和消费需求的改变，进而带来产业结构和市场结构的调整。

（一）人口老龄化对要素结构的影响

当前自然资源、劳动力在我国要素结构中占比很大，技术创新比重很低。劳动力作为经济增长重要的要素，它的变化对我国经济发展有着重要的影响。进入人口老龄化社会所带来的庞大老龄人口会加快我国"刘易斯拐点"的到来，我国现有的廉价劳动力优势将不复存在，而与之对应的生产效率低、消耗大的第一、第二产业和第三产业中的传统服务业势必要向生产效率高、消耗低的现代产业所转移。

1. 适龄劳动人口总量减少

人口老龄化最直接的影响就是我国劳动力数量不断减少。2010年前我国适龄劳动人口绝对数量和占比均同时增长；在达到2011年74%的峰值之后，绝对数量和占比均呈下降趋势，劳动力数量逐步减少。从供给角度来说，可供使用的劳动力总量减少，而年老人口数量的增多又会影响劳动力的质量，降低生产效率。同时劳动人口总量的减少，意味着生产企业数量的减少，进而影响我国的产业结构。

2. 就业结构改变

在"人口红利"促进我国经济飞速发展阶段，由于少儿抚养比不断下降，老年抚养比尚未达到较高水平，适龄劳动人口充足，劳动力成本低廉等特点使我国形成了以劳动力密集型产业为主导的经济增长模式，在此期间，就业率水平不断提升。我国受益于这种"橄榄形"的人口年龄结构，劳动力供给长期高于需求，使我国享受了几十年的经济飞速发展期。然而，人口老龄化的到来将彻底扭曲这种劳动力供给局面。据《中国劳动力市场：前景、问题与对策》分析，2010—2015年我国达到了适龄劳动人口数量的最高峰，就业率处在高位，而到了2030年，我国将达到人口老龄化的高潮，"人口负债"的出现无法维持现有的就业规模。[①]

就业率之外，人口老龄化对社会就业的另一影响体现在就业人口在三大产业的规模之中。在"人口红利"期，劳动力数量呈现出在第一产业中迅速下降、第二产业中缓慢上升、第三产业中迅速上升的发展规律。而随着老龄化所带来的"人口红利"消失殆尽，我国低廉的劳动力成本优势将不复存在，产业结构也会调整升级，由生产率低下、耗能高的第一产业、第二产业和传统服务业向生产率高、耗能低的现代产业转变，就业规模也会随之改变。

基于我国的二元经济体制，城乡经济发展极度不平衡，我们要看到人口老龄化对城乡就业结构的巨大影响。我国农村人口老龄化趋势逐渐超过城市，导致农村剩余劳动力数量大幅度减少，第一产业的就业率大幅下降。另外在我国城镇化、工业化过程中出现的劳动力大规模由农村向城镇迁移也改变了城乡就业结构，同时反作用于人口老龄化，促进了农村老龄化态势的加重，一定程度上缓解了城镇老龄化的问题。目前农村老龄化程度高于城镇水平，预计到2030年农村老龄化程度将全面超过城镇，会带来严重的养老问题，也给农村经济发展带来严重危机。

3. 要素结构调整迫在眉睫

老龄化趋势加剧带来的劳动力资源稀缺，增加了社会的劳动力成本，促进产业结构升级，提高社会劳动力生产率迫在眉睫。同时我们也要清醒地认识到我们经济的高增长受益于这种"橄榄形"人口年龄结构带来的"人口红利"，但是总体经济水平、产业结构水平、就业水平与发达国家仍有着不小的差距。而面对着汹涌而来的老龄化大潮，发展养老产业势必

---

① 李建民.中国劳动力市场：前景、问题与对策[M].天津：南开大学出版社，2010.

成为解决这一困境的重要途径。

（二）人口老龄化对需求结构的影响

消费、投资、出口是拉动我国经济增长的"三驾马车"，三者之间的比例构成了需求结构。近年来我国过度依靠投资和出口带来了经济高速发展，但是也加剧了经济的不稳定性，产生了较大的波动。因此党中央明确提出要调整需求结构，提高消费贡献率，扩大内需，拉动经济增长。

人口老龄化对消费结构有着巨大的冲击，一方面通过储蓄率对消费产生影响。储蓄率是影响一国经济增长的关键因素，已经被很多发达国家实际经济增长所证实。而人口年龄结构的变化，引起的老年抚养比上升，对我国储蓄率有正向的拉动作用，另外随着我国人均收入水平的增加，也会带来储蓄率的增加。

另一方面通过老年人口数量激增所带来的新的消费需求引导新型养老产业出现带来新的经济增长点。根据现代消费理论，消费水平不仅取决于人们的现期收入水平，也取决于未来收入水平的预期。人口老龄化趋势的严重带来的高储蓄率会降低当前我国的消费水平，却会带来未来老年市场的巨大消费需求。

人口老龄化提高了老年抚养比，扩大了消费群体规模。我国未来三十年内会面临人口总抚养比上升，老年抚养比迅速上升的人口形势，这一变化说明了生产性群体规模在逐渐萎缩，消费群体不断扩大，会刺激消费需求不断增加。同时在消费规模扩大的同时，老龄人口的消费水平也在不断提高。消费水平受居民收入水平、消费环境、消费倾向和未来预期等因素制约。我国经济发展水平的稳步提高、社会保障制度的不断完善以及医疗卫生领域取得长足进步对完善老龄人口消费提升有着重要的意义。

另外，随着老龄化程度加剧，老年生活日用品、保健用品开始规模化生产，产业集聚程度提高。人口老龄化趋势加重引起了社会结构的深刻变革，社会化养老服务逐渐取代家庭养老服务成为老年服务重要组成部分，新型养老方式的出现引发了老年医疗服务、康复护理服务、夕阳红旅游服务以及法律服务等新兴需求。而面对高龄人口增多、失能、半失能老人激增的情况，老年金融服务业、老年房地产酒店业也迅速成为养老产业重要组成部分。

（三）人口老龄化对分配领域的影响

《中国人口老龄化和老龄事业发展报告》显示，2000年我国进入人口老龄化社会时期人均GDP仅为850美元，而西方发达国家则是在人均GDP5 000至10 000美元时期进入老龄化社会的。[①]我国进入人口老龄化时期社会总体经济水平明显没有达到"富裕"程度，呈现出"未富先老"的状态。

社会经济发展水平不高，人口负担加重，会深刻影响我国社会分配结构，积累的社会财富会通过政府财政支出例如税收、公共福利方面支持等方式向社会保障领域、医疗卫生领域和养老产业相关领域倾斜。另外我国现有社会养老保障制度会受到老龄人口迅速增加的猛烈冲击，覆盖范围有限、额度有限，仅能覆盖最基本的养老需求，双轨制与省级统筹影响公平原则，社会基金对于支付能力的保障不足，很难满足老龄人口数量激增的养老需求。因此人口老龄化的深化势必要求社会福利和公共服务事业转型发展，老年产业会迎来不断扩大的发展规模和全新的领域。

1. 对养老保障的影响

人口老龄化对养老保险制度的影响有诸多方面。第一，我国人口规模大，老年人口占总人口比重增加，养老金支付总量增大。即使是未来人均养老金支付标准有所降低，基数庞大，覆盖全部老年人口的养老保险体系压力也是非常巨大的。第二，我国现行社会保险养老金的主要资金来源是劳动人口缴纳养老保险金的方式，用来支付已退休人员的养老费用。老年人口数量增加导致劳动人口缴纳的养老保险金费用增加，同时在政策上，历年也是通过提高支付金额来完成"代际赡养"，缴费标准逐年递增，对于劳动人口也带来了部分压力。劳动年龄人口是养老保险金缴纳的供给者，老年人口抚养比升高，劳动人口比重降低，参保人员的负担系数在不断提高，参保人员数量减少，养老保险基金总体水平降低。第三，如果不提高养老金的缴费标准，养老金缴费标准保持不变或者降低，这与经济发展的实际情况是相违背的。随着物价上升，生活水平提高，养老支付费用

① 孙鹃娟，杜鹏主编.中国人口老龄化和老龄事业发展报告[M].北京：中国人民大学出版社，2016.

以及养老需求也有所上升，如果不提高养老金缴费标准，那么必将导致老年人生活水平下降，这样不利于通过社会养老保险改善民生。同时，如果养老金缴费金额上涨过快，高于老年人的生活水平，在人口老龄化速度快、规模大、地区发展不平衡的条件下，对于整个养老保险制度的冲击将更大。

总的来说，无论从养老保险制度的支付和缴纳哪个方面来看，人口老龄化给我国养老保险支付带来的挑战都是巨大的，所以很难维持原有养老保险制度。

2. 对家庭照顾的影响

传统的三世同堂家庭结构逐渐趋于小型化，中国家庭养老功能弱化，老年服务业发展还处于探索阶段。我国长期实行计划生育政策，导致家庭结构发生转变，家庭人口规模不断缩小，"4+2+1"的家庭结构更加普遍，家庭的养老功能、照顾功能日趋弱化。现阶段，年轻劳动力就业压力大，在就业时往往选择发达地区，发达地区就业机会相对更多、范围更广，这些情况引致老年人与子女不生活在同一城市，家庭成员很多选择留在原来的居住地的生活，老年人的家庭照顾受到影响。

与此同时，我国老年人健康情况整体情况一般，空巢老人、孤寡老人、半自理及不自理老人数量逐年增加，老年人的自身健康状况依靠家庭或者社会进行照护，由于家庭结构小型化，子女与老年人不居住在一起，老年人的养老服务需求难以满足。并且，越来越多的乡镇老年人对家庭照料需求明显，乡镇老年人的子女多在外地工作，老年人随着年纪增大，罹患慢性病的人群也越来越多，对于家庭照护的需求更加显著。[①]我国城乡老年人总数差距明显加大，农村大部分地区尚未建立良好的老年人养老机制和配套设施，同时又有大量农村人口转向城市生活，无论是城市或者农村，老年人长期照护及家庭照护的问题都十分急迫。

---

① 赵青. 我国社区居家养老模式的现状及问题浅析 [J]. 今日南国 (中旬版)，2010 (07)：4–6.

3. 对健康医疗资源的影响

老龄化加剧后，老年人面临的挑战中最核心的就是老年人的健康医疗得不到有效解决，健康医疗资源不能满足我国过大的老年人口数量，财政上对于老年人社会保障的资金存在短缺，老年人医疗卫生消费支出也逐步加剧。2011年至2020年间，参加基本医疗保险的人数逐年上升。2020年全国参加城镇职工基本养老保险人数为45 638万人，比上年末增加2 150万人。参加城乡居民基本养老保险人数为54 244万人，增加978万人。参加基本医疗保险人数为136 101万人，增加693万人。其中，参加职工基本医疗保险人数为34 423万人，增加1 498万人；参加城乡居民基本医疗保险人数为101 678万人。参加失业保险人数21 689万人，增加1 147万人。[①]并且，随着老年人医疗保健意识的增加，对于医疗保险的支出比例将更大。另一层面，虽然我国已经进入人口老龄化社会，养老服务业需求增加也带来了一定的机遇。老年人的需求是多元化的、多种类形式的、多种维度的，包括的需求有很多，如日常照料需求、医疗保健需求、精神慰藉需求、心理健康需求、社会参与度需求、老年再就业需求、长期照护需求等。在经济角度上，这些需求方式将带来新的经济增长点，同时，也将与新技术融合出现更多的新兴业态，也有与更多传统服务业的融合发展。虽然对于经济发展、养老保障、家庭照顾、医疗保健方面都存在巨大挑战，但是，即是挑战也是机遇。养老需求扩大，且需求仍保持明显增长的趋势，应对的解决方式是大力发展我国养老服务业，满足我国老年人多重需求。

（四）人口老龄化对产业结构的影响

马克思曾经指出，人口是生产、分配、交换、消费的主体，是一切社会行为和社会活动的主体。人口在经济生活中既是生产者，又是消费者，人口是产业形成的基础，人口结构变动从供给和需求两方面对产业结构有着深远的影响。

从供给角度看，人口老龄化影响着劳动力供给情况。在少儿抚养比和老年抚养比比重低的时候，能够提供充足的劳动力资源，有利于利用低廉

---

① 中华人民共和国2020年国民经济和社会发展统计公报 [EB/OL].http://www.stats.gov.cn/tjsj/zxfb/202102/t20210227_1814154.html.

的劳动力成本发展劳动力密集型产业。而人口老龄化的日趋严重，会带来劳动力数量和质量的双重改变。首先，劳动力数量会逐年减少；其次，随着原有劳动力年龄增大，对于新知识和新技术接受能力变差，使得产业生产率下降。另外，老龄人口数量的增加会提高社会养老成本，进而使劳动力成本增加。劳动力数量的减少、劳动力质量的下降和劳动力成本的增加都会使我国丧失廉价劳动力优势，促使产业结构向生产率高、耗能低的产业转型。

从需求角度看，人口老龄化会带来消费层次、消费结构的变动，这种消费层次和消费结构的变动会促进产业结构向高层次升级，在技术进步前提下夯实第一产业、优化第二产业，同时壮大第三产业。老龄人口数量增多，总消费量就会增多，需求的多样性也会增多，进而会产生一个新的产业，发展成一个新的市场。针对老龄人口的特殊需求，养老看护、休闲旅游、金融等养老服务行业便会兴起，而且会成为未来第三产业的支柱产业。另外马斯洛告诉我们，在满足了衣食住行等基本生活需求之后，人们对高层次需求和个性化服务有着更高的追求。老龄化进程伴随着经济水平的进步，因此老年人会对社会化和商业化的养老服务有着更多的追求。

在经历了"婴儿潮"人口数量迅速增加和计划生育政策严格控制人口出生率之后，我国当前形成了独特的"4+2+1"家庭结构模式。这种模式加重了现有适龄劳动人口的抚养负担，也给固有的家庭养老模式带来了挑战，势必要求我国社会化、商品化的养老服务长足发展来填补家庭养老的不足。同时，老龄化的日趋严重会改变原有老年产品供给结构，伴随着老龄人口出现的新的消费理念、消费需求，在第三产业领域促进养老产业向技术含量高、高生产率的现代服务业方向发展。

三、产业结构调整对养老产业发展的影响

（一）产业结构调整对养老产品和服务的影响

我国产业结构调整趋势是第一、第二产业比重逐年递减，第三产业比重上升，养老产业是第三产业的重要组成部分，未来很可能成为第三产业的支柱产业。

在养老产品和服务的供给方面，随着产业结构的调整，一定会吸收更多资源进入养老产业，丰富的资源供给会出现更多提供养老产业和服务的企业。供给主体的增加，服务内容、服务项目也随之全面发展。

在需求方面，产业结构调整对养老产品和服务的影响是逐步扩大的。对于养老产品和服务的不同需求是一种个人偏好，但也受到国家政策的影响。产业结构调整是国家重要的宏观经济政策，政府会引导各个产业发展来实现结构调整。这种政策导向会向广大老年群体释放一种促进消费的信号，养老产品和服务是有政策支持的，增加消费。

（二）产业结构调整对养老产业从业人员的影响

根据配第-克拉克定理：经济发展、人均收入水平提高，第一产业内国民收入和产业劳动力比重会相对下降；第二产业内国民收入和劳动力比重会逐渐上升；伴随着经济进一步发展，国民收入和劳动力分布将向第三产业转移。

人口老龄化日趋严重减少了我国的适龄劳动人口的总供给。当劳动力总供给下降时，三产业之间就业结构就要面临着重新分配，产业结构对于就业的影响主要也在于此。随着产业结构优化升级，相关落后产能产业会释放出大量剩余劳动力，这些剩余劳动力会被随之优化升级的产业所吸收。我国目前不断提高农业生产率和工业生产率，第一、第二产业产值和就业比重不断降低。而第三产业的迅速发展，使得释放出的剩余劳动力增加了第三产业劳动力的供给，增加了就业量。养老产业从属于第三产业，进入到第三产业的劳动力一部分会分流到养老产业，增加养老产业就业人员数量。

产业结构调整会促进经济发展，增加国民收入，老年人群总体收入水平也会提高。而把产业结构调整另外一个重要影响就是会改变我国收入分配格局。由于我国二元经济体制的基本国情，在结构调整初期，会加大城乡收入水平差距，随着调整进一步深化，这种城乡差距会逐渐缩小。在产业结构调整这种政策效应下，老年人收入水平的提高，会增强老年人群购买力，改变其自身偏好，导致其对养老产品和服务的需求。这种对养老产品和服务的需求就会催生对从事养老产业的人员的需求。另外城乡老年人口收入水平的差距增加了老年人对养老产品和服务需求的分层化。这种层级划分会对各层次的从业人员产生巨大的影响。

（三）产业结构调整对养老产品市场价格的影响

养老产品市场价格主要受到政府和市场行为的影响。目前我国的养老市场还是一个发展尚不完善的市场，政府定价为主，市场定价为辅，养老服务主要由公办养老机构来提供。而老年消费市场上的养老产品价格主要受市场定价影响。产业结构优化升级带动养老产业发展，会增加提供养老产品和服务的企业数量。其中，民营企业的市场力量会不断扩大，因此就会加强市场定价机制的作用，同时政府对于养老产品和服务定价主要以监管为主，促进养老产业的健康发展。这样会使市场中生产各类养老产品的企业数量增多，养老产品和服务价格趋向合理化，整个市场化水平提高，市场规模不断扩大。

另外，产业结构调整促进了我国信息化、网络化的迅速发展。这种信息服务业降低了其他产业的连接成本，成本的降低会大大影响商品的价格。对于养老产业来说，当前我国养老模式以居家养老为主，养老内容以日常起居照顾和医疗卫生服务为主，如果这种上门服务能够被基于互联网技术的互动模式来替代，成本会大大降低。另外网上养老产品的购买会替代老年人去实体店选购商品，这就会使养老产业内部出现市场竞争，使得产品和服务的价格水平降低。

产业结构既是经济增长的结果，又是促进经济继续增长的开端。适应需求结构转变的产业结构优化升级能够推动经济发展方式的转变。而对于养老产业，要在结合当前老龄化现状和养老实际情况，结合养老产业这一行业特殊性和域外良好的产业发展经验，对当前养老产业发展存在的问题进行分析，提出推动我国养老产业发展的措施和保障性体系的构建。

（四）人口老龄化对老年消费市场的经济影响

1. 我国老年消费市场分析

老年消费市场的壮大与养老产业发展是紧密联系的，养老产业的发展对老年消费市场有着积极的作用，而老年消费市场的扩大会给养老产业带来巨大的发展机遇。

预计到了2030年我国60周岁以上老龄人口将达到3.9亿，而老年群体可支配收入将由2010年的3 000亿元增长到5万亿元，可支配收入的增加直接会扩大老年群体消费规模，而对于我国老年消费市场进行分析有助于引导消费倾向转化为实际消费。

（1）老年消费观念和消费方向

随着经济发展水平提高和社会进步，老年人在满足基本生存需求之后，对活质量有着更高的追求，消费观念发生了巨大的变化。第一，重积累到重消费。过去老年人往往把积蓄留给子孙后代，而现在更多地考虑晚年生活；第二，滞后消费到适当超前消费的转变。在考虑目前收入的同时，也考虑到今后的收入水平，部分老年人适当进行提前消费以满足自身需求；第三，重生活消费到重享受消费，部分老年人从基本生活需求到精神文化方面的享受越来越受到重视；第四、从追求大众化消费到现在的注重个性化消费。

根据中国老年人消费调查报告显示，"日常生活消费""医疗费用""保健品""旅游""文化娱乐""投资理财"这几项消费支出占到老年人每年平均收入水平三成以上，其中"日常生活消费"和"医疗费用"所占比重最高。大部分老年人首先要保障日常的生活开销。由于老年人的健康状况随着年龄增长每况愈下，因此医疗费用的支出也占有很大比例。据统计，目前我国老年人身患各种疾病的老年人群占比高达80%，就医、保健需求将给各种医疗机构、药品及保健品生产厂商带来广阔的市场。此外，老年人相对于社会其他人群空暇时间更多，在收入还有剩余的情况下，老年人会进行投资、享受生活，在体育锻炼、休闲娱乐和旅游方面消费满足生理和精神需求。另外调查显示，"投资理财"在老年人支出中比例逐年递增，越老越多的老年人选择将自己的储蓄和消费剩余进行再投资，这也是现在我国老年消费方向的一个重要特点。

（2）老年消费特点

老年人特殊的生理和心理特征，决定了其消费偏好和消费行为具有特殊性，发展养老产业首先要考虑到老年人的消费特点，才能有针对性地生产出老年人满意的产品。

第一，理智消费。老年人消费经验丰富，消费过程中善于观察和比较，而且购买动机明确，经常了解市场行情，进过深思熟虑和讨价还价之后才做出购买决定，而且绝对不会购买不了解的商品和服务。

第二，习惯性。老年人心理惯性强，多年的生活形成了习惯化的行为方式和固定的消费模式，喜欢凭借过去的经验来分析商品质量优劣，一旦某品牌获得青睐，老年人会展现出强烈的消费和再次消费意愿。另外由于年龄增长，身体机能下降，新鲜事物难以产生深刻印象，钟情于传统商品，偏爱老品牌。

第三，实用性。老年人注重实际，心理稳定程度高，往往对商品的包装、时尚性要求很低，追求商品的经济适用性，要求商品的售后服务有保障，消除安全隐患。特别是对于特殊的劳动力服务——保姆更是有这方面具体的要求。

第四，便捷性。老年人由于身体机能下降，对于购物场所以及出行有着更高的要求，交通便利、提供老年人休息的基础设施、方便化的消费方式尤其得到老年人的青睐。

第五，补偿性消费。在进入晚年、收入增加的前提下，老年人大多对过去生活某些方面存在遗憾，而且闲暇时间增多，老年人需要安排自己的支持来实现更多精神方面的需求，提升自己的消费质量，实现年轻时没有满足的消费愿望。

（3）我国老年消费市场供给现状

当前我国老年消费市场在日常生活用品和医疗保健方面供给相对完善，其他方面供给严重不足，供求不对称、现状不合理，难以满足老年人消费需求和市场发展需要。现阶段老年消费市场供给主要存在以下问题。

第一，老年产品定位失衡，标准缺失。当前消费市场缺乏标准化和规范化的运作模式，没有统计的服务标准，使得市场产品混乱，良莠不齐。而且老年消费市场应该是一个能够满足老年人衣食住行以及娱乐等多层次需求的市场。从目前老年消费市场来看，大部分企业推出的都是药品和保健品，过分重视生理需求而忽视了精神方面的需求，"只见树木不见森林"，丧失了很大一部分潜在客户。

第二，市场认知缺陷大。首先部分商家仍然认定市场为年轻人主导，老年群体不具备购买力，没有重视老年市场。其次还有很多企业认为进入养老产业投入高、回报低、回报周期长、风险高，持怀疑态度，制约了老年消费市场的发展。

第三，规模小、层次低。目前老年消费市场仅仅涉及衣食住行和医疗保健等低层次的产品和服务，对于老年人文化娱乐、精神享受方面没有很好地进行开发。

第四，法律法规不健全、政策不成熟。养老产业在我国兴起较晚，政府只有鼓励性政策，而实际经济活动中涉及的生产、交换、分配、流通等环节缺乏配套的法律支持和政策支撑。

2. 人口老龄化对老年消费市场的经济影响

美国经济学家莫迪里阿尼（F. Modigliani）的生命周期理论指出：人们会在一个长期的时间内合理计划储蓄和生活消费开支，而不是只考虑当下的情况，以达到在整个生命周期内消费的最佳配置。通常人的一生可划分为青年、中年两个工作时期和老年的一个非工作时期。年轻人收入较低，更偏向于消费，储蓄很少甚至趋近于零。中年时期收入增加，储蓄倾向增加。到了老年时期的消费主要依赖于以前储蓄的积累，储蓄基本为零。生命周期理论在研究人口老龄化和养老问题上应用十分广泛，根据生命周期假说，在人的一生当中，其所处的年龄阶段不同，会使其收入在消费以及储蓄之间发生不同的分配比变化。因此，在一个劳动人口比例较多的社会之中，社会总储蓄将会超过社会总消费，但是在一个老年人口比例较大的群体之中，社会总储蓄则很可能会低于社会总消费。

储蓄是投资形成的主要来源，投资对于拉动国民经济起到至关重要的作用。储蓄水平提高是投资来源的重要支持和保障，储蓄水平增长，有利于拉动我国经济增长。储蓄习惯与年龄结构有关，不同年龄结构的人对储蓄的倾向不同，中年人是储蓄倾向最高的人群。一般情况下，受到财富积累和收入影响，青年人和老年人的储蓄倾向都低于中年人。收入水平变化，储蓄水平随之变化，最后作用于经济增长变化。

由人口老龄化所引起的社会总储蓄水平下降的原因主要有微观和宏观

两个方面。在微观上，目前，我国"低出生、低死亡、低自然增长率"的人口结构类型必然使0至14岁人口比重降低，同时少年儿童抚养比也随之降低；老年人口增加，老年人比重持续升高，老年人口抚养比增加，老年人口比重的增加速度超过了少年儿童比重的降低速度，我国总社会抚养比呈上升趋势。

老年和少年儿童都属于低收入或者无收入人群，一般情况下处于负储蓄状态，即消费多于储蓄。劳动人口储蓄倾向和储蓄水平较强，劳动人口（储蓄人口年）年龄结构改变，出生率降低，非劳动人口（负储蓄人口）比重增加，社会总储蓄水平降低。另外，老年人健康程度远不及中年人，医疗保险和养老保险的支出比例加大，这也拉低了储蓄水平，使得本来比重就低的劳动人口储蓄水平降得更低。另一方面，虽然由于经济条件改善，在未来人均收入水平有所上升，但随着经济水平提高，老年人对于医疗保健和养老服务的需求也相应增加，对于这些方面的需求消费升高，储蓄水平也得不到显著升高。在国家和企业层面，人口规模大，老龄化速度快，未来将投入更多资金在社会养老保障、社会福利以及老年人居住环境改善等领域，这些也削弱了储蓄水平。从城乡角度来看，更多农村劳动力选择迁徙到城市生活，城镇和乡村消费观念之间存在差距，这也必然将带动一小部分消费。所以，种种因素加在一起，总的储蓄水平还会有一定程度的降低。

中国人口老龄化现状严峻，2030年以后，中国将迎来人口老龄化的高速阶段，医疗保险支出比例一定会攀升得更高，如何应对中国人口老龄化带来的经济影响、社会影响，是需要多方探讨的，在经济发展的今天，老龄化是挑战也是机遇，如何将挑战转为动力才是问题的关键。

第二章 世界其他国家养老产业发展的经验借鉴

美国、日本、英国等发达国家较早地进入了人口老龄化社会,在应对人口老龄化方面已经形成了良好的体系和机制。我国在经济尚不发达的情况下进入人口老龄化社会,人口老龄化速度快,应对人口老龄化的经济基础、政策体系、制度安排、设施条件尚不完备,西方发达国家的经验值得我们学习和借鉴。本章分析美国、日本、英国、德国、澳大利亚的养老保障制度及养老服务体系的特征,总结相关经验,为我国的养老服务业发展提供一些经验与启示。

第一节 日本养老产业

日本的老年产业发展较早,进入21世纪后,日本老年产业的发展速度更是惊人。截至2017年,日本65岁及以上老年人占总人口比重为27.05%,目前日本是世界上老龄化最为严重的国家,但是日本的养老服务体系、养老服务制度却十分细致和完善,在养老方面进行着多年持续探索,也使它成为养老事业发展速度最快、最完善的国家之一①。

一、日本养老产发展现状

日本是典型的老龄化国家,其养老产业发展对中国极具借鉴意义。截至2017年9月,日本65岁及以上老年人口数量超过3 514万,占全国总人口

---

① 王一菲.日本养老服务业的发展及启示[N].中国社会报,2015-02-02.

数的27.7%，是名副其实的"银发之国"。^①作为全球老年人口比重最高的国家，日本面临着极大的养老压力，因此很早就开始不遗余力地大力发展养老产业，取得了积极的成果，对缓解人口老龄化给日本人社会带来的压力起到了一定的积极作用。

（一）形成了完备的养老产业体系

由于较早进入老龄社会，日本于20世纪60年代就开始注重养老产业发展，并于80年代进入产业发展期，21世纪初进入成熟期。^②目前，日本养老产业发展已经较为成熟，构建相对完整的产业体系，不仅涵盖了老年人的衣、食、住、行等基本日常生活需要，还包括康养、文化、娱乐等高品质、高层次的需求。同时，养老产业发展还带动了包括老年餐饮、老年用品、老年住宅、老年金融等相关配套产业的蓬勃发展。日本养老产业经历了几十年来的不断发展和完善，最终形成了较为成熟的养老产业体系，因此一个国家养老产业的发展是一个长期的过程。

（二）合理划分产业类型，明确产业定位

日本在发展养老产业的过程中，注重根据各自特点对行业进行引导和管理，进行了科学合理的产业细分。例如，根据服务设施、服务重点、服务水平不同对民营养老院进行细分，明确不同层次养老院针对的市场主体，例如看护型养老院主要针对的是半失能或身患重病的老年人，对于医疗以及日常护理的专业化要求相对较高；而住宅型养老院则主要针对能够实现日常自理的老年人，对于此类老年人住宅型养老院会提供定期护理及医疗服务；健康型养老院主要针对身体健康且有家政服务需求的老年人，养老院不负责老年人的身体健康和日常起居，主要对其家庭环境提供保洁服务。科学细致的产业细分有效地促进了养老产业市场的规范发展，有效避免了社会资本之间的恶性竞争与重复建设。^③

（三）积极进行产品研发创新，推进养老产业智能化

① 张旄. 老龄化严重: 日本90岁以上人口首次突破200万 [EB/OL]. [2017-09-19]. http: //world. huanqiu. com/hot/2017-09/11260481. html.

② 许福子. 中日老龄产业比较研究 [J]. 社会福利, 2005（08）: 40-41.

③ 张同功. 我国养老产业融资支持体系研究 [D]. 北京: 中国社会科学院研究生院, 2012: 35.

日本企业在市场定位和科技研发方面处于世界前列，企业的市场敏锐度和产品针对性很强，这一点在进军养老市场的过程中表现得尤其明显。例如，针对老年人注重饮食营养均衡这一需求开发口味清淡、营养均衡的食品；针对有行动障碍的老年人开发特殊的辅助性活动器械；在老年人休闲娱乐上，相关企业为老年人量身定制健身器材和出行方案。除此之外，日本企业还利于其科技优势开发譬如智能机器人、遥控座椅、声控床等符合老年人需求的高科技产品，为老年人提供全方位高品质的服务。[①]

（四）合理界定政府职能，充分发挥市场作用

与我国养老产业发展严重依赖政府力量不同，日本政府主要负责福利性保障范围内的基础设施建设，一些非营利组织和企业则负责以市场需求为导向开发具有针对性的个性化产品和服务，这种清晰的分工和界限能够营造良好的市场环境和产业发展状态。[②]此外，日本政府在引导产业发展的过程中也发挥了积极作用。例如，在养老地产起步初期，日本政府就出台一系列配套政策和实施文件创造良好的投资环境，并取得了显著效果，为养老市场搭建良好的产业布局打下了基础。

（五）积极进入国际市场，国际化程度高

日本养老产业由于起步较早，相应的产品和服务在世界范围内具有一定的市场竞争力。随着全球老龄化趋势的到来，养老产业发展需求急剧扩大，这促使许多日本养老企业进军国际市场。例如，日本相关企业在欧洲和东南亚地区均有养老地产等项目的投资，日本长乐控股株式会社与我国青岛新华锦长乐国际颐养中心进行高端养老项目合作，积极开发中国市场。[③]

二、日本的社会保障制度

日本的社会保障制度较为细致和复杂，对每一类人群的保障都进行了区分，特别是职业的不同在社会保障上有很大的差距。日本的社会保障制

①　师艳荣.日本应对老龄化的措施及对我国的启示［J］.社会工作（下半月），2009（05）：47.
②　Ezrati M. Japan's Aging Economics［J］. Foreign Affairs, 1997（03）：96-104.
③　张同功.我国养老产业融资支持体系研究［D］.北京：中国社会科学院研究生院，2012：36-37.

度体系主要包括以下5个部分：是年金保险、医疗保险、劳灾保险、雇用保险以及护理保险。本书将主要在年金、医疗和护理保险三个部分展开。

第一，养老保险按照投保人的不同又分为国民年金（厚生年金）、共济年金以及企业年金。国民年金也是一项基础年金，分为养老储备的老龄基础年金；为伤残赔付的障碍基础年金，还有就是为死亡赔付的遗族基础年金；针对的主要对象是所有在日本生活的二十至六十岁的人员。厚生年金则不同，主要是针对企业员工设置的保险制度，对于已经缴纳满二十五年的企业员工就可以享受到厚生年金；同时对企业也有一定的要求，自营业者和五人以上的企业都必须加入厚生年金。共济年金的对象主要是公务员和学校的教职工，企业年金的对象就是企业员工，企业年金相对弹性较大，保费有企业全部承担的，也有个人部分承担的。

第二，关于日本的医疗保险体系，日本的医疗保险制度分为健康保险和国民健康保险。两者对象不同，分别是工薪阶层和自营业者、退休人员等。日本的医疗体系发展相对较早，早在1958年日本就实现了全民覆盖的医疗保险。

第三是护理保险，也就是日本的介护保险体系。由于社会的快速发展，人们生活水平和健康意识的提高，日本的人口平均寿命在世界上也位居前列。低死亡率和出生率，使得日本在老年人照料上的困难日益加重。对于罹患慢性病的老年人、年纪过长的老年人，医疗保险只解决了治病的问题，但对于日常的出行、饮食洗浴等基本问题却没有得到解决。在这种情况，2000年，日本针对40岁以上老年人出台了护理保险制度，具体的保费标准，根据各个地方的实际情况，由地方政府制定。

随着时间的推进，日本也在经济与财政之间平衡过度改革，在给付和负担之间平衡过度改革，在国家财政负担和个人与企业灵活负担上平衡过度改革，同时逐步实现碎片化的政策整合，在现在以及未来也在逐步实现从医疗诊治到预防的过度转型。

三、日本养老产业的融资渠道

由于养老产业投资高、收益低的特殊性，日本在发展初期同样面临融资困难危机。虽然当前已经形成较完备的产业链，但随着老龄化程度的不断加深，融资问题始终是养老产业发展面临的首要难题，日本仍在不断进行融资渠道创新，积极吸引更多的社会资本进入养老产业。

第一，形成了由政府财政引导、社会资本主体积极参与的融资模式。多样化的融资渠道是日本克服养老产业融资困境的关键。对于不同细分类型的养老产业，政府和企业扮演着不同的角色，分工明确：对于保障型基础设施建设由政府出资进行建设，并界定服务对象和范围；对于具有盈利性质的个性化养老设施和服务供给，则主要由民间资本进行建设，政府则通过补贴、税收优惠等手段起到引导作用。

第二，日本政府对养老产业融资提供了大量的政策性扶持。首先，日本具有世界领先的政务管理机构和完善的政府服务体系，这对养老产业顺利完成融资具有重要意义。政府高效规范的服务机制为养老产业发展节省不必要的审批流程和相关费用，也保证了市场环境的良性有序运行。其次，除了高效的政府服务机制外，日本社会融资服务机构和中介服务机构发展也相当完备。金融服务机构主要有大和证券、三井住友、富士银行等，会计师事务所如德勤等、律师事务所如高桥大谷等都具备了全球领先的服务质量和水平，为养老产业融资提供了强大的配套支持。最后，日本注重相关制度和政策体系建设。早在20世纪60年代日本养老产业发展之初，政府等相关部门即开始建设养老保障体系，先后出台了《民营养老院设置运营指导方针》《老年人保健法》《护理保健法》等法律法规，形成了养老金制度、国民健康保险、老年人保健等一系列社会保障制度，建立了以养老年金保险制度、看护保险和长寿医疗保险为主要内容的"一体两翼"格局，为养老产业融资创造了有利环境。[①]如2000年实施的《看护保险法》，从法律层面上将对老人的看护照料责任由家庭扩展到了

---

① 张同功. 我国养老产业融资支持体系研究 [D]. 北京: 中国社会科学院研究生院, 2012: 38.

社会整体，因此促进了养老产品、养老设施和老年住宅、金融保险等需求的增加。

第三，日本养老金融产品覆盖面广、种类多、针对性强。这些特点能够有效满足老年人的金融需求，例如年金顾问咨询、遗嘱信托等专业的养老金融服务。而我国金融产品设计无针对性，不能体现养老行业的差异性。因此，我国应加快升级政府和金融服务体系，以支持养老产业实现高效融资。而在金融产品方面，也应借鉴日本的成功经验，积极创新适合我国老龄群体特点的金融产品和金融服务，如大力发展养老型基金产品，积极探索代际养老、预防式养老、第三方付费养老等养老模式和产品等。具备了专业的养老金融产品和高效的政府、融资服务体系，"硬件""软件"配套应用，必然有助于解决我国养老融资难题。

第四，企业善于事前做好专业咨询。日本企业选择适合本企业的养老细分行业进入，并在融资前做好专业咨询。诚然，投资周期长、收益慢是养老行业的基本特征，但并非所有养老细分行业都无利可图。相对而言，养老服务、咨询、销售行业进入成本低，适合资金紧缺的民间资本投入，比如日本的护工培训公司、咨询公司就有前期投资小、收益快的特点。因此，有意向投身养老行业的企业应认真审视自身能力，切勿盲目跟风选择高投资高风险项目。

第五，率先推行"以房养老"。除了美国之外，日本和新加坡也是反向住房抵押贷款非常成熟的国家。[1]高房屋价值是日本社会的典型现象之一，随着时间的推移，人们手中的房产价值将越来越高，尤其是对于老年人。因此，老年人手中的房产具有很高的市场价值，这就为反向住房抵押贷款的实行提供了可能。目前，日本反向住房贷款抵押主要有政府直接融资型、政府间接融资型、民间机构参与型等三种类型。三种类型相辅相成，相互弥补，对于日本减轻政府财政和人口老龄化压力起到了积极作用。[2]

---

[1] Mccarthy, D., Mitchell, O. S, Piggott, J. Asset rich and cash poor: retirement provision and housing policy in Singapore [J]. Journal of Pension Economics & Finance, 2009（03）: 197–222.

[2] 金晓彤, 崔宏静. 亚洲国家"以房养老"模式的经验与借鉴——以日本和新加坡反向住房抵押贷款为例 [J]. 亚太经济, 2014（01）: 11–15.

四、日本养老产业发展的特点

（一）完善的法律体系保障

日本的养老法律体系相对完善，在1974年就公布了《收费养老院设置运营指导方针》，对养老机构的属性、人员等建立了行业标准。1982年《老人保健法》出台，注重培训家庭护理员并普及托老所。1987年，日本通过了《社会福利师和介护福利师法》，随后日本政府接连出台了《推进老年人保健福利十年战略》《介护保险制度》以及《国民养老金法》等政策。如今的日本依然持续出台并逐步完善相关政策和法律法规，进一步巩固和加强养老服务事业的监管，为其发展提供强有力的法律保障。

（二）长期照护与短期照护制度相互补充

日本的国土面积很小，但养老机构众多，通过养老机构的快速增加已足够满足日本老龄化的严峻程度。日本根据老年人长、短期照护的不同需求提供不同的养老服务。"日托"服务针对的是对于65岁出行不便的老年人，护工接老年人到社区护理中心看护，提供就餐、功能康复训练、日间照料等服务。[①]短期的护理服务也是针对65岁及以上老年人，在老年出院和回家之间的过渡阶段提供入住服务。短期与长期照顾相互补充，对老年人不同形式的照料实现有效衔接，这也是日本照护服务的优势，不仅可以为老年人提供最便利的服务，同时可以使服务资源的使用效率最大化。

（三）居家养老全覆盖的服务网络

根据长期护理制度，无论收入水平和家庭情况如何，老年人均可获得所需的护理服务，值得注意的是，在日本，该制度仅仅提供养老服务而非向老年人提供各类津贴补助。养老服务根据上述所提到的老年人分类等级划分为两大类：一类是长期护理服务，另一类是预防性服务。长期护理服务又分为三种，分别是养老机构护理服务、居家养老护理服务和社区养老服务。其中，居家养老护理服务又包括若干小项，包括家庭帮助服务（日常家政服务和个人护理）、家访护士、家庭康复、家庭沐浴护理、老年人

---

① 张俊浦. 日本养老经验对我国社会养老服务体系建设的启示 [J]. 改革与战略, 2014（08）：136-
　　140.

公寓、福利设施服务、家庭医疗管理咨询、家庭老年人设施建设、日间照料服务（康复护理）、居家短期养老护理服务。而2006年改革后的社区养老服务中也包含部分居家养老服务，如夜晚家庭访问、老年人日间护理、小型且多功能的老年人家庭护理、家庭私人护理服务等等。这些居家养老服务基本涵盖了所有老年人需要的护理类型。

除了多样化的服务类型，长期护理制度还配备了专业化的护理人员，在每个社区设立长期护理点，配备专业的护士开展高质量的家庭护理服务。因为长期护理制度提供的服务主要以居家养老服务为主，社区护理中心的专职护士需要与护理服务人员、家庭成员合作，专门了解每个老年居民的日常生活和他们对于服务的诉求、偏好，因此，社区护理中心的专职护士不仅需要具备为老年人提供护理服务所需的专业知识和技能，同时还要具备管理和分析老年人需求的能力，以保证老年人的身心健康。他们的主要任务包括测量老年人体温、血压，观察老年人健康状况，保持老年人身体清洁，保证老年人膳食营养水平，管理老年人用药规范，管理药物及医疗设备，开展呼吸护理、姑息治疗和指导等等，如果老年人身体发生紧急情况或异常，护士还必须快速作出反应和决定，与社区医生一起将老年人转移到当地医院。除此之外，专职护士的定期家访也是重要的职责之一。

（四）日本老年人再就业程度较高

日本作为老龄化急速增长的国家，经济发展迅速的同时，对于劳动力的需求也越来越大。政府在2013年4月1日开始实施《老年人就业稳定法》增强了对老年人力资源的管理。随着老龄化程度的加深和劳动力需求的与日俱增，日本将老年人的退休年龄由60岁推延至65岁，不仅有利于老年人劳动价值的再创造，也有利于减轻企业负担和国家财政压力。根据日本内阁府《平成25年度人口老龄白皮书》显示，从2003年到2013年的十年间，日本60至64岁再就业老年人数从292万人增加到了459万人，65岁及以上再就业老年人数从218万增加到了375万人。分析日本老年人再就业的主要原因还是来自经济层面，2012年6月1日到2013年5月31日的一年间，日本厚生劳动省《高年龄雇佣状况报告》中60岁退休企业的退休情况表明，在日本76.5%的老年人都有延聘再工作，只有1.2%的老年人没有这方面的考虑。由于就业人口的数量和日本养老政策的完善，日本在整个再就业理念上要比我国好得多。

总的来说，日本的养老服务业在长、短期照护服务衔接上和法律法规的完善上都很领先。作为东方国家，日本有再就业意愿的退休老年人占了绝大部分，日本的老年人再就业比例也比我国高得多，虽然考虑到日本的人口老龄化发展早于我国，但法律法规的健全、政府和相关企业给予的支持也起到了很大作用，这点是特别需要我国借鉴的。

第二节　美国养老产业

随着人口数量的剧增，老年人的需求呈现出多样化，然而由于社会结构变迁、家庭结构变化，消费方式也逐步转变。我国的人口老龄化将进入到不可逆的快速发展阶段，发达国家老龄化进程耗时几十年至100多年，美国作为发达国家，进入老龄化社会用了71年。美国在应对老龄化问题时，在商业化养老方式上积累了丰富的经验，同时制定一系列法律法规，完善了社会养老保障制度，并形成由一千多个养老机构构建的养老服务网络，建立了具备专业护理的居家养老服务体系。

一、美国养老产业现状

2017年，美国65岁及以上老年人占总人口比重15.41%，比上一年增长了0.38%。美国65岁及以上老年人口占比在2003年（12.26%）后一直保持增长趋势，但增长速度比我国缓慢。美国是一个典型的养老服务供给市场化、倡导个人自助养老的国家，政府在社会福利供给中的责任只是补充市场的缺失。养老服务的供给以老年人需求为导向，根据群体特征、个人特征由市场制定并提供产品和服务。在美国，公立养老服务机构的比例仅有7%，营利性机构占比66%，非营利性机构占比27%，具有营利性质的养老服务及护理机构种类多样，提供的产品和服务涉及领域广泛，政府更多的是在养老机构的准入、监督、检查和评估方面做了大量工作。通过制定法律法规、严格市场准入标准、统一的服务规范，约束和监管养老服务供给主体的行为，保证养老服务市场的有序、稳定和可持续发展。引导养老服务方式的转变，提高服务质量和水平。美国政府在资金方面只对非营利机构中组织架构合理、信誉好的给予资助。对于低收入的老人，政府以购买服务、发放代金券和养老服务救助等形式满足其养老需求。

随着老龄化加剧，更多的老年人渴望生活在配套设施完善的社区，社区生活需求指数大幅提升，所以该养老模式迅速推广且快速发展。强调个人意愿和选择是这种养老模式的核心，投保方式也是主体行为人自行选择的，这是具有高度市场化的一种照护体系。特别体现在美国老年人的照护服务上，有84%的居民选择采取商业保险养老模式。

为改善长期护理机构的服务质量，美国采用了统一的居民评估工具（the Resident Assessment Instrument，简称RAI），要求获得医疗保险和医疗救助认证的养老机构采用这一工具对入住的老年人进行评估[①]。评估的核心内容为最小数据集（the Minimum Data SET，简称MDS），通过对老年人的需求进行评估，制定护理计划，提高养老护理质量。MDS由注册认证的专业人员协调主治医师调主治医师、临床工作者（护士、护士辅助人员）、社会工作者、治疗师（理疗学家、言语治疗师、职业治疗师）、运动专家等组成跨学科的团队进行评估，并负责 MDS 评估顺利完成，督促其及时制定护理计划。

二、美国的社会保障体系

20世纪30年代美国的社保制度产生，主要源于美国次贷危机后，很多人在正常生活、温饱住宿等方面存在问题，由贫困导致的社会问题日趋严重。1934年，美国经济保障委员会发布《社会保障法案》正式生效，标志着不同于欧洲的社会保障制度已经产生。在随后的70年，逐步形成并稳固发展，到今天美国已经建立了一个90%以上人都享有的社会保障体系网。美国养老保险分为联邦退休金制度、企业年会计划和个人退休会计划三类。

---

① 王硕，井坤娟，戎艳琴. 美国养老机构老年人服务需求评估现状及对我国的启示 [J]. 护理学杂志，2016（04）：97–101.

此外，三种制度支撑着美国的医疗社保体系发展，第一部分就是美国的社会保障制度，其核心是美国的社会保险制度，分为社会养老保险、补充退休养老保险以及个人养老保险。获得法定养老金，一般必须是62岁以上、同时缴纳社会保障税十年以上的工人。领取养老金的多少也有严格的计算体系，跟社会的平均收入水平、工人的平均收入积累、工作年数等方面相关，由美国的社会保障总署负责审批和监管。企业的补充退休养老保险主要分为两种，分别是给付固定型（DB）和缴费固定型（DC）。其中缴费固定型绝大部分都是"401K计划"，由雇员和雇主同时按比例缴费，它最大的优点在于雇员可以自由选择购买对这部分进行投资，包括债券、储蓄、股票以及基金等多种形式。虽然在总体上有一定的限额，但是这种灵活的方式是养老保险保障和理财投资的有效结合。而个人养老保险更为弹性，主体是任何具有资金收益的人群，同时还能享受一定的税收优惠政策。

第二部分就是美国的医疗保险制度。它分为政府举办的社会医疗保障计划、团体保险计划以及个人投保的商业医疗保险计划。三大医疗保险计划都有各自相应的体系与分支，交织成网络，形成较为全面的医疗保险制度。区别是负责主体不同，65岁及以上老年人的医疗保障负责主体是联邦政府，而团体保障和个人保障的负责主体是雇主和个人。这体现了美国社保的特点，大部分靠商业经济，无论是雇主还是个人都是自由选择，而政府主要负责特殊弱势群体及政策调控。

医疗保险制度中的社会医疗保障计划主要分为医疗照顾计划和医疗援助计划。医疗照顾计划系统在住院保险、补充医疗保险、医疗保险选择以及处方药四个方面做了计划和细分，以下简称为ABCD四个部分。其中，住院保险为强制性保险，用于65岁及以上老年人的住院治疗和护理，其来源主要是在职人员的医疗保险税。而Medicare Part B则覆盖了更广的部分，也更为细化，包括医生门诊服务，家庭保健服务以及医疗设备使用服务，等等，同时也包括了一些特殊病种需要支付的费用。这种细化程度是我国目前远没有达到的，也是以后我国医疗保障体系细化的参考。Medicare Part D也就是处方药计划，这项计划是目前为止美国医疗保障体系中最大的创新，同时也在一定程度上减少了患者在自费处方药上的花费，尤其是对于患有慢性病（例如高血压、冠心病、慢性气管炎、糖尿病、恶性肿瘤，等等）的老年人群给予处方药补贴。医疗援助计划只适用于弱势群体，像老年人、残障人士以及社会贫困人群，给予最基本的医疗帮助。它的资金来源比较广泛，既包括政府也包括雇主和个人。同时，老年人也有一定的自付部分，但是，总体在比例上分配相对均衡，使整个资源达到了相对最优化。

比较前两种医疗保障计划，商业保险计划竞争性较强。双蓝计划、团体和医疗保险组织计划就占了私人医疗保险的绝大部分。系统性对客户多需求的服务进行细分和预估，再由雇主或个人自由选择。政府同时对商业保险计划采取部分税收优惠政策。

第三部分就是美国的失业保险制度，其来源是社会保险工薪税，而这部分资金由雇主全部承担，由劳动部卜属的就业和培训管理局具体实施管理，在本书中就不再具体展开介绍了。以上三种制度支撑了美国的养老社会保障，方式灵活、自由，对于相对弱势群体由政府拨款，中青年和雇主缴税，从而达到社会均衡发展。

三、美国养老社区

按照提供服务和受益对象的差异，美国养老社区有着明显的划分，主要分为生活自理型、生活协助型社区以及特殊护理型社区、持续护理退休型社区等四种。从美国的养老社区分类上看，社区对于老年人的自理程度进行了很细的划分，其中生活自理型社区主要是针对70至80岁的自理老人，毛利率相对最高，达到43%至48%。入住率最高的的是特殊护理社区，高达90.80%，主要对象是慢病老人以及需要术后恢复，还有存在记忆障碍的老年人，提供各种护理及医疗服务，这部分社区的毛利率也是最低的，仅15%。生活协助性社区入住率也较高，达到90.60%，仅比特殊护理型社区少了0.2%，这部分老年人是主要是80岁以上无重大疾病的老年人，在设备上享有餐饮、娱乐、保洁、体检等一系列服务。对于刚退休不久，有自理能力的老人，入住率也达到了89.9%。

美国的居家养老模式，从服务地点上分为全托制的"退休之家"和日托制的"托老中心"。全托制主要是居住在社区，配备完善设施并提供优质的服务。硬件设施上包括便民医疗中心、一键式应急救援系统、康体中心等，软件服务则是提供了餐饮、卫生清洁、活动咨询等生活辅助服务。日托制表现为白天在社区中心活动，晚上回家休息，这与目前我国的社区养老模式相类似，能够很好地整合资源。这样的社区中心同样设施完备，按照服务标准的不同，提供不同的星级服务。也配有阅览室、保健室、活动室等，老年人可以通过阅读、交往、制作手工艺品等丰富养老，安度晚年。

还有一种社区服务模式是上门服务。由政府财政出资，分配专业医护人员入户服务的福利性居家养老项目在美国已经建立。但这个项目只针对美国公民，由国家承担一定的服务费用和住房保险。家庭保健护理员不同于保姆，介于家政服务员与专业护士之间，该群体人员是经过系统专业的护理培训后，从事该项工作，主要服务于在家中或者住宅式护理中心的独居、伤残及长期疾病患者，可在帮助服务对象完成洗衣做饭等基本生活需要的同时，进行健康护理和疾病预防及治疗。纽约护理中心分布广泛，已实现社区全覆盖，由中心参照老年人健康状况、行为能力进行管理调配。

所以，从整体上说，美国的居家社区养老无论从分类上，设备配比上，还是服务种类以及精细化管理上，都是很完善和多元化的。对于我国未来社区养老模式的建立、完善和发展有指导作用，对于老年人社区划分、家庭护理员制度体系的标准确立有着重要参考意义。[①]

四、美国养老产业融资机制

美国养老产业的快速发展得益于两大因素，一是全球最大实力最强的金融市场，另一个是政府有效的政策支持，这两大因素为美国养老产业融资提供了重要保障。美国的养老产业融资具有以下特点，值得我们借鉴。

---

① Gonzales E, Matz-Costa C, Morrow-Howell N. Increasing opportunities for the productive engagement of older adults: a response to population aging[J]. Gerontologist, 2015(02): 252-261.

第一，形成了高度市场化的多元融资机制。与欧洲国家不同，美国养老产业融资更多的是企业的市场行为，这与美国的自由主义市场经济密切相关。同时，美国政府积极有效的资金引导，也起到了一定的保障作用。目前，美国养老企业融资来源呈现多样化。以美国老年服务中心为例，其融资来源包括政府拨款、申请基金会与科研经费支持、社会捐助、向服务群体收费等多种形式。而大型养老企业则可以通过银行和证券市场等社会金融机构融资。美国的社会资本参与度也相对较高，在养老产业方面都广泛涉及。美国金融机构对养老项目的贷款力度很大，大型养老企业获取贷款的难度较小，有大量的私募基金投资入养老项目，还有大量的金融工具可供选择。例如，美国养老产业有成熟的反向住房抵押贷款制度，即"倒按揭"。老年人将房屋产权抵押给金融机构，经专业评估后分期支付老人一笔固定金额的钱，抵押期间老人仍享受房屋使用权，老人去世后，金融机构即享受房屋处置权，通过销售、出租等方式收回贷款本息。这种模式既大大减轻了社会保障压力，又促进了金融机构的业务多元化，既一定程度上解决了老年人的居住问题，也使其获得了稳定资金来源。再比如生命周期基金——"基金是投资组合风险资产的配置比例随着目标日期的临近而自动递减的基金，为达到'养老'的目的，目标日期通常设置为投资者的预计退休日期。多数养老计划的参与者面临着如何随着年龄、收入、风险偏好的变化，调整自己的投资配置的问题"[①]。由此可见，金融市场的发达程度对养老产业融资至关重要。

第二，美国养老融资服务体系和制度保障十分健全。美国公司上市遵循的是标准制和注册制，其雄厚的资本背景使得公司上市融资更加快捷。此外，美国还拥有发达的金融服务机构和中介体系，如美国银行、纳斯达克证券交易所、摩根大通集团等，为养老企业提供了一系列专业的投融资服务。美国作为制度建设十分完备的国家，在养老产业融资保障体系构建方面同样处于世界前列。早在1935年美国国会就通过了《社会保障法案》，截至目前已形成了较为完备的养老保障制度，包括养老保险制度和

---

① 吴锡扬，黄灿云.国际养老金融发展经验及启示[J].福建金融，2016（05）：41.

医疗保险与救助制度等，从而保证了老年人的收入水平和消费能力。此外，美国各层级政府服务体系也为养老产业融资提供了有效保障，职责内容大致包含三个方面：一是推动养老产业相关政策的制定和推行；二是监督相关产业计划的制定和实施；三是拓展养老产业投融资渠道，保障产业发展的资金供给。①

五、美国养老产业发展的特点

美国除了建立了适应于自身的养老保障体系，在市场化的经营方式上，精细化的管理方式上，多元化的需求服务上以及高效的管理体制上都有一定的优势。

（一）市场化经营、产业化发展

美国养老服务走市场化运营道路，这是由美国的资本主义国家性质决定。这种方式使得美国的养老服务业健康快速发展。首先，社会力量的有效支持使美国养老服务呈现高度的社会化、市场化。根据美联邦的法律规定："任何机构、组织，其各项纯收益均不作为任何个人或者合股者的利益"，非营利组织的关键在于营利归属。"非营利养老机构自主运营，政府向其购买服务，并采取税收优惠、经费补贴政策予以扶持。政府承担服务的老人，他的居住、培训、助餐、文化活动、家务等服务由政府指定不同的社会服务机构承担。"②

（二）完善的医疗护理体系

在美国，对老年的健康程度有准确的划分，根据自理程度的不同，照护的程度和服务也有所不同。美国实行专人定向负责，按周期开展体检、疾病检测、疾病预防宣传等服务工作。例如，美国康州护理协会拥有234名不同级别医护资格的访家护士，年家庭护理服务量为3 600人次。这种"访家护工"体系为居家老年人提供基本护理服务的同时，也为老年人和医生

---

① 张同功.我国养老产业融资支持体系研究［D］.北京：中国社会科学院研究生院，2012：42-43.
② 谢家瑾，刘寅坤.美国、加拿大社区养老考察调研报告［J］.中国物业管理，2012（12）：37.

之间提供了连接的桥梁①。美国90%以上的养老机构都是连锁机构，哈德福德埃特亚养老院最为典型，通过规模化的管理和发展，有利于树立品牌效应，同时在经济成本上也实现了节约。老年人因地域不同，养老机构改变的适应性上也得到了很大的便利。

（三）坚实的法律基础

为了满足不断增长的养老服务需求和应对老年人缺乏社区和居家服务的困境，美国国会在1965年通过了《美国老年人法案》（Older Americans Act）。《美国老年人法案》共包含七个方面内容（Title I至VII），确立了支持60岁以上老年人享受服务和帮助的一揽子计划，这些计划优先关注那些最需要帮助的老年人，主要包括法案设立的目标及惠及人群、设置的管理和服务机构、各类服务和帮助老年人的计划与关键工程、老年人津贴使用、保障老年人健康长寿的活动、年长的美国原住民津贴与补助、老年人权力保护行动计划等。在居家服务方面，《美国老年人法案》提出了多项老年人支持性服务，包括营养服务、居家养老服务、支持居家照顾者、老年人就业和防止虐待忽视和剥削老年人的服务，等等。在养老预算方面，作为联邦政府提供养老服务的最主要政策工具，《美国老年人法案》赋予联邦政府向各州政府提供补助和转移支付的权利，用于老年人的社区规划与社会服务、老龄化问题研究和开发项目以及老年人群服务的专业人员培训；在机构设置方面，该法案设立了美国老龄化署，专门负责对接管理新设立的关于老龄化方面的政府补助项目，并承担全美老龄化问题的政府间联络职责。尽管美国老年人在许多其他的联邦政府项目下享受相应的服务，但《美国老年人法案》一直是政府、社会组织向老年人提供全方位服务的最主要路径。2016年，《美国老年人法案》重新授权了2017财年至2019财年的高龄津贴计划拨款，增加了长期护理监察专员计划、老年人受虐待筛查和预防工作，旨在进一步保护弱势老年人，加强老年人的权益保护及管理工作。经修订的《美国老年人法案》为美国老年人及其家庭提供了基于社区和家庭的服务和帮助。《美国老年人法案》在养老服务、财政

① Mccann P. Urban futures, population ageing and demographic decline [J]. Cambridge Journal of Regions Economy & Society, 2017（03）: 543-557.

预算、机构管理等方面作出详细规定，为美国政府提供养老服务提供了坚实的法律基础。

（四）精细化管理，服务种类多元化

在社会管理上，养老融入城市发展各领域，并提供全方位服务。其最终目的都是适宜老年人特征，便利于老年人。这与我国目前国内的现状形成了鲜明的对比。在养老院的设备上，配备自动助浴设备、助听器以及助行轮椅。在服务上，从始至终均对应细化服务。政府职责明确，政策制定和执行分离，如康州老龄署只负责制定老年政策，养老机构设立许可、服务标准制定以及监督管理等工作全部由州卫生部统一负责。这种模式有效地推动了医、护、养三位一体的发展模式。[①]

美国每个城市和城镇都为当地60岁及以上的老年居民提供一系列的居家养老支持服务。老年人和他们的家人可以通过当地的信息和援助计划或地区机构快速地找到他们需要的居家养老服务。现有的居家养老服务涵盖老年人生活的方方面面，居家服务包含的范围较广，且服务内容更为细化，这些服务包括：老年人日间照料中心（为社区内的老年人提供健康、娱乐等社会服务，为残疾、有卫生保健方面问题的老年提供受保护空间）；照料者计划（国家家庭照料者支持计划，即为在家照顾老年人的护理人员提供帮助和支持，同时为老年人抚养孙女/孙子提供一些有限的服务）；事件管理（个案管理者直接接触家庭成员和老年人，来评估老年人的独立性）；居家卫生服务（包括老年人伤口处理、定期体检、清洗导管和喂食等家庭日常保健护理服务）；家庭修理（修补有问题的管道和墙壁，修补屋顶，帮助老年人保持良好的住房条件）；家庭改造（通过翻新和改良，为老年人提供适宜的生活环境，保证老年人生活环境的安全性和独立性）；信息服务（信息专家上门提供关于老年人所需信息的帮助，并及时建立老年人和资源中心之间的联系）；营养服务（为居家的老年人提供"车轮上的食物"，将有营养的食物送到老年人家中，社区为60岁及以上的老年人提供聚餐，加强社区老年人之间的交流活动）；老年

---

① 王一菲. 美国养老服务业的发展及启示 [N]. 中国社会报，2015-03-16.

人护理服务（帮助有功能障碍的老年人提供洗澡、穿衣、购物、散步、家务、监督、情绪安全、精神抚慰等方面的帮助，也包括适当的老年人卫生保健），除此之外，美国各个社区居家养老服务还包括法律援助、解决住房、财政补贴申请、培训志愿、交通、信息化等，不仅涉及老年人的物质需求，还包括老年人精神方面的需求计划，老年人的衣食住行全涵盖，为老年人提供了全方位的支持服务。

总的来说，我国的国家制度和经济程度与美国有所不同，无法像美国一样推行大规模的商业化，受经济基础和人口总数双重约束，我国的养老服务发展一定是建立在政府宏观调控的基础上的。美国商业的运作和连锁机制值得我国借鉴，以市场化的方式发展养老服务业就是我国探索的结果，由于目前我国国情还无法实现老年政策制定和监管机构分权，但建立家庭护理员制度、同时推广家庭医生负责制值得深入学习和探索。

第三节　英国养老产业

基于国家的文化、政治、经济等因素，欧洲的医保养老模式主要分为两类。一类是以英国为代表的，意大利、西班牙等南欧国家的税收筹资体制，另一类是以德国为代表的社会保险体制。其中也有一部分国家保留着两种体制混合发展。经过上百年的发展，英国已经形成了一套由政府主导的相对完整的医疗服务体系，包括机构照护和家庭照护。主要通过国民医疗服务体系实现诊治和药品医疗等相关费用由政府直接购买服务。国民医疗服务体系的优点就是公民可以免费享受医疗，而不用个人承担任何费用，这是英国公民的福利。但缺点也是资金全部来源于税收，总体支出相对较大。

一、英国的养老服务业发展

英国作为世界上第一个工业化国家，经济发展较早，进入老龄化的时间也较早。经过上百年的历史发展，英国已经形成了一套由政府主导的全体系保障，属于典型的福利国家。地方政府负责社会照护服务及资金筹集，税收是其主要来源，对公共财政的依赖相对较少[1]。2011年7月4日，建立新的社会照护基金体系建议由社会照护与支持基金委员会联合提交。2012年7月，英国政府发布了关于《社会照护基金改革的进展性报告》，指出政府赞同限定社会照护成本这一基金改革最基本原则，同时指出最高限额应该排除生活成本，并放宽机构照护的家计调查等。财富拥有者依旧自己支付照护服务，但责任不再是无限的。预计到2030年英国85岁以上老年人总数将翻倍，若制度维持不变，成年人照护与支持的公共支出占GDP比将在2026年增加至1.25%。因此，在这种情况下，英国现行社会照护体系亟须变革。

二、英国的税收筹资体制

英国以机构照护和家庭照护为主体服务形式，需求评估为使用基础。公民须通过家计调查，依据是个人的工资收入和财产状况享受免费社会照护或补贴，不涵盖配偶、子女、亲属财力状况。这意味着服务成本的分担将伴随在使用社会照护服务的始终，以收入水平不同来区分标准，如超过既定标准，则需要全额支付。

英国已经形成的这套由政府主导的体系是国民医疗服务体系，也就是National Health Service，以下简称NHS。1948年正式实施了NHS法案，主要是通过国家税收筹资体制，相关的医疗费用由政府直接和提供服务者对接。这也类似于政府购买服务，其中包括诊治和药品，并不向个人收取费用。税收政策一出台，极大地鼓舞了英国的民心和士气，也很好地解决了二战后人们承担的压力。NHS制度在医疗诊治上，是由公民个人选择全科医生进行诊治，再根据疾病的不同类型及严重程度确定就诊的先后顺序，这些全科医生的相关费用和奖金都由政府负责出资。

NHS制度为基础医疗的保障奠定了基础。由于每一年的医疗保障资金受历年经济状况影响，资金额度不同，所以出台了"等待"政策。等待人群是基于疾病的严重先后采取免费诊治的，而对于一些相对不严重的疾病，不论患者的财力与权利，都不在优先治疗的范围内。另外一个缺点就

---

[1]　Karlsson M, Mayhew L, Plumb R, et al. Future costs for long-term care [J]. Health Policy, 2006 （02）：187.

是在相对偏僻的农村地区，全科医生为了获得更高的收入和更多的患者，往往忽略诊治，这就导致了就诊的资源不平均，为社会的不平衡发展埋下了伏笔。全科医生和公民之间建立了一定的约定关系，但也存在个别医生为提高公民后续续约带来的奖金，而故意放弃一些续约高风险的患者。同时全科医生和政府合作通常都是固定工资，工资水平相对较低，这也往往导致英国国内的全科医生经常移民美国等地区去寻求更高的收入和发展。美国医生的薪资要高于NHS制度下的全科医生三倍，这也是导致全科医生医疗水平近些年持续下滑的原因之一。

但总体说来，NHS支付制度还是广泛的受到人们的认可，我国台湾地区也是接近于这种医疗制度，NHS制度以及英国未来的医养结合产业的发展也趋于疾病预防和居家照料上。但在国家免费公共服务无法负担时，施行以商业保险为养老服务补充，服务方式更快速、更高效。

第四节　澳大利亚和德国的居家养老服务

一、澳大利亚居家养老服务

（一）基本情况

澳大利亚健康与福利机构数据显示[1]，2016年65岁及以上老年人数量约为370万人，占澳大利亚人口总数的15%，这一数字在持续增长，预计到2056年65岁及以上老年人占比将增加到22%。据澳大利亚政府生产力委员会2015年的澳大利亚老年人住房决策调查报告中数据显示，有83%的老年人更愿意继续住在自己的家中享受晚年生活，人口老龄化给澳大利亚的健康和福利政策带来了巨大的压力和挑战。

1997年澳大利亚颁布了《老年人护理法案》（Aged Care Act），向澳大利亚老年人提供护理服务。该法案以提高老年人护理服务质量为目标，在制定政策、实施管理计划和提供监管服务等方面发挥着至关重要的作用。根据

---

[1]　https://www.aihw.gov.au/reports-statistics/population-groups/older-people/overview

《老年人护理法案》，澳大利亚政府支持的居家养老服务项目主要是联邦家庭支持计划（Commonwealth Home Support Programme，简称CHSP）和家庭护理套餐计划（Home Care Packages，简称HCP）。澳大利亚老年人如果想要长时间在家庭或者社区安享晚年生活，可以选择有政府补助的居家养老服务计划或者家庭护理项目，也可以选择市场化的养老服务供应商，这些项目均可为老年人提供全方位的居家养老服务和支持。

（二）主要做法

1.完善的分级评估机制，精准对接老年人居家养老服务需求

对于澳大利亚政府支持的联邦家庭支持计划和家庭护理套餐计划，老年人必须首先提交两个项目计划的居家养老服务申请，并通过资格审核评估，才能获得相应的居家养老服务。My Aged Care 联络中心会联系申请人进行初步筛选工作，联络中心工作人员将为老年申请人注册并询问简单的个人情况和服务需求等问题，如家庭成员支持、独立生活能力、心理健康和安全隐患等，根据初步筛选的结果，联络中心运营商将向申请人推荐地区评估服务（Regional Assessment Service，简称RAS）或老年人护理评估小组（Aged Care Assessment Team/Service，简称ACAT/S）来开展后续评估工作。联邦家庭支持计划通过地区评估服务来开展相应的资格审核工作，在此过程中，专业的评估人员会通过问卷调研的形式询问申请人自身情况，包括个人或家庭的健康状况、日常生活能力、应对各种活动的能力等方面，经过一整套专业的评估标准，地区评估服务为老年人"量身定制"所处等级，包括老年人需要的服务类型、服务规模以及可能花费的服务成本。家庭护理套餐计划则需要通过老年人护理评估小组来开展相应的资格审核工作，老年人护理评估小组会安排更为专业的医生、护士、社会工作者或其他专业的医疗健康团队成员与申请人会面，从服务需求、家庭状况、身体健康评价等多维度进行评估，最终确定老年人的居家养老服务类型、老年人家庭管理情况以及合适的护理服务等级，以书面的形式通知申请人获得的政府补贴服务类型和所在地区或社区能够提供这些服务的社会组织或企业的联系方式。通过老年人分级评估机制，不仅可以精准对接老年人居家养老服务需求，也可以提高养老服务的供给效率。

2. 分层次的居家养老服务计划，实现老年人多元化需求全覆盖

澳大利亚大多数能够独立生活、仅需要简单的服务和支持的老年人可以申请联邦家庭支持计划。联邦家庭支持计划于2015年7月份开始实施，该计划整合了家庭和社区护理计划、全国护理人员延期计划、日间治疗中心和协助老年人护理和住房等项目，为澳大利亚老年人提供初级的居家养老服务，以便老年人可以在家庭和社区中独立生活，而为老年人提供帮助和服务的照料者也将从联邦家庭支持计划中受益。2015至2016年联邦家庭支持计划支出约为16亿美元，近年来财政支出不断增加，为更多的老年人提供所需的居家养老服务。联邦家庭支持计划的优势在于设计了标准化的全国评估体系和流程，更加关注和侧重于初级简单的居家养老服务，较低的收费促进了养老服务的公平性和可持续性。与提供基本初级服务的联邦家庭支持计划不同，如果老年人有更复杂的服务需求，可以申请家庭护理套餐计划（Home Care Packages，简称HCP）。家庭护理套餐计划为希望留在家中的老年人提供一系列持续的居家养老服务，帮助他们保持独立的日常生活。该计划是澳大利亚政府对老年人持续照顾的主要部分之一，提供了介于英联邦家庭支持计划和住院老年护理两者之间的服务。该计划为老年人提供更为多样化的居家养老服务，包括快递运输、饮食服务、医疗保健、家庭维修、老年人家庭设施补充、个人生活护理、家政服务、购物、精神抚慰等方面，同时，家庭护理套餐计划根据老年人的不同需求将申请人分为四个等级，包括Ⅰ级基本护理需求老年人、Ⅱ级低水平护理需求老年人、Ⅲ级中级护理需求老年人和Ⅳ级高水平护理需求老年人，每一个级别下家庭护理套餐计划提供相同类型的居家养老服务，不同级别的家庭护理套餐计划在服务时间、服务类型和服务数量等方面都会有所不同。政府通过财政补贴来支付澳大利亚的大部分老年人居家养老服务费用，但获得服务的老年人也需要支付少量的成本费用。此外，该计划还针对退伍军人等特殊群体有不同的服务规定。

3. 严格的专业化培训管理体系，保证了居家养老服务质量

澳大利亚对于为老年人提供居家养老服务的专业人员设置了严格的进入"门槛"，从事居家养老服务的护理人员必须通过专业化培训才能开

展相应的服务工作。在进入专业培训机构学习后，澳大利亚政府会对护理人员进行财政补贴，培训内容和实际服务操作标准，均由相关协会统一制定，护理人员在接受培训学习后进行考试，获得资格证书才能进入老年人居家养老服务行业，资格证书考试侧重于实际服务操作能力的考查，包括对老年人基本家政服务、个人护理服务、心理疏导、通信工具的使用等方面，护理人员必须熟悉家用电器、手机等各类工具的利用，随着互联网的发展，护理人员还必须具备上网查询等能力，因此，资格证书考试对护理人员的考核是全面的。同时，政府通过第三方评估机构定期对专业培训机构进行绩效考核，以结业的护理人员服务质量为标准打分，以督促专业培训机构注重教学质量。除此之外，澳大利亚对于参与老年人居家养老服务的义工和志愿者也会进行相应的服务培训，但培训的层次要低于专业护理人员。义务工作者和志愿者受行业协会和社会组织的管理，为社区的老年人提供初级的居家养老服务，主要包括送餐、陪护等日常生活服务，但他们对老年人居家养老服务的贡献是巨大的，澳大利亚每年有约500多万义工和志愿者活跃在养老服务行业。为了激励更多具有奉献精神的志愿者参与到老年人服务领域，澳大利亚专门通过行业协会为每一位义工和志愿者提供免费的人身保险。

4. 实施老年人护理投诉专员计划，保护老年人的合法权益

根据1997年颁布的《老年人护理法案》和2015年出台的《投诉原则》（Complaints Principles）的要求，澳大利亚政府开展了老年人护理专员计划（Aged Care Complaints Commissioner，简称ACCC）。老年人护理专员计划取代了之前老人护理投诉计划，并将投诉处理与澳大利亚卫生部的财政拨款及监管等职责分离，进一步提高了投诉管理的独立性。在每一个地区设立老年人护理投诉办公室，配备专职的老年人护理投诉专员，投诉专员广泛接受老年人、护理人员、健康医疗专业人员、志愿者、家庭成员等所有涉及养老领域人员的投诉与建议，并免费为老年人服务，投诉专员的职能在于解决有关澳大利亚政府资助的养老服务项目投诉，回应投诉人提出的疑问，并为老年人相关投诉人员提供处理投诉事项的最佳解决方式。投诉专员具有直接审查澳大利亚政府资助养老服务项目的权力，包括联邦

家庭支持计划和家庭套餐计划，投诉专员接受投诉的领域涵盖护理服务、活动选择、歧视、餐饮、通信和物理环境等多个方面。老年人护理投诉专员计划对老年人提出的投诉问题进行快速反应并在规定时限内解决，防止老年人在接受护理服务过程中进一步受到伤害，有效地保护了老年人的合法权益。

二、德国居家养老服务

（一）基本情况

德国在债务沉重的欧元区被视为最强大和最具活力的经济体，这可归因为德国在维持出口导向型经济方面所取得的成功。然而，为了保持长期竞争力，越来越多的研究人员更为关注德国迅速老龄化和人口衰落的问题。虽然人口增长停滞和衰退在欧洲是一种普遍现象，但德国人口规模及其相对经济实力变化对未来德国乃至欧洲的可持续发展至关重要。德国的人口总数在2000年到2016年之间持续下降，净出生率的下降是这一现象的主要原因。德国是世界上五个"超级老龄化"（super-aged）的国家之一，世界银行数据显示，1960年德国65岁及以上老年人口占比11%，2017年这一数字达到了21.45%[①]。到2050年，德国65岁及以上老年人口将增长41%，达到2400万，根据联合国人口署预测数据，德国65岁及以上老年人口将在2050年占总人口接近三分之一。1960年前联邦共和国的人口平均年龄为35.9岁，到2015年，在德国，人口平均年龄已升至44.3岁。德国老龄化的变化趋势部分原因在于传统定义的"适龄劳动力"或者15到64岁人口数量的萎缩造成的，2016年，约有30%的人口年龄在45至65岁之间，这一代人正在逐步退出劳动力市场。预测数据显示，这部分人口从2015年的5 300万左右将下降到2050年约4 100万[②]。贝塔斯曼基金会的一项研究显示，超过60%的德国人担忧人口老龄化产生的负面影响。德国人口老龄化已经在逐步改变劳动力结构。2010年，20岁至65岁的人口数约为5 000万。德国联邦

---

① https://data.worldbank.org/indicator/SP.POP.65UP.TO.ZS?contextual=default&end=2017&locations=DE&start=1960&type=shaded&view=chart,

② 联合国人口署：《世界人口展望：2015年（修订版）》

统计局预测，到2060年，这一年龄组的人口将减少到3 300万至3 600万，届时德国人口的一半以上将超过51岁。如果德国希望保持其劳动力的规模不变，退休年龄必须从65岁增加到71岁。目前德国计划到2030年将其逐步增加到67岁。鉴于人口老龄化问题的严重性，德国政府积极制定了一系列应对措施，比如退休制度改革、调整退休年龄[①]、增加就业培训和教育计划、高技术移民，等等。

（二）主要做法

1. 加强代际交流和联系，促进居家养老志愿服务发展

高度独立性和积极社会参与是德国老年人显著特征之一，随着老龄化程度的加深，老年人参与志愿服务的比重逐年增加，德国政府也出台实施了一系列支持计划，旨在利用老年人独特的工作经验和技能，激励他们参与社会服务活动，政府部门和非政府组织也通过代际互动计划来支持老年人。在德国，由于高寿命和整体健康状况的不断改善，有65.4%的65岁及以上德国老年人居住在自己家庭中，不愿意到养老机构，德国老年人整体生活满意度较高，高于欧盟的平均水平，部分归因于普遍存在的志愿服务，让老年人可以积极参与到社区服务中，超过60%的50岁及以上老年人表示非常愿意继续利用自身技能和经验为社会作出贡献。德国专门设置负责老年人参与社会服务活动的老龄化办公室（Seniorenbüros，简称SCO），该部门致力于将老年人社交活动与志愿工作联系在一起，成立于20世纪90年代，已经为德国老年人成功匹配了很多适合自己的志愿机会。在该部门运营的第一个五年时间内，只有44个地方老龄化办公室成立，目前已经发展到了约380个地方老龄化办公室，这些地方机构直接由德国老年居民协会（Bundesarbeitsgemeinschaft Seniorenbüros，简称BaS）统一管理。这些协会、社会组织将根据老年人的实际情况，广泛开展与文化、教育、环境、健康等领域相关的活动，这也包括居家养老服务。最常见的活动是老年人居家养老的"多代居住"计划，旨在加强代际沟通交流和社会凝聚力，该

---

① 在2012年至2029年之间，德国政府将老年人退休年龄从65岁提高到67岁，目的是增加适龄工作人口的规模。减缓老龄化这种消极趋势的其他措施包括增加对有子女家庭的经济援助，儿童保健和教育补贴和移民制度改革。但是，有关学者认为，这些政策几乎没有取得预期效果——笔者注

计划也是欧盟促进老年人社会融合的最佳示范。自2006年以来，"多代居住计划"一直接受德国政府部门的补贴，资金支持一直持续到2020年，居住在多代房屋中的老年人可以志愿帮助孩子做功课，每周陪孩子读书一次。很多多代房屋还提供"租赁奶奶"（rent-a-granny）项目，该项目通过志愿服务连接老年人与老年人之间的居家养老服务，老年人更能理解老年人真正所需。反过来，住在多代房屋中的年轻人可以向老年人展示如何使用电脑和手机。该计划为感到孤独或没有家庭的祖父母等这类老年人提供了参与社交的机会，通过不同代际的人群居住在一起，缓解了德国家庭结构代际分裂的现象，更重要的是，为老年人提供了社交的空间。除此之外，另一个促进代际沟通交流的计划是"家庭共享"住房模式，年长的老年人将自己的住房提供给学生或刚工作的年轻人，可以不支付租金，但每天协助老年人进行包括烹饪、清洁、购物等居家养老服务，该计划为老年人提供了额外的免费服务，这些服务是他们独自居住所需要的。参与的该计划的部门包括社会组织、高校、政府部门，他们的作用在于协调、合作和为老年人和年轻人搭建桥梁。一些非政府组织通过政府补助支持和运作"家庭共享"住房模式，不仅有效解决了老年人居家养老服务，而且加强了老年人的社交互动。

2. 强化老年人的教育培训，提高居家养老服务的专业化水平

德国拥有享誉全球的职业教育培训体系，教育培训的质量和专业化程度处于领先地位，教育培训体系的成功归因为职业学校、中小企业和社会组织之间的亲密合作，从2002年开始，德国政府就开始在教育培训领域增加财政补贴，适用于45岁及以上的成年人，旨在提升老年人居家养老服务的专业化水平。为了帮助更多的50岁到60岁之间的老年人重返劳动力市场，在2005年到2015年，德国政府专门实施了"Perspektive50+"计划，为优先雇佣老年人的社会组织和雇主提供财政补贴，通过雇佣老年人，利用他们的工作经验，更好地服务于居家养老领域，以老带新，以干中学的方式，进一步提升居家养老服务的专业化能力。尽管在随后的绩效评估中，该项计划并没有取得预期的效果，但德国政府加强老年人教育培训的步伐并没有停滞，此后，德国政府开始制定一系列有针对性的支持计划，以激

励更多有工作能力和经验的中老年人加入提供养老服务的队伍中来。同时，德国政府也努力确保了中老年人的工作保障，为他们在保险、医疗等领域提供相应的支持，德国政府希望建立一种终生学习的体系，鼓励知识在不同年龄中的人群中流动和分享。一些学者根据现有政策体系认为，德国老年人教育培训政策应该开展结构性调整，优化老年人养老服务环境，更多地提供一些卫生保健、健康医疗、技能开发的配套政策，同时，德国政府除了重视激励雇主外，还特别关注老年人服务需求，开展了专门的服务人力资源培训计划。

3.重视居家养老服务的高科技应用，提升居家养老的智能化水平

德国政府一直专注于增加互联网等新一代信息技术在居家养老服务领域的应用，旨在帮助老年人解决日常生活面临的问题，支持老年人增强独立生活的能力，能够处理简单日常事务，比如生活环境辅助技术（Ambient Assisted Living，简称AAL）。在应用高科技帮助老年人建立更为积极的养老态度方面，德国走在世界前列，随着新技术的应用，目前，德国有超过56%的65岁到74岁的老年人是互联网用户，这一数据超过了经合组织的平均值（50%），并且增长速度惊人。在这个年龄段，德国老年人最常用的服务排名前四位的是发送电子邮件、居家养老服务信息搜索、在线新闻浏览和在线购物。尽管如此，老龄化的数字鸿沟依然存在，在德国，特别值得注意的是智能手机在老年人中的应用水平，截止2016年，只有27%的65岁及以上的老年人用过智能手机。德国联邦政府统计部门调研数据显示，引起老年人不使用互联网和智能手机的主要原因在于感觉互联网和相关设备的使用太复杂，对老年人并不友好，并且老年人难以参与（87%），有54%的老年人认为，互联网和智能手机并不是养老生活的必需品，超过50%的老年人认为，这些技术并非专门为老年人设计使用的，并没有从中得到任何的好处。为了解决这些问题，弥补老年人使用数字经济的差距，德国政府启动一系列项目，旨在为老年人提供各种最基本的信息使用技能，主要有三点做法：一是开展广泛培训，提升老年人使用信息技术的能力。2013年，德国联邦政府与老龄化办公室联合推出了"老年人技术推广大使"计划，依托社区向更多的老年人开展高科技产品应用服务，政府部门

出资支持了这些计划，鼓励发展服务老年人的技术应用和知识产权，其中生活环境辅助技术是日常生活护理系统（Daily Care Journal，简称DCJ）组成之一，即基于传感器记录老年人日常生活和居家养老护理服务的系统，这样的系统在生活环境辅助技术中还有很多，德国政府鼓励私人部门的参与，通过与私人部门的合作，将各种支持老年人居家养老的辅助技术推向市场。

第五节　经验分析与借鉴

从美国的商业模式到日本全覆盖的社会保障体系，再到英国的税收筹资体制和德国以及澳大利亚的居家养老模式，这些发达国家都较早地进入了老龄化社会，比我国进行的养老探索历程要长，有很多地方值得我国深入学习和借鉴。例如美国的商业化、市场化操作模式，很好地实现了政府主导，社会企业良性竞争；日本有专门的机构精细化、规范化、标准化的制定每一项养老相关政策和执行相关内容的实施；英国有一套完备的全科医生负责制；而德国更是具备实现照护资源良性循环的"时间储备"计划。但任何一个国家的制度和模式都不可以照搬照抄，我国是发展中国家且人口基数庞大，具备自身的特点，总的来说启示如下。

一、经验分析

（一）清晰的养老服务主体责任划分

美国、日本以及德国在进入老龄化社会后，养老服务参与主体责任分担非常明确。居家养老、社区养老以及机构养老的服务供给高度市场化，营利性和非营利性组织以及志愿者等扮演者养老服务直接供给角色，政府虽然没有直接参与养老服务的供给、组织和操作，但在制定法律法规、制定标准、审核监督、资金支持、对养老服务供给主体的监管等方面承担主要责任。美国种类繁多的养老院、护理院、康复院以及医疗机构等，提供了满足老年人所需的多方面的养老服务，有力地推动了养老服务体系的发展。在英国，政府角色定位为法规政策制定者、服务购买者和监督者。大部分的居家养老服务由营利组织提供，政府通过服务外包的方式向营利组织购买养老服务。[①] 随着市场化的改革，养老院也逐渐转向大部分归营利组织所有，政府和非营利组织只占有一小部分。德国政府在养老服务供给中承担责任比较有限，只有在家庭无力提供养老服务时，政府才会介入，同时鼓励家庭照料，对于提供家庭照护的家庭照顾者，会给予一定的经济补偿。日本政府负责制定养老服务规划、出台政策法规、监管营利和非营利组织、资金资助以及人才培养等责任，营利和非营利组织、企业以及家庭负责养老服务的提供。养老服务供给主体各司其职，合力推动了日本的养老服务体系发展。

根据需求层次理论，老年人对养老服务的需求可以从低到高按照生存型需求、普遍型需求和奢侈型需求等三个层次来划分。在不同的养老服务类型下，政府责任也有所不同。当基础的生存型需求得不到满足时，政府有责任保障公民的生存权。政府通过兴建公办福利院、购买养老服务以及提供养老补贴等方式，承担"兜底"服务供给责任，为城乡生活困难的老年人提供无偿的服务，满足生存需求。对于老年人的普遍型需求，政府承担着有限的责任，主要通过政府购买养老服务以及国家财政补贴等方式满足老年人的养老服务需求。对于老年人的奢侈型需求，养老服务性质已经由公共物品转为私人产品，不属于政府责任范畴，基本依靠个人从养老服务市场进行购买获得。

（二）完善的养老法制体系

发达国家在老年福利事业发展过程中基本上都是立法先行，以满足老年人的养老需求为出发点，通过立法和制度建设，正确引导市场和社会组织参与社会养老服务体系建设。美国在20世纪60年代，就开始探索涉老法律，颁布实施了与社会养老服务体系建设紧密相关的市场准入、服务标准以及监管等法规制度。日本的老年人立法囊括了护理、保健、老年人福利以及人才培养等各个方面的福利，在法律制度的保障下，社会养老服务体系建设得以有序稳步的推进。制度也不是一成不变的，制度的调整和改革

① 李长远.社区居家养老服务的国际经验借鉴[J].重庆社会科学,2014(11)：21-27.

需要以法律为基础。通过立法的形式赋予老年人的福利制度的法律地位，赋予社会养老服务体系制度化的规范，使政策的具体实施有章可循，有法可依。发达国家在发展养老服务时都提倡以市场化的方式提供养老服务，市场化的方式说明社会力量较强，但是并不意味着政府力量的削弱。如果养老服务的相关立法不到位，服务供给主体以及服务供给的全过程就无法得到有效规制，容易产生养老服务市场混乱的局面。借鉴发达国家经验可以看出，关乎老年人的各类服务都有相应的制度予以支持保障。我国应持续加强在社会照料、老年人精神慰藉、长期护理保险以及老年就业等方面的制度建立与完善。

（三）专业的服务输送渠道

由于我国老年人口数量庞大，老龄化程度与经济发展之间的不平衡，一开始便确立了社会养老服务体系要以居家养老服务为基础的建设方向。居家养老多以提供生活照料类的服务为主，这些服务的技术性不高，因此对于供给主体要求也不高。日本的居家养老，鼓励邻里互助，这与我国农村的社区互助模式相类似，可以借鉴日本较为成熟的居家养老模式来发展我国农村的社区居家养老，以较低成本依托家庭在农村建立起完善的养老服务体系。

在养老条件相对完善的城市社区，要充分利用现有的社区网络，发挥老年人的主观能动性，培育养老助老的社会组织，建立多元合作关系，拓宽服务输送渠道，助推社区养老服务的发展。将科学技术加入社区养老服务供给中，充分利用现代化信息技术，依托专业机构建立社区信息平台，老年人获得所需养老服务更加便捷和快速。在借鉴发达国家的养老服务体系的同时，需要结合我国发展的差异化实际，动员家庭、市场、社区、民营机构、志愿者等力量共同参与，多方协作，让养老服务的输送渠道朝着多层次、多元化方向发展。

养老服务的高效输送有赖于专业化的服务人才队伍。通过对发达国家养老服务体系建设经验的分析可以看出，人才培养是体系建设的重点，大量的人力物力财力投入到专业化水平提升上来。发达国家的养老服务人员不仅接受专业训练，还需要通过严格的资格审查和认定，政府财力投入方面也是相对较高的，尤其是德国，培训费用高达运营费用的80%。纵观我国实际，目前尚未建立养老服务专业培养制度和职业保障机制，人才培养的不良循环局面仍然存在，面对严峻的老龄化形势和不断增加的养老服务需求，扭转这一局面已迫在眉睫。

（四）有效的监管与专业评估

专业且严格的养老机构监管以及老年人需求评估，能够保障养老服务从提供到输送到使用的整个过程的有效与公平。我国的社会养老服务体系发展较晚，养老服务机构的评估、人才的评估以及老年人身体状况的评估较为缺失，监督与管理方面也未还没有形成一个较为完善的体系。我们可以借鉴英国的模式——英国颁布的《国家黄金标准框架》，将服务标准和服务质量详细化、具体化，同时有专门负责评估、监督和管理养老服务机构的第三方组织，从客观的角度出发，评估更为公平，监管更加公正，有效地将需求与供给合理对接。目前我国社会养老服务体系建设过程中监管多依靠于政府的职能部门，缺少能够承担评估、监管等职能的第三方机构。

二、经验借鉴

（一）从养老保障到医养结合和疾病预防意识转变

我国应实现从医疗保障到医养结合和疾病预防的转变。我国应借鉴英国的全科医生责任制，考虑到我国一直以来人口基数较大，实现全民医保困难重重。目前虽然做不到全科医生的广覆盖，但可以在社区增加全科医生的覆盖率，同时提高疾病预防，预防先于治疗，特别是在全民的体检意识普及等方面。在全国的数据调查中，一般人三年以上都没有做过体检，基本上大部分人都是有病才到医院去治疗，而多于20%的人群第一时间都不去医院，选择自己到附近药店买药或者亲人朋友推荐用药。这种意识也使得我国疾病防范的发展太过缓慢，轻病不从医，最后导致大病治疗及医保的比例大幅上升。全民医保意识和疾病意识的防范是我国医养结合养老的关键。①

（二）建立完善的长期照护制度

同东方文化的沉淀相关，我国的养老模式结构决定了居家养老是养老模式发展的重点，老年人更看重以家庭形式为中心的养老。这使得完善长期照护制度成为必然，老年人长期照护制度应从特定群体做起，可以借鉴德国的"储蓄时间"计划，增加年轻人义工照护时间积累，增加专业培训。不仅缓解我国专业照护人员的资源短缺，也为年轻人的社会道德修养打下基础。②在制度层面上，国家应该不断完善长期照护制度，特别是对照护人员的保护法律不够完善，导致社会上钻法律空子的不良现象屡屡出现，从而影响了行业的良性稳定发展。在社会和企业层面，应同时加大医疗照护保险的投入，政府也应该给予一定的税收优惠政策，从而推进医养结合养老产业的良性发展。

（三）创新医养结合养老模式

西方发达国家的医疗和社会保障体系在养老模式上有很多值得我们借鉴的地方。例如美国的"401K计划"、英国的NHS医疗服务体系、德国的"时间储蓄"计划以及日本针对对象不同细分的医疗保障计划。但是，在创新我国医养结合养老模式时要根据我国切实的国情，切勿照搬照抄，强化医疗服务，推动新的医养结合模式的发展才是关键。在医疗资源匮乏的地区，政策上偏斜，差异对待，政府扶持为主。在医疗资源相对丰富的地区，政府扶持为辅，以市场化方式良性竞争缩小医疗成本，减小财政压力。同时，在医院的闲置改制上、医药的药价限控上、护理人员的专业培训上都应该加大力度，实现全面化的稳定医养结合养老环境。

（四）提高养老机构的服务能力

我国养老机构的主要问题是资源不平衡、不匹配。一些政策扶持力度大、资源相对优化的机构，床位供不应求，另一方面，部分地区由于医疗

① 包世荣. 国外医养结合养老模式及其对中国的启示 [J]. 哈尔滨工业大学学报（社会科学版），2018（02）：62.

② 肖云，杨光辉. 我国社区居家养老服务人员队伍结构优化研究——以564名社区居家养老服务人员为例 [J]. 西北人口，2013（06）：99.

资源匮乏、地理环境恶劣、相关政策缺失等原因，床位空置率非常高，这其中最大的原因就是供需不匹配。提高服务能力不仅旨在提高机构的刚性条件和需要，也在于提高专业技术人员的服务态度和专业度上。对于没有服务能力的养老机构，政府应帮助他们与附近的医疗机构建立连通渠道，在医保审批和政策扶持上也应该有一定的优惠政策。

（五）加强政策整合和整体规划力度

在医养结合养老服务上，我国没有专一的管理部门，涉及医养结合的管理机构相互交织，相互重叠。所以，在政策的执行上，部门相互之间经常发生偏移，出现分歧，导致推行受到重重障碍、发展缓慢。在这方面，在政府的宏观调控下，政策的"碎片化"整合尤为重要，也是高效推进的关键。在区域地理环境刚性条件和医疗资源的软性条件上应该提前规划，避免医疗资源不匹配的情况越演越烈。实现养老规划的制定、养老机构的整合、社区照护的分配，政府规划宏观调控，企业、社会、基金协同发展，医疗机构在养老服务中的协作机制健全等。

根据国外发展的经验，在长期护理上，我国由于商业性医养结合的成本较高，在我国社会经济尚不发达的条件下，很难实现广覆盖，因此应该建立社会化筹资的保险制度。实现从商业性的发展模式到商业和社会化共同合作协同发展模式，最后再到覆盖全面的强制养老模式，最终形成慢病管理、疾病预防、疾病治疗、长期照护、老年娱乐及老年再就业等六位一体的医养结合养老模式，最终实现具有中国特色的医养结合养老。

借鉴发达国家的经验，探索切实符合我国实际国情的方法和途径，形成长期照护制度，发挥人力资源优势，采取合理有效的方法和模式，完善制度和专业的技能培训，创新养老模式，提高养老机构的服务能力，加强政策的整合和整体规划力度，才能建立从医疗保障到医养结合和疾病预防完善制度，为养老服务的进一步发展和探索提供坚实的基础。

第三章　政府购买居家养老服务问题及原因分析

居家养老源自以英国为代表的西方国家的社区照顾。"居家养老"一词最早被我国使用开始于2001年5月民政部印发的《"社区老年福利服务星光计划"实施方案》，该方案提出要建立和完善社区老年福利服务网络，为居家养老提供支持，为社区照料提供载体，为老年人活动提供场所，首次提及"居家养老"。居家养老服务是社会化养老服务中的一种，其提供者可以是老年人的配偶、子女或其他家人，也可以是市场、公益组织或政府。由政府免费和低价提供的居家养老服务是一种特殊的、具有福利性质的服务产品。为了降低成本、提高效率、增加供给方式的多样性，世界各国都在进行居家养老服务供给侧方面的改革，其中一个重要方式就是从营利企业或非营利组织购买居家养老服务。从20世纪70年代起，以英美为代表的西方发达国家率先拉开了政府购买居家养老服务的序幕，政府购买居家养老服务成为应对人口结构和社会服务需求变化的一项重要举措。对于中国而言，政府购买养老服务是个"舶来品"。在孝道文化的影响下，我国历史上的养老服务都是由家庭来承担的。从新中国成立到改革开放之前，养老服务主要由政府和家庭承担，还不存在政府购买养老服务。我国政府购买居家养老服务探索可以追溯到改革开放之后，但实践开启时间和政策探索的时间并不完全一致。本章从纵向上系统分析我国政府购买养老服务政策的发展历程，从横向上介绍我国政府购买居家养老服务实践的三种典型模式，并审视和总结政府购买居家养老服务的发展现状和存在的主要问题以及问题的根源，从宏观上把握我国政府购买居家养老服务的情况，为后面相关问题的研究作铺垫。

第一节　政府购买居家养老服务的政策演进

改革开放后，随着社会主义市场经济的确立和发展成熟，公共服务的社会化、市场化运作已经成为当前中国行政管理改革中的重要制度创新，成为政府治理改革发展的新动向。为了迎接人口老龄化的挑战，提高养老服务供给的效率和质量，我国从改革开放后开始了政府购买居家养老服务的探索，并持续发布了一系列关于政府购买养老服务的政策文本。

一、政府购买居家养老服务政策的发展历程

从政策文本发布的密集程度以及内容来看，可把我国政府购买养老服务划分为孕育时期、探索发展时期和继续推进等三个阶段。

（一）孕育阶段（1984—2005）

随着改革开放后计划经济体制的瓦解，依附在计划经济体制之上的单位福利体制随之被打破，政府开始考虑对社会福利进行改革。1984年，民政部在全国民政社会福利工作会议上首次提出了社会福利社会化的构想。1994年印发的《中国老龄工作七年发展纲要（1994—2000）》表示要"增加老年福利设施，扩大老年社会化服务"以及"多渠道筹措老龄事业发展资金"[1]。1996年，国家制定并颁布了《中华人民共和国老年人权益保障法》，表示国家要鼓励和扶持有意愿的社会组织或个人参与到各类养老服务设施的建设中来。两年后，在综合各地的探索与实践的基础上，民政部开始在广州、上海、温州、苏州等13个城市开展社会福利社会化试点工作。

1999年我国正式成为老年型社会。2000年上半年，政府陆续发布了《关于加强老龄工作的决定》和《关于加快实现社会福利社会化的意见》，提出要"依托社区发展老年服务业，完善社区为老年人服务的功

---

[1]　中国老龄工作七年发展纲要（1994—2000年）[EB/OL].https://cj.dhu.edu.cn/zsjyyjs/43/ec/c16824a213996/page.psp.

能"，同时"老年服务业的发展要走社会化、产业化的道路"①。同年10月，国家税务总局和财政部联合发布了《关于老年服务机构有关税收政策的通知》，开始对社会力量创办的具有福利性质的养老服务机构（既包括养老院，也包括老年服务中心、托老所等）免征企业所得税及相关房产税、城镇土地使用税、车船使用税等②，力图通过税收优惠手段鼓励社会力量参与养老服务机构建设中来。5年后，《关于支持社会力量兴办社会福利机构的意见》发布，表示"要多渠道、多形式筹集资金，支持社会办福利机构的发展"③。

总体而言，虽然此时期发布的政策没有正式出现"政府购买居家养老服务"的字样，但已把解决养老问题的视角从家庭和政府转向了市场和社会，开始重视运用社会和市场的力量来供给养老服务，并出台了具体的税收优惠政策鼓励社会力量加入养老服务机构的建设中。从这个角度来看，此阶段可被视作政府购买居家养老服务政策的孕育阶段。

（二）探索阶段（2006—2012）

2006年，《民政事业发展第十一个五年规划》第一次明确提出"政府购买养老服务"，表示要继续完善相关政策，鼓励和吸引各类社会力量参与老年福利服务建设。④自此以后，"政府购买养老服务"一词频繁出现在国务院以及民政部、财政部等部门出台的政策文本中。2008年出台的《关于全面推进居家养老服务工作的意见》把居家养老服务视作"提高广大老年人生命、生活质量的重要出路"，凸显、拔高了居家养老服务的重要性；该意见还提出"对居家养老服务中能够与政府剥离的服务职能都要

---

① 国务院办公厅转发民政部等部门关于加快实现社会福利社会化意见的通知_2000年第11号国务院公报_中国政府网 [EB/OL]. http: //www. gov. cn/gongbao/content/2000/content_60033. htm.

② 财政部国家税务总局关于对老年服务机构有关税收政策问题的通知 [EB/OL]. http: //www. mof. gov. cn/zhuantihuigu/knqzshap/zcwj/200805/t20080519_22542. html.

③ 民政部关于支持社会力量兴办社会福利机构的意见_养老机构政策_养老机构_养老信息网 [EB/OL]. https: //www. yanglaocn. com/shtml/20171024/1508850298113663. html.

④ 民政事业发展第十一个五年规划 [EB/OL]. doc https: //max. book118. com/html/2017/1127/141819642. shtm.

尽可能交给社会组织、非营利机构、市场或企业去办"①，这是政府关于居家养老服务"掌舵"和"划桨"职能分开的明确表态。3年后，政府又印发了《关于印发社会养老服务体系建设规划（2011—2015年）的通知》，表示要建立"以居家养老服务为基础、社区养老服务为依托、机构养老服务为支撑的社会化养老服务体系"，明确了居家养老在养老服务体系中的定位，并表示要采取公建民营、委托管理、购买服务等多种方式，支持社会组织参与养老服务体系建设。②2012年，民政部印发的《关于鼓励和引导民间资本进入养老服务领域的实施意见》进一步强调"要采取政府补助、政府购买、协调指导、评估认证等方式，鼓励各类民间资本进入居家养老服务领域"，并鼓励社会力量举办老年人日间照料中心、托老所、老年之家、老年活动中心等养老服务设施，鼓励的具体方式主要体现在用地、用电、用水、用气、用热等方面的优惠以及各种税收优惠。③

此阶段出台的政策文本几乎都强调要鼓励和吸纳社会力量、社会资本来参与养老机构、居家养老服务、老年人用品市场等方面的建设，参与方式和途径既可以采用独资的方式，也可以采用合资、合作甚至联营、参股等方式。此阶段出台的养老服务政策正式提出了"政府购买养老服务"一词，并在政策文本中反复出现，但是并没有对购买居家养老服务的方法和措施提出具体的规定。

（三）推进阶段（2013年至今）

2013年后，政府更加关注治理和老年服务建设。2013年7月1日起正式施行修订后的《中华人民共和国老年人权益保障法》。9月，国务院发布了《国务院关于促进健康服务业发展的若干意见》（国发〔2013〕40号），表示要通过推进"医养结合"和"发展社区健康养老服务"来推动整个健

---

①　关于全面推进居家养老服务工作的意见［EB/OL］．http：//www.gov.cn/zwgk/2008-02/25/content_899738.htm.

②　国务院办公厅关于印发社会养老服务体系建设规划（2011—2015年）的通知［EB/OL］．http://www.gov.cn/zwgk/2011-12/27/content_2030503.htm.

③　民政部关于鼓励和引导民间资本进入养老服务领域的实施意见_民政部_中国政府网［EB/OL］．http://www.gov.cn/zhengce/2016-05/22/content_5075659.htm.

康养老服务业的发展①。随后,《关于政府向社会力量购买服务的指导意见》(国办发〔2013〕96号)对政府购买公共服务的购买主体、承接主体、购买机制、资金管理和绩效考核做出了大致的规定和指导。但该意见针对的是所有政府购买公共服务,并没有细致到政府购买居家养老服务。接着,民政部、发改委又印发了《关于开展养老服务业综合改革试点工作的通知》,进一步强调要大力引导社会力量参与养老服务。

2014年,政府又先后发布了《关于做好政府购买养老服务工作的通知》《关于民政部门利用福利彩票公益金向社会力量购买服务的指导意见》和《关于鼓励外国投资者在华设立营利性养老机构从事养老服务的公告》等文件。《关于做好政府购买养老服务工作的通知》明确提出"到2020年,要基本建立比较完善的政府购买养老服务制度",规定政府购买养老服务的购买主体是"承担养老服务的各级行政机关和参照公务员法管理、具有行政管理职能的事业单位",承接主体"各地可根据国办发〔2013〕96号文件确定的原则和养老服务的要求,规定承接主体的具体条件",政府购买居家养老服务的内容主要包括"六助等上门服务以及养老服务网络信息建设"②,该通知还对政府购买养老服务的资金保障、监管机制和绩效评价办法等提出了整体性的指导意见。

2015年初,发展改革委、民政部等发布了《关于鼓励民间资本参与养老服务业发展的实施意见》,表示"鼓励使用政府购买公共服务方式,积极引导民间资本创建家政公司或居家养老服务社会组织,上门为居家老年人提供助餐、助浴、助洁、助急、助医等定制服务"③。同年4月,政府又印发了《关于进一步做好养老服务业发展有关工作的通知》,指出"各地要切实推广政府购买养老服务,逐步扩大购买范围,并为小微企业参与购

① 国务院关于促进健康服务业发展的若干意见〔EB/OL〕. http://www. gov. cn/zwgk/2013-10/14/content_2506399. htm.

② 财政部 发展改革委 民政部 全国老龄办关于做好政府购买养老服务工作的通知_财政部_中国政府网〔EB/OL〕. http://www. gov. cn/zhengce/2016-05/22/content_5075645. htm.

③ 民政部 发展改革委 教育部 财政部人力资源社会保障部 国土资源部 住房城乡建设部国家卫生计生委 银监会 保监会关于鼓励民间资本参与养老服务业发展的实施意见_民政部_中国政府网〔EB/OL〕. http://www.gov.cn/zhengce/2016-05/22/content_5075658.htm.

买服务创造条件"①。次年,民政局《关于中央财政支持开展居家和社区养老服务改革试点工作的通知》再次强调"支持通过购买服务等方式,鼓励社会力量管理运营居家和社区养老服务设施,使社会力量成为提供居家和社区养老服务的主体"②,把政府购买公共服务放在一个更加重要的位置。而《关于开展2016年居家和社区养老服务改革试点申报工作的通知》确定"把北京市丰台区等26个市(区)作为2016年中央财政支持开展居家和社区养老服务改革试点地区"③,在全国范围内推行政府购买居家养老服务。

2017年,政府印发《关于全面放开养老服务市场提升养老服务质量的若干意见》(国办发〔2016〕91号),表示"要全面放开养老服务市场,鼓励各地向符合条件的养老机构购买服务,对在养老服务领域采取政府和社会资本合作(PPP)方式的项目,可以国有建设用地使用权作价出资或者入股建设"④。2017年,政府又发布了《关于加快推进养老服务业放管服改革的通知》和《"十三五"国家老龄事业发展和养老体系建设规划》,表示要大力推行政府购买公共服务,推动专业化居家社区养老机构发展。2019年4月,国务院办公厅发布《关于推进养老服务发展的意见》(国办发〔2019〕5号),明确要求对提供养老服务的机构,要实行税收优惠政策,提供专业人士予以消防指导,等等。

此阶段出台的政策显示了政府对购买居家养老服务的重视,密集发布了一系列促进居家养老服务和的政策文件,对政府购买居家养老服务的承接主体、购买程序、监管和评估机制等提出了指导性意见,可以界定为政府购买居家养老服务的继续推进阶段。但是,此阶段出台的政策多为原则性、指导性意见,仍没有涉及政府购买居家养老服务的具体实施办法,尤

① 【关于进一步做好养老服务业发展有关工作的通知】_国家发展和改革委员会[EB/OL]. https://www.ndrc.gov.cn/fzggw/jgsj/shs/sjdt/201504/t20150427_1121635_ext.html.

② 关于中央财政支持开展居家和社区养老服务改革试点工作的通知(民函〔2016〕200号)[EB/OL]. http://lgj.mofcom.gov.cn/article/zcgz/201611/20161101783059.shtml.

③ 民政部 财政部关于开展2016年居家和社区养老服务改革试点申报工作的通知_政策法规_养老网[EB/OL]. https://www.yanglao.com.cn/article/55398.html.

④ 国务院办公厅关于全面放开养老服务市场提升养老服务质量的若干意见_政府信息公开专栏[EB/OL]. http://www.gov.cn/zhengce/content/2016-12/23/content_5151747.htm.

其在财政预算管理、资金安排、绩效管理、质量评估等方面。

此外，在中央政府政策文件的指导下，我国各地政府纷纷制定了一系列的实施细则。如2008年7月，长春市政府办发布《关于开展居家养老服务的实施意见》，是国内较早响应国家号召的地方政府，其中对居家养老服务的范围、服务标准、审批程序等作出了较详细的规定。2013年，南京市政府制定了《南京市社区居家养老服务实施办法》，2015年5月，北京市施行了《北京市居家养老服务条例》，2015年底，内蒙古自治区政府实施了《自治区政府向社会力量购买服务管理办法》，2016年1月，上海市发布了《上海市老年人权益保障条例》，等等。

从以上政府购买居家养老服务政策的三个发展阶段可以看出，我国政府在购买养老服务政策方面的态度渐渐明朗，政策文本的数量越来越多，且政策内容越来越具体，从刚开始支持、鼓励社会力量进入养老服务领域，到出台具体的促进政府购买办法如公建民营，提供场地、设施、用水用电、税收等方面的优惠，使政府购买养老服务实现了从态度到具体措施、从无序到有序的转变，有效地推动了养老服务供给方式的改革和创新。

二、政府购买居家养老服务政策的演进特点

政府购买居家养老服务在我国是个"舶来品"，在我国的发展历程不过二十多年。我国政府购买居家养老服务政策经历了孕育、发展和推进三个阶段。总体上来看，我国政府购买居家养老服务政策呈现出以下演进特点。

（一）覆盖范围逐步扩大

覆盖范围是指享受政府购买居家养老服务的老年人的群体类别。从政策层面来看，2006年，《民政事业发展第十一个五年规划》第一次明确提到政府购买养老服务，但接受政府购买养老服务的老年人仅限于孤寡老年人。5年后，《关于印发社会养老服务体系建设规划（2011—2015年）的通知》发布，表示"社会养老服务体系建设应打破行业界限、发挥市场在资源配置中的基础性作用，采取政府购买公共服务、补助贴息等多种模式，优先保障孤老优抚对象及低收入的高龄、独居、失能等困难老年人的服务

需求"①，把政府购买居家服务的覆盖对象扩大到"孤老优抚对象及低收入的高龄、独居、失能等困难老年人"。2014年《关于做好政府购买养老服务工作的通知》仍然强调要优先保障"孤寡、失能、高龄等特殊老年群体的养老服务需求，将政府购买养老服务与满足老年人基本养老服务需求相结合"，与此同时"要逐渐扩大政府购买养老服务的领域和范围，加大对基层和农村养老服务的支持"②。2015年，《关于鼓励民间资本参与养老服务业发展的实施意见》表示要"积极鼓励民间资本参与城镇养老服务设施，为有需求的老年人提供必要的居家养老服务，并协助做好老年人信息登记、身体状况评估等工作"③，把政府购买居家养老服务覆盖群体扩大到"有需求的老年人"。2016年《关于中央财政支持开展居家和社区养老服务改革试点工作的通知》提出"要通过政府扶持、社会力量运营、市场化运作，全面提升居家和社区养老综合服务能力，以满足绝大多数有需求的老年人在家或社区享受养老服务的愿望"④，把政府购买居家服务覆盖的老年人扩大到绝大多数有需求的老年人。

（二）项目内容日益丰富

从政府购买居家养老服务政策上来看，2007年发布的《民政事业发展第十一个五年规划》表示要重点加强大中城市城区和县综合性社区福利服务设施建设，开展多种形式的居家养老服务，但该规划没有对政府购买居家养老服务的项目内容进行界定。四年后，政府又出台了《关于印发社会养老服务体系建设规划（2011—2015年）的通知》，表示可采取政府购买公共服务、补助贴息等多种模式，为不同身体健康状况的老年人提供不同的养老服务项目，例如，对于生活能够自理的老年人，为其提供家庭服

① 国务院办公厅关于印发社会养老服务体系建设规划（2011—2015年）的通知［EB/OL］. http://www. gov. cn/zwgk/2011-12/27/content_2030503. htm.

② 财政部　发展改革委　民政部　全国老龄办关于做好政府购买养老服务工作的通知_财政部_中国政府网［EB/OL］. http://www. gov. cn/zhengce/2016-05/22/content_5075645. htm.

③ 《关于鼓励民间资本参与养老服务业发展的实施意见》（民发〔2015〕33号）_养老信息网［EB/OL］. https://www.yanglaocn.com/shtml/20150226/142490391040609.html.

④ 关于中央财政支持开展居家和社区养老服务改革试点工作的通知（民函〔2016〕200号）［EB/OL］. http://lgj.mofcom.gov.cn/article/zcgz/201611/20161101783059.shtml.

务、老年食堂、法律服务等项目，对生活不能自理的老年人，为其提供生活照料服务、医疗保健、无障碍改进、紧急呼叫和安全援助等服务。①此通知把政府购买的居家养老服务项目扩大到"家庭服务、老年食堂、法律服务、家务劳动、家庭保健、辅具配置、送饭上门、无障碍改造、紧急呼叫和安全援助等"。

2014年《关于做好政府购买养老服务工作的通知》进一步强调在购买居家养老服务方面，主要为符合政府资助条件的老年人购买"六助"等上门服务；在购买社区养老服务方面，主要为符合一定条件的老年人购买社区日间照料、老年康复文体活动等服务。②该通知把"五助"和"康复护理"列为政府购买的重点内容。2015年《关于鼓励民间资本参与养老服务业发展的实施意见》发布，表示"鼓励私营资本创建、运营老年人活动中心、老年人日间照料中心等养老服务设施，以向特殊老年人群体提供助餐、托养、助浴、健康、休闲和上门照护等服务，并协助做好老年人信息登记、身体状况评估等工作"③，把老年人信息登记、身体状况评估等工作纳为政府购买养老服务的项目内容。

总之，我国政府购买居家养老服务的项目内容从简单的探访服务不断向基本生活照料服务、康复护理服务、需求状况评估等纵深方向发展，项目内容逐渐得到了拓宽。

（三）购买方式日益多元

政府购买居家养老服务的方式受经济发展水平、社会组织发展状况以及购买动机等多种因素影响。当前我国政府购买居家养老服务呈现形式性购买、委托性购买和契约化购买三种模式并存的局面，但总体上来看，形式性购买和委托性购买仍占主导地位。但随着社会组织的发展壮大和社会

① 国务院办公厅关于印发社会养老服务体系建设规划（2011—2015年）的通知［EB/OL］. http://www.gov.cn/zwgk/2011-12/27/content_2030503.htm.

② 财政部 发展改革委 民政部 全国老龄办关于做好政府购买养老服务工作的通知_财政部_中国政府网［EB/OL］. http://www.gov.cn/zhengce/2016-05/22/content_5075645.htm.

③ 《关于鼓励民间资本参与养老服务业发展的实施意见》（民发〔2015〕33号）_养老信息网［EB/OL］. https://www.yanglaocn.com/shtml/20150226/142490391040609.html.

组织的独立性逐渐增强，政府购买的竞争性和契约化程度在不断提高。在具体的政府购买居家养老服务策略上，我国存在"补供方"和"补需方"两种方式。"补供方"的方式是政府为承接居家养老服务的社会组织提供优惠，由其将服务提供给受益人；"补需方"的方式是政府向老年人发放服务券，让老年人凭借服务券根据自身的养老服务需求自行选择和购买居家养老服务项目。

　　另外，政府还通过制定政策来鼓励多种购买方式的使用。2013年，国务院办公厅印发了《关于政府向社会力量购买服务的指导意见》（国办发〔2013〕96号），提出要更多采用公开招标、邀请招标、竞争性谈判、单一来源、询价等竞争性方式来确定政府购买服务的承接主体。[①]次年，财政部、民政部和工商总局又印发了《政府购买公共服务管理办法（暂行）》，提出购买主体应当根据购买内容的供求特点、市场发育程度等因素，按照方式灵活、程序简便、公开透明、竞争有序、结果评价的原则组织实施政府购买公共服务；购买主体应当按照政府采购法的有关规定，采用公开招标、邀请招标、竞争性谈判、单一来源采购等方式确定承接主体[②]，进一步强调要使用多种购买方式来购买服务。

（四）日益重视绩效评价

　　绩效评价、质量评价是检验政府购买公共服务状况的一种重要手段。《关于政府向社会力量购买服务的指导意见》指出，要加强政府向社会力量购买服务的绩效管理，严格绩效评价机制，建立健全由购买主体、服务对象及第三方组成的综合性评审机制，对购买服务项目数量、质量和资金使用绩效等进行考核评价，且评价结果向社会公布，并作为以后年度编制预算和选择承接主体的重要参考依据。[③]2014年印发的《关于做好政府购买

---

① 国务院办公厅关于政府向社会力量购买服务的指导意见［EB/OL］. http：//www. gov. cn/xxgk/pub/govpublic/mrlm/201309/t20130930_66438. html

② 财政部印发《政府购买服务管理办法（暂行）》通知_部门新闻_新闻_中国政府网［EB/OL］. http：//www. gov. cn/xinwen/2015-01/04/content_2799671. htm.

③ 国务院办公厅关于政府向社会力量购买服务的指导意见［EB/OL］. http：//www. gov. cn/xxgk/pub/govpublic/mrlm/201309/t20130930_66438. html.

养老服务工作的通知》再次强调要加强绩效评价，尤其是服务对象对养老服务的满意度评价，并要及时向公众和社会公布绩效评价结果，将其作为选择和确立承接主体的重要依据，以建立动态的承接主体调整机制。①2016年《关于中央财政支持开展居家和社区养老服务改革试点工作的通知》进一步对绩效考核做了细致规定，并提出要对七个重点支持领域进行绩效目标考核评估工作，并建立起一定的奖罚措施，根据评估结果好坏来决定是否满额拨付剩余的结算资金：对于评估结果特别好的地区给予资金奖励并增加未来年度该地区的试点地区数量，而对于评估结果较差、不合格的地区则减扣部分或全部补助资金，并取消当年未来的试点资格。②该通知还提出要"加强养老服务标准化、规范化建设，通过购买服务方式积极培育和发展第三方监管机构，以建立长期、有效的监管机制，保证居家和社区养老服务质量水平"③。从上述文件可知，绩效评价的重要性日益凸显，虽然并没有对绩效评价具体如何实施和加强进行详细表述。

第二节　政府购买居家养老服务实践的典型模式

在实践上，从20世纪70年代起，英国政府就开始把"社区照顾"承包给第三方社会组织或私人企业。我国政府购买居家养老服务的实践晚于西方国家。最早开始进行政府购买居家养老服务的是上海市，为了有效满足社会对养老服务的多元化需求，上海市卢湾区等6个城区12个街道从2000年开始尝试通过购买服务的方式为符合条件的老年人提供上门的居家养老服务或日托服务。接着上海市普陀区各街道借鉴卢湾区等6个城区的做法，专门成立了民办非企业性质的居家养老服务中心来承接政府委托或转移的

① 财政部　发展改革委　民政部　全国老龄办关于做好政府购买养老服务工作的通知_财政部_中国政府网[EB/OL]. http://www.gov.cn/zhengce/2016-05/22/content_5075645.htm.
② 关于中央财政支持开展居家和社区养老服务改革试点工作的通知（民函〔2016〕200号）[EB/OL]. http://lgj.mofcom.gov.cn/article/zcgz/201611/20161101783059.shtml.
③ 关于中央财政支持开展居家和社区养老服务改革试点工作的通知（民函〔2016〕200号）[EB/OL]. http://lgj.mofcom.gov.cn/article/zcgz/201611/20161101783059.shtml.

居家养老服务职能，这些居家养老服务中心是在区和街道两级民政部门指导下成立的，具有浓厚的半官方色彩。随后南京、杭州、北京、天津、深圳、厦门、福州等市纷纷"试水"政府购买居家养老服务。截至2016年，我国所有省会城市、直辖市以及经济水平较高的经济特区都已经开展政府购买居家养老服务工作。虽然各地开展居家养老服务的时间不一、方式有异，但根据政府购买居家养老服务过程中政府与民间组织的关系以及购买过程是否存在竞争性，可把我国政府购买居家养老服务划分为形式性购买、委托性购买和契约性购买三种模式。

一、形式性购买模式

形式性购买是指购买主体和承包方之间具有不平等的依赖关系，且购买程序具有非竞争性的一种购买方式，也称作依附性非竞争购买。具体来讲，政府购买居家养老服务中的承包方(社会组织)通常是由发包方(政府)为了购买服务任务而发起或倡导成立的，甚至是接到政府购买任务后才专门成立的。[①]这种购买方式多出现在我国政府购买居家养老服务的早期阶段，因为初期阶段能够承接居家养老服务的社会组织数量有限，社会组织发展不成熟，因此政府只能边培育、边购买、边发展。

上海市早期的政府购买居家养老服务就是一种典型的形式性购买。为了推进政府购买居家养老服务，2001年上海市普陀区各街道在区民政局和街道的指导和扶持下，特地设立了民办非企业性质的居家养老服务中心。这类性质的居家养老服务中心具有高度"嵌入"政府组织体系的特征。2004年，该区结合市政府"万人就业项目"建立"区居家养老服务管理中心"，完善了百岁老人、困难老人、80岁以上独居老人的补贴政策。对符合条件的老人，由社区居家养老服务社选派符合条件的服务人员，把生活照料、医疗保健、精神慰藉等服务送上门。管理中心有4 000多名服务员，每人每月承担4位老人的服务，政府相关部门出资为服务员支付薪酬、缴纳

---

① 李长远. 我国政府购买居家养老服务模式比较及优化策略[J]. 宁夏社会科学, 2015(03): 87.

三金实现岗位购买等。①居家养老服务中心负责具体的居家养老服务输送和管理工作，但不实际掌控居家养老服务的资金使用权，开展项目需要报批相关领导，居家养老服务中心直接对街道负责，只接受街道对其的评估，但评估结果不影响下一期的合作，也不影响以后的购买资金数额。

　　随着政府购买居家养老服务工作的不断发展，这种购买模式逐渐暴露出很多问题。首先，由于居家养老服务中心和政府部门之间具有依附关系，其行为方式带有浓重的行政色彩，专业服务能力的优势无法发挥出来，组织自身建设的发展也受到很大限制。以人员为例，为配合上海市政府的"万人就业项目"，居家养老服务中心雇佣的护工大多都是"4050"下岗待业人员，虽然有对这些人员进行培训，但整体素质尤其是专业技能水平仍然偏低，这就使得政府购买居家养老服务的项目内容一直局限在卫生清洁等家政服务、陪同就医、定时送餐等生活照料服务方面。即使有些辖区的服务有涉及心理慰藉、康复护理等专业服务，但服务效果也不明显。

　　其次，在这种购买方式中，社会组织对政府的依赖性非常强，居家养老服务中心的资源、资金完全依赖政府，办公场所、办公设备、员工工资补贴、培训补贴及信息网络的日常维修和养护费用等都来自政府，使社会组织自身渐渐丧失社会筹资和自身的造血能力，长远来看不利于社会组织的发展，也会限制政府购买居家养老服务的良性发展。

　　最后，这种购买方式下的居家养老服务中心极有可能发展、变异为政府的行政分支，不仅不能减轻政府的负担，反而有可能无形中扩大政府的职能，造成公共资源的滥用和浪费，与政府购买公共服务的初衷相背离。正是由于形式性购买存在以上几方面的问题，上海市对政府购买居家养老服务的方式进行了调整，而社会组织的发展状况也给这种调整带来了新契机。从2009年开始，上海市开始试行"公益项目招投标"，通过公益招投标和创投的方式向社会组织购买居家养老服务。大致的购买流程如下：区政府提出要购买的居家养老服务项目、覆盖群体和投入资金量，然后上报给市民政局立项，立项结果在网上公布后，社会组织投标，民政局对中标

机构给予项目拨款和监督。^①

总体上来讲，形式性购买这种模式内潜很多风险和不确定性因素。对于社会组织发展不够成熟的阶段，采用这种"边培育边购买"的购买方式，有利促进政府购买居家养老服务的发展，但随着社会组织的发展壮大和政府购公共服务制度的完善，这种方式必然越来越少。

二、委托性购买模式

委托性购买模式是指居家养老服务承包方，即社会组织和购买者（政府）之间没有依附关系，承包方是独立的决策主体，但在购买居家养老服务的过程中并没有采用公开竞标的方式。在政府购买居家养老服务的实践中，政府往往倾向与具有居家养老服务专业优势、管理水平较高、有一定知名度的社会组织签订购买合同，实现委托性购买。

南京市鼓楼区政府购买居家养老服务为委托性购买模式的典型代表。从2003年开始，鼓楼区政府开始从"心贴心老年服务中心"为本区特殊老年人群体购买居家养老服务。"心贴心社区服务中心"不是鼓楼区政府为了推进居家养老服务建设专门成立的，在2003年之前就已经成立，具有多年的运营养老机构的经验。在社会组织的选择上，鼓楼区政府根据业内口碑、上交的服务计划书以及成立者的个人影响力，直接决定把本区的居家养老服务委托给"心贴心社区服务中心"，由其实际操作、运营具体的居家养老服务事宜。^②

鼓楼区居家养老服务的购买流程主要如下：首先有养老服务需求的老年人要向社区递交申请。接着，街道老龄办根据老年人的申请对其进行走访并核查情况是否属实。最后，区老龄办、街道老龄办对老年人的申请进行审核，以确定此位老年人是否有资格接受政府购买的居家养老服务。如果此位老年人的申请情况属实，就将该老年人的相应居家养老服务承接给"心贴心"老年服务中心。2003年以来，鼓楼区通过政府购买居家养老服

① 潘屹.优化整合城乡资源,完善社区综合养老服务体系——上海、甘肃、云南社区综合养老服务体系研究[J].山东社会科学,2014(03):34.

② 李长远.我国政府购买居家养老服务模式比较及优化策略[J].宁夏社会科学,2015(03):88.

务，为近千名老年人提供了基本的居家养老服务。到2012年，南京市共培育了726个养老服务社会组织，服务覆盖到全市60%以上的老人；全市近6 000名困难、独居、高龄老人都享受到政府购买的生活照料服务。到2013年，南京市共建成社区（村）居家养老服务中心1 248个。①

当然，南京市政府购买居家养老服务的方式并不囿于这一种购买方式。2009年建邺区、玄武区向本地社会组织公开招投标购买居家养老服务，六合区、秦淮区、鼓楼区也都有使用公开招投标的方式来购买诸如虚拟养老服务项目、居家养老服务上门照护服务以及高龄独居困难老人援助项目等。但总体上来看，南京市采用公开招投标购买方式的数量有限，南京市政府购买居家养老服务主要是独立关系的非竞争性购买。

委托性购买模式通常运用于缺乏足够数量的具备承接政府购买居家养老服务能力的社会组织的非竞争市场上。为了较好推进政府购买居家服务工作，提高居家养老服务水平，政府不得不把资源集中在某一个特定的资质较好的机构上。相对形式性购买模式，委托性购买模式在专业服务能力的提升和组织的自身发展上具有优势。然而由于外部竞争的缺乏，容易导致社会组织的垄断，从而使社会组织缺乏提高效率、改进工作质量的外部动力。但由于这种购买方式相对于公开招投标而言，购买流程更加简单、方便，因此成为当前政府购买居家养老服务广为采用的一种方式。

三、契约性购买模式

契约性购买是指购买方和承接方之间关系独立，购买方不干涉承接方的人事安排、资源分配方式以及具体的运营工作。购买方向承包方购买服务时遵循严格的购买程序，即购买方首先确定好购买项目和购买价格并公开向社会发布，让有意向、有资质的社会组织来竞标，然后购买方根据特定的原则来确定最合适的承接者，并通过签订契约的方式与其建立合作关系。②契约式购买模式通过竞争性程序来选择承接方，并通过合同的方式确定购买方和承接方各自的权利和义务，是一种较为理想的政府购买居家养

---

① 董婉愉. 南京老龄化比全国早来十年［N］. 扬子晚报, 2012-07-02.

② 李长远. 我国政府购买居家养老服务模式比较及优化策略［J］. 宁夏社会科学, 2015（03）: 88.

老服务模式。这种购买模式在我国政府购买居家养老服务实践初期数量较少，但随着时间的推移和政府购买居家养老服务工作机制的日益完善，这种购买方式逐渐增多。

杭州市江干区购买居家养老服务是这种购买方式的典型代表。2009年，杭州市江干区闸弄口街道以"居家关爱夕阳情"为主题，为社区老年人购买助餐、助洁、助医、助困、助急、助乐等"六助"服务。江干区闸弄口街道采用补需方的方式，每月向每位老年弱势群体发放100至400元不等的免费护理券，老年人可根据自己需求购买自身所需的"六助"服务的任何一种或几种。次年，江干区政府采用公开招投标的方式，把居家养老服务转移外包给"夕阳红""心连心"等有资质的社会组织。2012年，江干区把全区近八成的居家养老服务都委托给有资质的社会组织。为了保证服务质量，江干区还陆续出台了《江干区居家养老服务评估办法（试行）》和《江干区居家养老服务工作职责与考核办法》，对政府购买居家养老服务的效果进行第三方测评。

理论上讲，契约性购买方式是政府购买居家养老服务中最好的一种购买方式，因为公开、透明的购买程序，鼓励了竞争，有利于提高效率、降低成本，有利于引导和鼓励具备居家养老服务资质的各类社会组织自愿参与竞标，实现了居家养老服务供给者与生产者的分离，有利于政府角色的转变。但是这种购买方式需要充分发展并且具有一定数量规模的市场主体，由于历史和经济社会发展的原因，我国当前的社会组织发展整体乏力。

以上三种购买模式是我国政府购买居家养老服务的主要类型。正如文中所述，在我国政府购买居家养老服务的初期阶段，主要采用形式性购买；随着社会组织的发展壮大，购买方式逐渐从形式性购买向委托性购买模式转变。随着我国社会组织的继续发展和政府购买公共服务的法律制度的完善，契约性购买势必会成为最主要的购买模式。

第三节　我国政府购买居家养老服务的发展现状、问题及成因

从政府购买居家养老服务的政策演进和实践发展模式来看，我国政府购买居家养老服务在政策和实践上都取得了一些进展。但我国政府购买居家养老服务还存在一些不足，给政府购买居家养老服务的发展带来很多不确定性因素，其发展现状、存在的主要问题及成因分析如下。

一、我国政府购买居家养老服务的发展现状

（一）政府购买居家养老服务的顶层设计逐步完善

自20世纪90年代起，中国经济快速发展。在经济发展道路上，产业结构调整变得更加重要，以服务业为中心的第三产业发展变得迫切，这导致了第三产业的快速发展，从而带来了社区服务业的发展。1992年，中共中央、国务院印发的《关于加快发展第三产业的决定》指出，要大力开拓和发展第三产业，"居民服务业"已成为中国第三产业的重要发展项目之一。与此相关的是，民政部，老龄化社会部，健康事业部与残疾人联合会已开始大力发展社区服务业，社区服务业的快速发展是中国住房养老金政策和家庭养老服务的基础，为相应的法律法规实施做了铺垫。

2000年，《中共中央、国务院关于加强老龄工作的决定》（中发〔2000〕13号）印发，旨在建立一个以家庭养老为基础、社区服务为依托、社会养老为补充的养老机制，建立包括家庭，社区和社会在内的养老金制度，并强调了社区服务的重要作用。这个决定是中国未来引入家庭养老金政策的重要依据。这个时间段内，在我国家庭养老和家庭服务的概念逐渐形成，开始强调并着手以家庭护理、社区型和机构补充的养老金服务体系的建立，强化老年人的社区服务的提供，使其重视度得到了加强。这为家庭养老保险政策提供了重要的支持。

此外，与家庭服务，家庭养老相关的政策还包括：2014年财政部、

发改委、民政部、全国老龄办等四部门联合发文《关于做好政府购买养老服务工作的通知》（财社〔2014〕105号），明确了政府购买养老服务的购买主体、承接主体、购买内容和服务标准；2017年，国务院关于印发《"十三五"国家老龄事业发展和养老体系建设规划的通知》（国发〔2017〕13号），国务院及相关部门颁布了一系列支持家庭护理、家庭养老服务的政策，表明中国已形成家庭护理服务的顶层设计框架。

（二）地方政府购买居家养老服务体系已初步建立

在国家各种养老服务政策的推进下，家庭护理服务政策得到了进一步完善，如《四川省老龄事业发展"十二五"规划》《云南省老龄事业发展"十二五"规划》新疆维吾尔自治区人民政府《关于加快推进社会养老服务体系建设的意见》等；相关服务规范，如《杭州市社区（村）居家养老服务标准》《广州市社区居家养老服务实施办法》《温州市居家养老服务标准（草案）》等；收费标准，如《北京市居家养老（助残）服务指导性收费标准》《南宁市居家养老服务收费标准指导意见》、深圳市民政局发布《深圳市各区居家养老消费券定点服务机构名册及收费标准一览表》等。2015年1月29日，北京颁布了首个地方政府对我国家庭护理服务的监管所对应的法规——《北京市居家养老服务条例》。自2015年5月1日该条例实施以来，北京已在家庭养老护理领域投入了77%的养老服务专项资金，共计63.8亿元，为落实该条例提供了保障和资金支持；从2016年开始，对资金投入方式进行改革，加强整体流程绩效管理，加强"项目法+要素法"在转移支付预算的整体应用，为老年人护理服务分配专门的转移支付预算，调整财政资源，促进北京市巩固其自身的决策和加强整个流程的预算，并加强监督。随后，上海、江苏和广东分别出台了《（上海）社区居家养老服务规范实施细则（试行）》《江苏省养老服务条例》《广东省人民政府关于加快发展养老服务业的实施意见》。各地方政府颁布了一系列政策，强有力地支持了家庭护理服务政策。

在各个地区陆续颁布的实施条例细则中，家庭养老作为一种基本的养老服务，一般设定养老保障的门槛，并提出自理能力、空巢老人、经济能力等方面享受养老服务的范围。"养老金门槛"的设置本身就是政府对老年护理服务的界定。这是"有形之手"的延伸，政府的养老金职能如何建立，以及政府为老年人提供公共服务的触角延伸到何处。地方政府普遍建议建立"9073"养老模式，其中北京提出建立新的"9064"养老模式，即到2020年，90%的中国老年人服务以家庭为基础，6%的老年人将通过政府购买社区护理服务，4%的老年人将由政府集中提供养老服务。

（三）居家养老服务典型经验和地方模式不断涌现

我国的养老服务从1949年开始，起初对象是"三无户""五保户"的"补缺式"救助，现如今向着"老有所养、老有所医、老有所教、老有所学、老有所乐、老有所为"为目标的服务于全体民众的养老模式发展，积累了许多经验，取得了巨大成就。下面笔者对几种模式展开分析。

"北京模式"：2015年1月29日，北京市率先颁布与养老服务有关的地方性法规《北京市居家养老服务条例》，由过去的北京市政府统一管理转变为"购买服务、引导市场、激活社会"，形成了符合实际特点，切实可行的"北京模式"。例如，助餐食堂体系的设立，解决了老年人，尤其是孤寡老人吃饭难问题；依托养老中心，提升了服务水平和质量；同时多项措施并举，解决了老年人就医难、用药难等问题；政府雇佣保姆照顾老人，同时试点施行跨区养老服务。

"宁波模式"：随着老年人护理需求的不断增长，宁波市海曙区主要通过把家居护理服务交给退休敬老协会，通过协会提供家居护理服务。除了依靠相应的敬老协会外，海曙区还成立了志愿者招募服务中心，在整个地区招募志愿者，并建立了"志愿者银行"。家庭护理服务由政府支持，发挥第三方组织和志愿者的作用，这也是是家庭护理服务模式一个非常重要的探索。家居护理模式依靠社会人士提供家居护理服务资源，体现在三个方面：首先，非营利性的组织，如志愿者，在家庭护理模式中发挥着重要作用。区政府向非营利性的海曙区星光敬老协会进行捐赠，将社会福利服务中心移交给海曙区星光敬老协会进行运作，使社区成为老年人的服务站。其次，志愿者和志愿者团队在家庭护理服务中发挥着不可或缺的作用。当地居民成为志愿者后，为需要接受服务的老年人提供服务。最后，社区利用福利彩票收入和社会慈善捐款来发展家庭护理服务。政府使用部分福利彩票收入来发展家庭护理服务。

"静安模式"：从20世纪80年代起，上海市开始探索并实行基于政府采购的家庭护理服务。政府鼓励社区建立家庭护理服务，通过政府预算提供财政补贴，制定不同的服务标准，并为不同类型的老年人提供不同的老年护理服务。上海市是一个相对成熟的市场，有相对健全的社交社区和疗养院系统以及在市场上购买的优势，通过市场购买服务，老年人可以用很少的钱享受高水平的服务。上海家庭护理服务的最大特点是在提供产品和服务方面发挥了市场优势最大化，并且积极追求以市场为导向。"市场化"模式主要体现在两个方面：首先是理念，为了在公平原则下追求服务运作的效率，上海家庭护理服务中心根据老年人的身体状况，为老年人提供人事档案的集中管理和分类管理。对于具有不同经济能力的老年人，可以享受不同标准的老年人服务。其次是运营方面，社区与市场实体签订合同，为市场参与者提供适当的服务、补贴以及税收减免。

"鼓楼模式"：南京鼓楼区的居民养老服务中心是由政府的购买和财政支持、社会组织管理、老人受益的新型创意服务中心。社会组织和政府是服务网络的两个重要部分。社区的参与模式可以分为非竞争性和竞争性参与两部分。第一，非竞争性参与——项目委托。在非竞争性参与中，整个服务被整合成一个项目，而区政府是买方（即项目发包商），每年通过年度预算投入一定资金购买家庭护理服务。养老服务中心作为项目承办方，组织了一个专门的护理团队，为满足困难条件的老年人（由政府或机构列出）提供免费服务（免费向老年人提供，实际费用由政府支付），为购买服务的老年人提供价格低，质量高的服务（每小时工资只有10元，远远低于一般劳动工业的收入，所以具有福利成分在内）。第二，竞争性参与——慈善事业。近年来，鼓楼区政府推出了一项社会养老服务新举措：积极推动慈善项目并在许多社会组织公开招标。在这个阶段，大多数都是数万元的小规模项目，并且根据工程量，分配给中标者让他们去完成。凭借丰富的专业知识，经验和高品牌声誉，居民养老服务中心在与该地区其他社会团体的竞争中具有很强的竞争力，并赢得了许多项目资格。

（四）互联网等新一代信息技术促进居家养老服务发展

2007年，全国首家"虚拟疗养院"——家庭护理服务中心诞生于苏州姑苏区。虽然老人住在家里，但他不是接受传统的家庭护理，而是由社区提供全方位的服务，如同在疗养院一般。"虚拟疗养院"是一种新型的家庭式职业养老模式。"虚拟疗养院"的好处是：首先，它可以减少老人申请养老院的难度，减轻养老院设施缺乏的压力。其次，老人不必离开熟悉的生活环境，也能得到关心专业人士和医师的护理，使得生活幸福指数有很大提高。最后，养老机构的生活较为刻板，而家庭中老年生活行为自由度更大。当老年人需要服务时，只需给信息服务平台拨打电话号码，信息服务平台会根据老年人的要求派服务公司员工提供服务，同时监控服务质量。该平台提供的服务包括家庭洗衣、家庭烹饪、水电修理、医疗和文化娱乐。"虚拟养老院"实现了家庭老年人的专业化，被称为"没有围墙的养老院"。"虚拟疗养院"同时结合并具备了家庭养老和机构养老的好处：老人不离开熟悉的家庭环境或不用占据养老院的床位。虚拟疗养院通过电话和网络等信息管理系统接收家中老人的需求指示，服务于老年人，例如生活护理，水电修复，文化娱乐和精神护理。提供大量具体而又实际内容，因此，老年人可以享受便利的在家现场服务。此外，虚拟养老院的存在还可以降低政府养老的成本，减轻子女赡养老人的负担，提高老年人的生活质量，促进老年产业的发展。"虚拟养老院"蓬勃发展，沈阳、兰州、西安等多地已经先后建立并运行，为老年人提供养老服务。

2017年四川省发布的《"十三五"老龄事业发展和养老体系建设规划》里就包括借助互联网技术建设"虚拟养老院"等相关内容。"虚拟养老院"是对居家养老和机构养老这两种传统模式的创新和突破。其一，它结合了二者的优点，老人足不出户就能享受到专业的养老服务和保障，也为社会节省了兴建养老机构所需的经济成本和土地资源。其二，它借助"互联网+"的新技术手段，能让传统养老升级为"科技养老""智慧养老"等新模式，能及时为老人提供必要的医疗保护、社交需求保障和情感呵护等。而且，随着科技水平的不断提升，老人甚至可以得到个性化的保障性服务，而这依赖的是大数据技术而非繁重的人力资源，这也很有希望降低养老的成本，让更多老人不需要花费太多就能享受到高质量的服务。西安市也在2018年全面启动了"虚拟养老院"计划，借助平台的功能，实现对各类养老服务机构、家政服务机构、为老服务机构等资源的整合，为老年人、家属子女提供真实可靠的社会养老服务模式，实现真实可靠的床位到家、机构到家、服务到家的社会养老服务模式；通过社会保障资源的有效对接，实现线上虚拟定制、线下真实体验的社会养老服务模式。具体服务内容包括：入户评估、护理服务、护理陪伴、代购代买、配餐送餐、医疗服务（含应急、康复护理）、适老化改造、巡查服务、家政服务、临终关怀、法律服务、文体服务、精神心理关怀和陪伴服务等内容。在收费模式上采取了对低保户老人、城镇"三无老人"、特殊家庭老人、空巢独居老人等人群进行政府"兜底"服务；对低收入家庭老人、空巢老人等进行补贴服务；60周岁以上需要社区、服务机构和服务人员提供养老服务的老年人进行市场化收费服务。

二、我国政府购买居家养老服务的主要问题

（一）政府购买居家养老服务城乡发展不均衡

理论上来讲，任何一位老年人都有从国家获得居家养老服务的权利，因为《老年人权益保障法》在第一章第三条明文规定：老年人有从国家和社会获得物质帮助以及享受社会服务、社会优待的权利。在国家和地方政府发布的政策方面，除了2006年出台的《民政事业发展第十一个五年规划》表示要重点加强大中城市城区和县综合性社区福利服务设施建设，把养老服务建设的着力点放在城市社区外，其他中央和地方出台的政策都是针对城乡地区所有符合政府资助条件的老年人。但从现实状况来看，开展政府购买居家养老服务的地区主要集中在城市，尤其是发达城市，接受政府购买居家养老服务的老年人主要为城市老年人，尤其是发达城市社区的老年人，而农村地区开展政府购买居家养老服务的数量寥寥，接受政府购买居家养老服务的农村老年人数量也很少，这就使得我国政府购买居家养老服务具有明显的"重城市轻农村"的特征。

近年来的政府购买居家养老服务实践显示，经济状况良好的城市社区

都陆续尝试政府购买居家养老服务，逐渐搭建起"以居家养老为基础、社区养老为依托、机构养老为补充或支撑"的社会化养老服务体系，但广大农村地区的老年人仍"养儿防老"，以家庭成员养老为基础。如果子女外出务工不在身旁或子女不孝，农村老年人便只能自我养老、自生自灭。造成政府购买居家养老服务城乡发展不均衡的最直接原因是政府购买居家养老服务资金的划拨方式，经济发展状况良好的中大城市更有资金去购买居家养老服务。但不管是基于什么原因，从全国范围来看，政府购买居家养老服务城乡发展不均衡的特征严重损害了社会公平，损害了广大农村老年人的合法权益。

（二）政府购买居家养老服务资金供给不足，受惠面较窄

第一，尽管地方政府全面覆盖了城市社区家庭护理，但是由于政府投资不足，使得政府购买家庭护理服务的门槛较高。老年人服务的受益面很小，仅限于"三无"老年人，特殊困难，高龄老年人，孤妇，空巢老人和特殊照顾接对象，以及市级劳动模范和其他社会作出贡献的且生活特别困难的老年人。第二，每个政府购买家庭服务的政策性文件和实施过程中的指导意见指导性不强，并且没有具体的实施细则，因此一旦在每个职能部门实施该政策，分工就变得不明确，协调变得较差，没有统一规划筹措。第三，政府对社会组织的选择主要是通过招标方式完成，这种方法的缺点是缺乏竞争力，很难找到高质量的地方资源。此外，这种传统的"委托-代理关系"模式本身也存在不平等的沟通问题，所有养老服务的内容和标准都是由政府决定，服务的定价体系也是由政府决定，对实际工作缺乏准确而又具体的分析。第四，政府购买家庭护理服务是乏味单调的。政府购买的大部分养老金服务都是投入到个人或者组织机构上面，而这些组织机构刚刚开始并没有丰富的经验，一般都是规模小而缺乏竞争力的，基本上都是走一步看一步。第五，政府在社会组织机构中投入了大量资金，负责培训，但是并没有对其绩效进行量化测评，从而缺乏竞争。从长远来看，这些单一的社会组织形式很可能形成垄断，这是对家庭护理服务发展的制约。

（三）居家养老服务社会组织薄弱，供给侧效率较低

在"大政府，小社会"模式中，参与家庭护理服务的民间组织的身份变得不一致。关于老年人护理服务，公民团体可以根据他们是否注册（有或没有许可证）分为三类。第一类是具有政府官方背景的非纯粹民间团体，如红十字会、老年人基金会和家庭护理服务中心。第二类是在民政部登记，包括社会组织、商业监督单位和私营非企业单位，如老年合作社，养老金福利协会，老年人协会等。第三类是因为不符合某些规定从而未在民政局登记的非政府组织，如志愿服务组织和老年人兴趣小组，这一类服务组织机构不仅没有资格参与政府购买家庭护理服务的招标，而且还没有资质，无法参加公司法人资格认证。可以想象，这类机构在社区中进行服务活动很难得到社会认可，并且很难在早期阶段推广家庭护理服务。人们认为只有政府才是合法组织机构的法定代表，所以政府组织机构提供的服务被认为更可靠。在调查老年人的意愿和服务需求时，首先应当联系当地社区委员会，了解社区老年人的基本情况，并在当地居委会的指导下进行。通过采用问卷和调查家庭方法，最后通过调查问卷的结果设计护理服务。如果没有正式政府背景的工作人员，合作机构人员将在上门拜访时遭到拒绝。私营部门内部的结构差异往往导致各级资源的获取和流动方面存在差异。不同民间社会组织发展不平衡，在社会政治和经济影响及地位方面存在差距。同样提供社会福利服务的相似组织面临非市场竞争环境，结果差异巨大。在行政层面的社会资本准备和组织优势方面，具有政府导向的民间（或者官办）组织与其他民间组织相比，具有更为强大的政策支持，充足的资金资源和无可比拟的优势。政府采购服务的合同外包是一种官商或者官民之间的关系而不是市场竞争，其中许多包办双方是相互熟悉的，这是一种违反合同的采购模式，协议签署违背了主体独立和程序公正原则。真正的政府需要购买公共服务，首先是宣布所购买服务的价格和数量，启动公平竞争性招标，并建立一个独立的第三方监督管理机构来评估和监督。然而，这些组织本身就是在计划经济体制向市场经济体系过渡的过程中形成和发展的，由各级政府建立或由强大的公共机构转变而来。人员和资金的来源等或多或少受到政府部门的影响和管理。这种只对上级负

责的操作机制不能保证家庭护理服务的高效率和低成本。它还使得监管和评估的机制徒有其表。非营利组织和非政府组织等各种社会服务组织在老年服务专业化方面的社会化原本是这些组织的优势，现在却成了劣势。有学者对社会组织参与购买家庭护理服务的"角色困境"进行研究，反映了这类非政府机构自身薄弱的组织能力和政府依附的不完全自主和非市场化问题，这也是中国社会组织发展的共同问题。不完全自治，这也是中国社会组织发展中存在的一个普遍问题。

（四）养老服务专业人才严重不足，需求侧服务质量难以保障

专业护理人员的问题是制约我国家庭护理服务发展的一个重要瓶颈，护理人员规模小，平均年龄大，整体专业素质差，文化水平低等问题很常见。在财政和社会支持下，开发家庭护理服务需要专业服务人员和专业管理团队，以确保务组织团队的可持续运营。从人员结构的角度来看，目前参加家庭养老的民间组织几乎没有全职工作人员和专业人员，而具有官方背景的民间社会团体，也很少有编制，通常只有3到5人有编制。中国传统的概念认为服务业是服务人的行业，服务人员的社会地位普遍不高。家庭护理服务是一种社会福利活动，服务人员收入仅能养家糊口，与其付出不成正比，因此很难吸引、激励和留住具有服务能力的人才。此外，受资金投入等因素影响，社会群体对养老服务人员的职业培训关注较少，公益岗位的工资一般较低，这使得专业人员在养老服务领域的流动性增大，最终使得家庭护理服务的整体质量处于较低水平。有学者根据调研指出，补贴家用、家庭护理和集体归属仍然是服务人员选择家庭护理服务的内部需求原因，而工作保障、环境稳定和社会保障改善是选择该职业的外部原因。

据估计，按照3∶1的护理服务配置，基于4 000万残疾、高龄老人，护理人员需要1 000多万人。我国目前护理人员短缺，有护理人员的资格证书的不到10%，养老院的大多数护理人员集中在40至50岁的人群，大部分教育水平都在初中以下，来自农村地区，提供的服务相对粗放。据统计，由于全国只有10多所的大专院校开设护理专业，因此很难满足市场需求。现有家庭护理服务的大多数服务人员都是从农村地区招聘的。另一部分是来自城镇较为困难家庭的"4050"人员。在提供老服务人员缺乏物质和精神双重激励方面下，提供老年人护理服务的人员由城市"4050"下岗人员，农民工，家庭妇女，健康老年人和有能力的残疾人构成。他们可以做基本的家庭护理工作，并可以在训练后进行简单的医疗护理，但是，他们大多没有接受过专门的知识教育，教育水平普遍不高，没有专业护理服务知识培训，对老年人生活习惯认识不足，尚未对服务技能、服务内容有着完整的定位。缺乏人力资源对民间组织更多地参与家庭护理服务、扩大服务范围和提高服务质量产生阻碍，严重影响和限制了民间组织的可持续发展。

（五）居家养老服务方式和内容不全面，缺乏有效的财政激励

在各地家庭养老规定的服务和项目中，多数包括提供生活护理、家政服务、康复护理、心理安慰和临终关怀。但事实上，由于服务机构和人员是有限的，大多数老年人因为护理人员的技能受限而只享受日常生活、护理和家政服务，而残疾人和高龄老年人的康复和特殊护理服务少之又少，尤其缺乏高度个性化的服务项目来满足其需求，家庭护理服务的内容与老年人的需求之间存在差距——主要以生活保健护理为基础，服务在心理精神和保健护理方面的比例较低，服务效率和水平不均衡。在大多数地区，只有家政服务，发达地区有政府服务助理，但缺乏康复护理，医疗和心理安慰等服务。上门服务是家庭养老服务的主要形式。根据老年人的需要，目前家庭护理服务市场提供的产品主要包括生活护理服务和护理服务，但是服务项目也非常缺乏。从实际市场提供的家居护理产品来看，家政服务满意度最接近其需求率，而护理服务，心理慰藉服务和援助支出服务的数量远远低于需求率。这表明家庭护理服务市场中的产品类型相对简单，并且未满足对老年人的各种多样化服务的需求。针对这种情况，政府应加大对多样化养老需求的激励力度，在设计财政激励方案时，充分考虑多样化服务的需求，加大"居家养老服务种类数"的指标权重，这样才能从财政激励角度丰富居家养老服务内容。

三、我国政府购买居家养老服务的原因分析

（一）政府购买居家养老服务价值取向不明确

我国政府购买居家养老服务之所以存在城乡发展不均衡的特点，根本原因在于政府购买居家养老服务的价值取向不明确。政府购买居家养老服务首先要解决"为什么购买"和"为谁购买"的问题，而"为什么购买"和"为谁购买"指明了政府购买居家养老服务的价值取向。在"为什么购买"的应然层面，政府购买居家养老服务作为一种特殊的公共服务和社会服务，其购买的目的应该是通过政府购买服务的方式为符合资质的老年人提供必要的居家养老服务，以保证老年人的生活质量和晚年幸福感。但在实然层面，大部分地方政府购买居家养老服务的动力来自上级的压力或其他原因，而不是因为要提高老年人的生活质量。

事实上，很多地方政府购买居家养老服务的直接原因并不是为了提高本地区老年人的生活质量、提高老年人的幸福感，而是为了应付上级部门的考核或是完成上级指派的任务，政绩指标大大高于政府购买居家养老服务实际取得的效用。在这种情形下，地方政府购买居家养老服务不会关注"为什么购买"，而只会"为购买而购买"，很容易导致政府购买居家养老服务流于形式，达不到实际的效果。

在"为谁购买"方面，由于公共服务的公共性特点，政府购买居家养老服务的服务对象应该面向所有符合资助条件的老年人，但现实情境下我国政府购买居家养老服务却存在城乡不均衡的特点。之所以存在城乡发展不均衡的特点，根本原因也在于政府购买居家养老服务的价值取向不明确。养老服务是基本公共服务的重要内容之一，任何一个人在年轻时贡献了自己的青春，老年时都有权利从国家获得养老服务，城市老年人如此，农村老年人也如此。从国家层面上来看，政府购买养老服务应该秉承公平、正义原则，平等对待城乡老年人，为所有符合资助条件的老年人提供相应的居家养老服务项目，而不是仅仅为部分老年人群体购买居家养老服务项目。

而在政府购买居家养老服务三方主体方面，政府和服务使用者以及社会组织和服务使用者之间的关系都表现为服务使用者的地位较弱，此问题

的根源也在于政府购买居家养老服务没有明确"以人为本"的价值取向。政府购买居家养老服务作为一种特殊的公共服务，应该秉承人本性的价值理念，把老年人放在服务的中心位置，倾听老年人的意见和心声，让老年人充分参与政府购买居家养老服务政策的制定以及服务质量的监管和评估。但在政府购买居家养老服务的实际情境中，老年人却处于一个被忽视的位置，这严重违背了公共服务"以人为本"的价值理念。

（二）政府购买居家养老服务财政资金补助方式亟须改善

政府对家庭护理服务的补贴存在规模小和结构不合理等问题，在资金供给过程中往往遵循平均主义原则，使参与居家养老服务的社会组织和服务企业之间没有竞争，做好做坏都会得到政府一定额度的财政资金补贴，不利于发挥社会组织和服务企业参与居家养老服务的积极性。由于政府除了会对社会组织和服务企业一次性补贴，更多的时候，政府还会为这些社会组织和服务企业的人员薪酬甚至日常运行经费买单，如此，政府通过购买居家养老服务的支出成本比自行负担的成本还要高，中间还增加了社会组织和服务企业的相关成本，有悖于政府购买居家养老服务的初衷。社会组织和服务企业更不会主动了解服务对象——老年人的需求，从需求侧改进自己的工作，而且容易产生社会组织和服务企业的寻租。此外，家庭护理服务的补贴水平很低，这种补贴标准大大降低了家庭护理服务的质量，而根据服务的实际情况，政府资助的家庭护理服务主要用于生活护理。如果考虑到家里老年人更迫切的医疗需求，这个补贴标准实际是下降了。财政资金的供给无效率导致政府购买居家养老服务的无效率。

（三）政府购买居家养老服务绩效评价体系亟待构建

评估政府购买家庭护理服务的绩效同时受到共同性和个性的影响，量化一些老龄化服务指标存在一些操作上的困难。其评价程度取决于老人的主观情绪，难以用统一的指标或者个别指标加总的方法进行服务评估，很难真正反映出服务质量。这些是一般绩效评估中的常见的问题，即使在高级绩效评估中也存在个别问题。绩效评估体系应侧重于消费者的满意度评价，并向全社会公布结果。政府应选择老年人护理服务主体，承接老年人护理服务项目并为其购买做好预算准备，建立进入和退出机制，建立健康的动态竞争调整机制，提高财政资源的使用效率。通过分析政府管理的养老服务管理方法和各地区发布的指导意见，政府应从宏观到微观、多层次目标定性、选择购买家庭护理服务。一方面，政府购买家庭护理服务，涉及政府部门、社会团体、行业团体和享受服务的老年人；在政府内部，它还包括公共服务、财务、税务、发改局、贸易局、统计和其他相关部门。在提供家庭护理服务时，相关实体的社会、经济和政治利益会有所不同，因此每个实体的服务绩效综合起来很难作为一个多方面的指标在绩效评估指标体系中得到全面反映。

第四章　政府购买居家养老服务的运行管理研究

近些年来，我国不断推进政府购买城市居家养老服务的试点工作并取得了初步成效。但是，由于我国社会居家养老服务体系建设仍然处于起步摸索阶段，各地区在实践政府购买居家养老服务这种新兴的养老服务供给模式过程中，由于实际操作运行时间较短和不同地区之间相互借鉴经验的局限性，还存在着与新形势、新任务、新需求不相适应的困难和问题。这就需要我们深入研究和探讨政府购买居家养老服务的运行管理模式，凝练出能够实现政府、社会组织和社会公民"三赢"的政府购买居家养老服务运行管理模式，同时做好顶层设计工作。本章从地方政府的角度出发，在对政府购买居家养老服务实现模式和财政制度分析的基础上，针对政府购买城市居家养老服务全过程之运行管理各环节的实践操作流程，依据机制设计理论设计政府选择社会组织准入阶段综合评价模型，构建四方监督管理信息化平台，完善支持性政策，为政府购买居家养老服务的绩效分析和实证分析做好铺垫。

第一节　我国政府购买居家养老服务的实现模式及必然选择

前文已探讨把我国政府购买居家养老服务划分为形式性购买、委托性购买和契约性购买三种模式，此处在展开论述的基础上，重点探讨我国下放购买居家养老服务的独立竞争模式，即契约性购买模式的必然选择。

从国外实践经验来看，政府向社会组织购买公共服务的工作实现模式一般有四种，即根据政府和社会组织行为主体间是否具有独立关系和购买流程中是否存在竞争关系这两个维度进行划分，分为独立竞争购买模式、独立非竞争购买模式、非独立竞争购买模式和非独立非竞争购买模式。从我国国内购买居家养老服务现有的实践经验可以看出，目前较少见到非独立竞争购买模式，而其他三种模式均正在地方政府购买居家养老服务的实际操作中摸索运用。

一、独立竞争购买模式

也有学者将这种模式称为契约化购买模式，是指政府和社会组织之间是相互独立的主体关系，不存在组织结构、人事、资金、资源等方面的依附关系。政府通过公开竞争的程序综合考虑、评估、选择承接服务的社会组织，社会组织自愿参与竞标过程，结合自身优势争取得到提供养老服务的机会。政府和社会组织根据购买居家养老服务内容签订契约协议，共同承担责任。其特征主要表现为以下几方面。

（一）行为主体的独立性

参与购买的双方，即政府和社会组织主体相互独立。政府通过综合考虑评估，选择最具实力的社会组织，为服务对象提供质优价廉的养老服务。社会组织根据自己擅长的服务领域，选择符合组织理念的养老项目，有针对性地参与政府购买竞标，借此扩大服务影响力及拓展本组织的业务覆盖面。

（二）购买程序的充分竞争

购买程序的充分竞争可以保证政府有足够的选择空间，秉承公开公正、平等竞争的原则，严格考核竞标社会机构的专业资质和综合服务能力，择优签订契约协议。充分竞争的市场氛围也有利于营造社会组织成长的良好环境，强化养老服务综合提供能力，实现政府和社会组织合作的良性循环。

（三）行为主体按照购买契约协议共同承担责任

政府和社会组织签订的养老服务购买契约协议，规范各行为主体之间的关系，明确各方的权责范围，是具有外在约束力和强制力的显性契约。政府根据社会公众养老需求，制定养老服务政策，明确养老服务项目的内容、范围、标准和时限。政府的主要职责在于评估监督和财政责任。

社会组织则负责养老服务项目的生产与提供，主要的职责在于根据契约说明承担相应养老服务供给责任和过失补偿责任。同时社会公众在享有养老服务权利的过程中，主要职责在于对服务提供者的参与合作和监督反馈。

二、独立非竞争购买模式

也有学者将这种模式称为指定性购买模式或委托性购买模式。这种模式是指政府和社会组织之间是相互独立的主体关系，不存在组织结构、资金、资源、人事等方面的依附关系。但是政府在养老服务提供者的选择程序上，采用非竞争性方式，并不向社会公开招募，而是由政府直接指定有良好社会声誉的社会组织来承接政府购买的养老服务。这些被指定的社会组织在政府购买居家养老服务之前就已经存在，并非是由政府部门为了购买养老服务专门事项而特别成立的。其特征表现为以下几方面。

（一）行为主体的独立性

被指定的社会组织在与政府签订养老服务委托协议之前就已存在，因此，这些社会组织本身具有法人和工作运行的独立性，同时具有独立法律和社会地位，承担独立责任，并不完全依赖政府购买居家养老服务的财政拨付资金。政府在购买养老服务的过程中充当监督管理主导的角色。两个独立的行为主体之间以委托方式形成一定的契约关系。

（二）购买程序的非竞争性

政府委托指定的社会组织提供养老服务，是独立主体双方相互选择和协商的结果，并未进行公开竞争的运作。具有良好社会声誉、专业服务优势和高效管理模式的社会组织往往成为政府选择的优先委托对象。政府可以根据一定时间期限内社会组织提供养老服务的质量和效率，选择是否更换该社会组织。这对承接养老服务的社会组织来说是一种肯定和激励，但由于政府对于所有社会组织认识的信息不完全性，可能会错过最合适的项目承接者。

三、非独立非竞争购买模式

也有学者将这种模式称为形式性购买模式。这种模式是指政府和社会组织之间是依赖性关系。政府因服务能力、编制等因素所限，无法直接提供大量、具体的事务性养老服务，从而由政府出资建立专门社会组织，用以承接具体养老服务任务。该社会组织不具备独立性，依附于政府而存在。在这种模式下签订的养老服务委托合同，虽然构成了法律意义上的购买关系，但实际上却带有浓重的雇佣色彩。其特征表现为以下几方面。

（一）行为主体的非独立性

养老服务的购买者和承接者之间是非独立依赖性关系。承接养老服务项目的社会组织，通常是政府为了完成养老服务任务而专门建立的，他们承担提供养老服务项目的职能，没有自身独立的组织宗旨，与政府部门保持上下级的关系。政府则予以相应的人事、办公资源及资金支持。

（二）购买程序的非竞争性

购买养老服务程序为非竞争性，购买过程不明晰规范，政府在选择养老服务承接者时，并没有从众多的社会组织中择优选择，而是特定设立并唯一指定，并以财政资金购买的形式来培育该组织。这种模式难以履行公平竞争的原则，缺乏有效的评估监督反馈机制，往往仅仅依靠政府部门的行政管理方式，监督养老服务项目的执行情况。社会组织缺乏决策权限，难以自愿平等地参与其中，提供服务的运作程序完全是被动的。

（三）政府承担购买过程的所有责任

政府实际上仍完全承担养老服务的供给责任，尚未实现将养老服务若干职能转移给社会组织，也并未使养老服务提供者和生产者相分离。政府直接设立并指定的社会组织，只是政府养老服务意志的执行者，社会组织的服务绩效并不能与购买的资金及相应责任义务相挂钩，政府对其考核评估也难免流于形式，降低了社会组织提供服务的积极性和自我完善的外在动力。

四、独立竞争购买模式的选择必然性

由于在我国城市政府购买居家养老服务的发展初期，可供选择且具有资质的能够提供专业居家养老服务的社会组织较少，政府也未能及时制定相关政策并建立规范的社会组织招投标流程，缺乏公开公平的竞争环境和契约化条件，使得独立非竞争购买模式和非独立非竞争购买模式在政府购买居家养老服务时应用广泛。但是这两种购买模式在很大程度上限制了政府购买居家养老服务的社会化进程，存在着政府购买力度不够、无法完全避免徇私舞弊，社会组织后劲不足、缺乏市场竞争压力，养老服务资源垄断、无法实现资源优化配置，评估渠道单一、缺乏系统评估监管机制，服务质量偏低、效率低下，公众满意度不高等问题。随着国家规范化制度、政策的不断出台和社会组织的不断发展壮大，独立竞争购买模式的优越性和发展潜力突显，使得这一模式越来越成为未来政府购买居家养老服务模式的规范化发展道路；而且借助国际实践经验来看，政府在购买公共服务的过程中，公开招标是最典型的采用方式。美国、澳大利亚、英国和德国等发达国家都采用公开招标的模式购买社会组织公共服务，并且认为这一模式是有效的。英国政府1990年的《公共医疗和社区关怀法》明确规定，中央政府拨付的特殊款项的85%必须以竞争招标的方式向私营或非政府组织购买服务。[①]

国内政府采用独立竞争购买模式购买养老服务，可以提高政府对于养老服务资源的优化配置，激励社会组织自身的专业技能提升和服务效果优化，更好地满足人们对于养老服务多样化个性化的需求。独立竞争购买模式无疑将成为政府购买城市居家养老服务后续发展过程中的重要实践模式和重点发展方向。同时在发展这一购买模式时还需进一步厘清政府购买城市居家养老服务的财政制度，完善向社会组织购买居家养老服务招投标程序的标准流程和操作规范，建立长效的、公正公开公平的社会组织准入机制和对养老服务质量效能的监督评估机制以及完善支持性政策。

---

① 参见贾西津, 苏明. 中国政府购买服务公共研究终期报告 [R]. 北京: 亚洲开发银行, 2006.

第二节　我国政府购买居家养老服务的财税制度

一、政府购买城市居家养老服务资金来源

财政部部长刘昆在2014年1月的全国政府购买服务工作会议上的讲话中指出，根据国务院办公厅发布的《政府向社会力量购买服务的指导意见》规定，政府向社会力量购买服务所需资金在既有财政预算安排中统筹考虑，随着政府提供公共服务的发展，所需增加的资金将纳入财政预算。应坚持政府购买服务资金从购买主体部门预算安排中解决，根据批准的部门预算，由各部门安排购买服务计划，并报财政部门后实施。此外，他还强调需推进预算绩效评价工作，加强财政监督，鼓励有条件的地方推进第三方评估，此外还要配合民政、工商管理以及行业主管部门将政府购买行为纳入年检、评估、执法等监管体系。[①]民政部在《关于鼓励和引导民间资本进入养老服务领域的实施意见》（民发〔2012〕129号）中指出："要不断加大对民间资本提供养老服务的扶持力度，争取建立养老服务长效投入机制和动态保障机制。不断增加对民间资本进入养老服务领域的财政支持，鼓励和引导民间资本进入养老服务领域。争取设立多种形式的专项投资，安排中央专项补助资金支持社会养老服务体系建设工作。各级民政部门福利彩票公益金每年留存部分要按不低于50%的比例，用于社会养老服务体系建设。"[②]这就意味着，政府购买城市居家养老服务的所需资金，将不另外新增财政资金，而是在既有财政预算中统筹安排。这样，既不改变现有预算体系，确保政府购买服务的资金来源，符合改革方向，也不会增加预算审核难度，干扰预算正常编制。同时对于服务价格往往难以进行统一制定和横向比较的问题，需要将"信息公开"放在购买过程和资金拨付的首

---

① 刘昆副部长在全国政府采购工作会议上的讲话[EB/OL]. http://m.caigou2003.com/show.php?bclassid=240&cid=247&classid=247&cpage=10&id=795537&style=0.

② 民政部关于鼓励和引导民间资本进入养老服务领域的实施意见[EB/OL]. http://xxgk.mca.gov.cn:8011/gdnps/pc/content.jsp?id=14144&mtype=.

位，以此保证政府购买服务的经济性和资金使用效率，有效避免寻租行为和暗箱操作。

据民政部对于政府购买服务实地执行情况的调查结果显示，现阶段政府购买服务的资金主要来自以下三部分：一是财政预算内资金；二是预算外资金，主要是福彩公益金；三是设立专项资金，其中既有财政资金，也有社会捐赠资金。同时，当前政府向社会组织购买服务的资金拨付方式主要有以下四种：一是各级财政部门依申请向社会组织拨付补贴资金。二是"费随事转"的定向委托形式，主要适用于社会组织承接政府某项转移职能项目时，政府部门把相应预算拨付给社会组织。三是公布项目，公开评审形式。主要适用于专项资金支持社会组织开展公益、社会服务项目。四是公开招标形式。主要适用于政府向社会组织购买有关公众、社区或特殊群体的公共服务。

现阶段我国政府购买服务资金来源与资金运用情况如图4-1所示。

资金来源	财政资金流向	资金运用
财政预算资金 预算外资金 专项资金	→	补贴资金财政拨付 定向委托预算拨付 公开评审专项拨付 公开招标预算拨付

图4-1　现阶段政府购买服务的资金来源与资金运用

当然，这种在较大程度上依靠政府财政资金来解决社会养老服务的问题，在我国现阶段社会养老服务体系建设周期长、资金需求大的形势下，还是远远不够的，所以，需要采取政府补助、购买服务、协调指导、评估认证等方式，鼓励和引导民间资本进入养老服务领域，同时鼓励金融机构加快金融产品和服务方式创新，通过创新信贷品种、增加信贷投入、放宽贷款条件、扩大抵押担保范围等方式，加大对民间资本进入养老服务领域的金融支持，对于实现养老服务投资主体多元化，缓解养老服务供需矛盾，加快推进社会养老服务体系建设，具有重大意义。

二、政府购买城市居家养老服务预算管理

财政部2014年2月向社会各界公布《关于政府购买服务有关预算管理问题的通知》（财政〔2014〕13号），通知中要求政府购买服务所需资金列入财政预算，从部门预算经费或经批准的专项资金等既有预算中统筹安排。对预算已安排资金且明确通过购买方式提供的服务项目，按相关规定执行；对预算已安排资金但尚未明确通过购买方式提供的服务，可根据实际情况，调整通过政府购买服务的方式交由社会力量承办。①由此表明国家对于政府购买服务的预算管理逐步步入法制化、规范化、标准化的时代。

按照《中华人民共和国预算法》指导原则和国家对于财政资金的管理规范要求，政府购买城市居家养老服务预算管理规范流程应包括如下几个环节：明确服务项目内容—购买计划立项申请—购买计划立项审批—编制购买财政预算—预算资金申请上报—确定方案审核预算—审核通过资金划拨—确定价格公开招标—准入选择社会组织—签订养老服务合同—服务项目定金支付—实施养老服务项目—养老服务项目验收—审查核实监督质疑—资金拨付过程存档—财政资金结算支付。

政府购买居家养老服务的资金安排应纳入财政预算统一管理过程。政府制订购买城市居家养老服务计划时，要确定购买内容、范围、方式和时间，提交包括实施方案、保障条件、资金安排等详细具体的申请材料，经财政部门按照统一标准审核预算申请；如获批准，应及时向社会公布购买养老服务计划，邀请符合服务资质的社会组织积极参与竞争投标，通过科学考核评估，确定购买对象、签订购买合同并向社会公布；合同中应明确财政拨付资金的使用范围，支付服务项目定金并及时检查监督服务过程及服务项目完成情况；根据服务项目进展情况和服务质量评估结果，及时拨付合同资金并对资金使用情况进行跟踪监督，全过程接受社会公众和第三方的监督及各方投诉，并向社会公众及时公布调查整改结果。

---

① 财政部关于政府购买服务有关预算管理问题的通知[EB/OL]. http://www.gov.cn/zwgk/2014–02/11/content_2587140.htm.

三、政府购买城市居家养老服务成本核算

对于政府购买城市居家养老服务资金进行成本核算，有利于科学合理地控制成本，制定适宜的养老服务项目购买价格，有效提高财政资源配置效率，综合提升政府购买城市居家养老服务经济性和福利效益，促进购买过程的可持续发展和良性循环。对于政府购买城市居家养老服务资金的成本核算，主要包括管理成本、交易成本和服务价格，具体如下。

（一）政府自身人力管理成本核算

传统的养老服务供给方式需要政府成立更多专业部门，吸收大量专职服务技能人员从事具体养老服务项目的实施，不仅给政府带来了越来越大的财政压力，也使政府供给养老服务的效率越来越低，提供城市居家养老服务的人力及管理成本高居不下。而当政府采用购买的方式提供城市居家养老服务之后，具体的养老服务工作转交由受委托的社会组织直接提供，精简了原来由政府直接提供养老服务的部门和事业单位统一定编定岗的人员岗位，使得政府部门自身的人力成本大幅度减少，政府只需承担管理监督职责，仅需考虑支付养老服务项目相关管理监督人员的工资即可，而这部分管理监督工作与其他政府工作是一体的，所以这一项的人力成本和管理成本额外支出的部分并没有过多支付，但仍需考虑到管理监督养老服务项目的难易程度和服务实施的效果反馈应该与管理人员的绩效奖金相挂钩。

（二）政府购买养老服务交易成本核算

供给养老服务公共品过程中可能存在着较大的交易成本，比如搜寻信息成本、谈判签约成本、履行契约成本和排他成本。政府可以通过税收分配方式征收养老服务公共品的部分供给成本，和利用征集来的公共资源提供供给，节约部分交易成本。但当供给养老服务公共品的数量超过一定规模时，由于信息不对称、资产专用性和机会主义行为等原因也会产生交易成本，政府供给养老服务公共品的边际成本递增。通过委托社会组织供给养老服务公共品的方式，由于采用分散决策和个人选择的方式无偿或低偿地提供服务，能够适当节约资产专用性和机会主义行为所带来的交易成

本，使某些养老服务项目的供给产生较少的交易成本。但在政府购买城市居家养老服务成本核算中仍需考虑这部分成本费用。

（三）政府购买养老服务服务价格核算

2011年7月始，北京市就率先向社会公布了包含居家养老社会服务包括生活照料、家政服务、精神慰藉、医疗护理、老年教育及其他服务等6大类、110小项在内的《居家养老社会服务价格标准》。随后，各地市也积极探索适合本区域的居家养老社会服务价格标准。2013年12月，海口市老龄工作委员会办公室也出台了《社区居家养老服务收费标准参考性意见》，包括生活照料、精神慰藉、老年教育、临终关怀等四大类67个服务项目的参考性收费标准。合肥、南宁、深圳、温州等多个地市也逐步推进了家养老服务收费标准的试点工作。政府购买养老服务服务价格核算参考各地区居家养老服务价格标准，各地方政府在购买养老服务项目时，便有了参考的可执行价格标准，考虑社会组织提供服务完成养老服务项目的价格标准，同时依据本地区平均价格水平核算社会组织的发展规模、服务等级、运营及管理的成本费用，最终确定受委托社会组织实施养老服务项目的合约价格。

政府购买城市居家养老服务最终成本核算，要考虑政府自身人力管理成本核算、交易成本核算和服务价格核算等三方面成本，科学合理地核算适宜本地区的政府购买城市居家养老服务成本。

第三节　我国政府购买居家养老服务的准入机制

政府以独立竞争购买模式选择承接城市居家养老服务的社会组织，应坚持准入评价和科学选择的系统步骤。在遵从选择过程科学严谨、公开公正公平的原则下，建立易于操作科学合理的政府选择社会组织提供居家养老服务准入阶段综合评价模型。评价模型的构建对于方便快捷地完成购买最优决策，完善政府购买制度流程，降低购买过程中的舞弊行为，提高政府资源配置效率，强化社会组织提供服务的综合能力和硬性指标，方便社会公众和第三方监督等方面具有至关重要的现实意义。

一、准入阶段综合评价模型指标设计

在研究国内外相关文献研究成果的基础上，结合政府购买居家养老服务准入阶段的实地调研现状，根据对相关政府工作人员、社会组织管理者、享受养老服务的社区老年人群、老年问题研究所专家和高校养老专业教育者沟通访谈和调查问卷的结论整理，同时参考多地市地方政府制定的标准化养老服务细则和民政部公布的公益性社会团体评估指标，笔者认为政府在选择社会组织时应主要考虑其硬性配套、服务质量、服务柔性、服务价格、合作能力及发展潜力这六个一级准则维度和相应的二级指标。

由此构建的政府选择服务机构提供居家养老服务准入阶段综合评价模型。评价模型共分为三层：第一层为目标层，即政府对于服务机构的选择和评价；第二层为准则层，围绕衡量政府选择服务机构考核标准的6个一级指标和23个二级指标；第三层是方案层，针对多个备选的社会组织服务机构，最终选出综合评价得分最高的最优养老服务供给机构，也可以将评价模型设计成表格（表4–1）。

表4–1　政府选择服务机构准入阶段综合评价表

目标层	准则层	方案层
硬件配套	服务组织资质、从业人员结构数量、服务种类内容数量、经营管理制度规范、顾客档案建立与管理、信息化管理平台和数据库	候选服务机构A、B、C、D……
服务质量	专业技术水平、服务意识和态度、服务有效时间、服务效果效能、顾客服务满意度、质量监督与改进	候选服务机构A、B、C、D……
服务柔性	满足多样化需求能力、应对顾客需求变化能力、顾客服务需求响应速度	候选服务机构A、B、C、D……
服务价格	同比价格优势、资金支付结算	候选服务机构A、B、C、D……
合作能力	合作信任度、理念融合度、资源整合度	候选服务机构A、B、C、D……
发展潜力	服务产品创新能力、绿色竞争力、社会信誉度	候选服务机构A、B、C、D……

六个一级准则维度所分解的二级指标解释范围如下。

1. 硬性配套维度包含的二级指标有服务组织资质、从业人员结构数量、服务种类内容数量、经营管理制度规范、顾客档案建立与管理、信息化管理平台和数据库。服务组织资质是指社会组织应是依法登记注册备案具有独立法人资格的从事居家养老服务活动的机构，具备相关资质证书，有一定运营资金，合法运营并具有和服务需求相匹配的规模，有良好的社会声誉。从业人员结构数量是指应配备与其服务范围和规模相适应的管理人员和服务人员，具有合法的从业资格和相应的职业资格证书及健康证明，管理人员数量按照不小于1∶5比例配备且具有大专以上文化程度或两年以上相关领域的管理经验，且有社工、护理、心理、保健等多种专业服务人员。服务种类和数量是指社会机构提供的养老服务足够满足老年人多样化的养老需求，包括生活照料服务、医疗保健服务、安全守护服务、精神关爱服务、法律援助服务和休闲康乐服务等。经营管理制度规范是指社会机构运营良好，具有标准化的管理和服务规范与流程，包含人事制度、服务回访制度、服务质量监督考核制度、档案管理制度、安全制度、财务管理制度、风险防范措施和突发事件应急预案制度等，服务收费标准公开合理。顾客档案建立与管理是指与建立顾客个人服务档案，制定个性化服务预案，其内容应包含计划、工作流程和技术操作规范等，记录落实情况和服务结果并定期进行检查反馈，服务档案由专人保管，建立档案保存和保密机制。信息化管理平台和数据库是指社会组织建立辖区内统一管理的居家养老服务信息数据库，根据居家养老服务对象的生活自理能力、经济状况、家庭居住情况和子女的经济情况等建立养老服务对象信息数据库，形成包含客户享受服务记录、消费记录、反馈信息记录等详细客户资料，具备信息统计、管理监督、意见反馈等功能于一体的共享信息系统。

2. 服务质量维度包含的二级指标有专业技术水平、服务意识和态度、服务有效时间、服务效果效能、顾客服务满意度、质量监督与改进。专业技术水平是指服务人员应掌握相应的业务知识和岗位技能，并能熟练运用，每年在岗培训时间不少于20学时。服务意识和态度是指服务人员应具备基本的法律、安全、卫生知识，尊老敬老富有爱心，有较强的为老服务意识，服务语言文明、简洁、清晰。服务有效时间是指应根据制订的各项服务流程或程序确定各项服务的有效服务时间、服务提供人员应有效率、负责任地在有效时间内完成服务职责。服务效果效能是指养老服务提供的高效及时，效果良好，使服务对象在接受完社会机构提供的养老服务之后，明显感觉相对于之前的状态而言，自身的生活、心理、健康和娱乐等需求得到满足，生活质量和服务满意度明显提升。顾客服务满意度是指社会机构应根据老人居家服务需求，制订差别服务计划，按计划及时准确地提供养老服务，提供服务完成率100%，技术操作合格率≥85%，老人及家属满意率≥90%。质量监督与改进是指社会机构应建立服务质量监督制度，具有服务预案（包括计划、工作流程、技术操作规范等）、服务记录（包括内容、时间、地点、人员和落实情况等）、服务监督与考核（包括监督程序、人员、频次及方式等）以及服务信息管理等相关配套制度。应定期查阅服务对象的反馈意见、服务过程记录等相关信息，预防不合格服务的发生，建立不合格服务纠正制度，分析不合格服务的产生原因，制定改进措施使之得到纠正，公布投诉与监督电话，逐步推行标准化管理。

3. 服务柔性维度包含的二级指标有满足多样化需求能力、应对顾客需求变化能力、顾客服务需求响应速度。满足多样化需求能力是指社会组织有能力根据服务对象的年龄、性别、身体状况、居住情况、子女情况、收入情况、兴趣爱好等差异化因素制订多样化的养老服务供给内容，并根据每个服务对象的特点制订一对一的详细养老服务方案，满足多样化的养老服务需求。应对顾客需求变化能力是指根据服务对象不断变化的生理和心理特点，对特定的养老服务方案不断修正和完善，使之适应不断变化的养老需求。社会机构有风险防范措施和突发事件应急预案制度，服务人员对服务对象突发的紧急需求有及时应变的能力，及时有效地解决突发事件并采取后续防范措施。顾客服务需求响应速度是指对于服务对象新增的服务需求及时响应，在可提供的范围内及时有效地提供服务，对服务对象突发的紧急情况有快速响应和及时处理的能力。

4. 服务价格维度包含的二级指标有同比价格优势、资金支付结算。同比价格优势是指参与公平竞争的社会机构，根据政府购买居家养老服务项目制定实施服务计划和资金预算，向政府部门合理报价，政府对项目经费进行审核，对参与报价的社会组织经费预算进行分析，在政府财政预算允许的范围内，通过公开、公正、公平的方式，择优选择具有价格优势和服务质量上乘的服务提供组织，审核通过的项目所需经费列入本级财政预算。资金支付结算是指社会组织应配合政府监察、审计、财政等部门的监督采购资金支付跟踪问效工作机制和严密的采购资金拨付和审核制度，由政府对购买养老服务项目审核无误并完成验收后，由财政部门按照政府购买合同中确定的付款方式和金额，经由财政支付中心向社会组织付款结算，力求保护各方利益和合法权益免受损害。

5. 合作能力维度包含的二级指标有合作信任度、理念融合度、资源整合度。合作信任度是指政府和社会组织之间相互信任，不会滥用己方组织优势损害对方的组织利益和社会公共利益，相信对方组织会履行承诺并采取切实的行动，是对对方组织履行合作承诺的期望。形成相互信任、相互尊重、相互支持、可持续合作的格局，是实现彼此合作良性循环的基础。理念融合度是指社会组织在自身建设、文化理念、价值取向、利益目标和行为规则等方面与政府的社会目标相一致，双方都愿意为谋求社会养老服务利益最大化而共同努力，一致的理念融合度有助于双方深度合作。资源整合度是指社会组织有能力确保实现恰当的劳动分工、有效使用可以支配的资源及合理协调各项经济活动，充分整合和最大限度地利用政府提供的辖区内各种社会公共资源，使居民的养老服务需求得到最大化满足，资源得到最大化利用，形成优势互补、资源共享的利益联合体。

6. 发展潜力维度包含的二级指标有服务产品创新能力、绿色竞争力、社会信誉度。服务产品创新能力是指社会组织具有开拓性、灵活性、创新精神和市场竞争意识，具备较强的组织创新和服务产品创新能力。绿色竞争力是指社会组织不断吸收高素质人才和科学管理经验，提高解决服务问题和满足养老需求的经验和手段，合理开发和利用自然和社会资源，在提供服务的同时注重绿色环保、循环利用和可持续发展理念，提高组织持续发展能力和竞争优势。社会信誉度是指社会组织注重品牌知名度和社会公信力的培育，对内完善管理制度、对外提升服务质量，坚持自我评价、社会公众评价、政府部门评价和第三方评价并及时公布评价结果，在参与社会服务和公益活动中不断提高社会信誉度和公信力。

二、准入阶段综合评价模型决策方法

通常用于解决多目标决策问题的方法有层次分析法（Analytic Hierarchy Process，以下简称AHP）、三标度法（Three-demarcation Method Process，以下简称TMP）、效用理论等。然而实践证明，上述几种方法在处理多目标决策问题时都有一定的缺陷。层次分析法（AHP）对指标量化评价时，比较级别多达9个。当指标较多时容易出现两两比较前后矛盾的现象。同时 AHP 法判断矩阵的一致性与人类思维的一致性有显著差异，需要反复调整初始比较值。因而操作复杂、客观性较差；三标度法（TMP）虽然改进了 AHP 法比较级别过多的不足，但一致性检验效果还是不够理想，而且计算量也较大；效用理论在确定效用函数时比较复杂，受主观因素影响较大，决策结果的可信度差。

非结构性模糊决策支持系统方法在一定程度上克服了以上三种方法的不足，对每层因素进行比较时，仅采用三个标度，并且对比较因素的数目没有限制。此方法判断矩阵的一致性与人类思维的一致性相同，对检验判断矩阵一致性的过程相对简单；在对系统进行分解与综合的基础上，充分运用人的经验与知识，对大量复杂的定性因素，即常用的重要性、优越性等进行因素级别之间优先关系二元相对比较与量化，将这些模糊影响因素量化，从而得到各因素的隶属度[①]。这种评价方法适用于复杂的社会经济领域和难以直接量化的工程技术领域，可以提高解决问题的准确性、更有力的得出比较客观的综合评价结论。

准入阶段综合评价模型指标因素中包括结构性因素和非结构性因素，针对具体情况，应用非结构性模糊决策支持系统方法，将系统分解为不同的层级结构，构建多层次递阶结构模型，将影响准入阶段社会组织选择评

[①]　Tam C M, Thomas K L T, Gerald C W C. Non-structural Fuzzy DecisionSupport System for Evaluation of Construction Safety Management System [J]. International Journal of Project Management, 2002, 20: 303-313.

价的半结构性模糊因素利用优先关系法进行量化，得到该决策准则下相对重要度矩阵，通过对准入阶段综合评价模型决策的层次递阶结构进行决策集优越性排序计算，可以快速、简便地得到比较理想的决策集隶属度排序结果，显著简化多准则决策问题的求解过程。

应用非结构性模糊决策支持系统方法确定准入阶段综合评价模型决策集隶属度排序的具体流程具体操作步骤可以分为以下四步。

第一步，建立准入阶段综合评价决策的层次递阶结构模型。

根据建立的政府选择社会机构提供养老服务准入阶段综合评价模型，将其所包含的因素分组，按照目标层、准则层和方案层的形式排列。目标层一般表示决策目标，即依据决策准则择优选择候选养老服务提供机构；准则层一般表示决策的准则或约束，本书选取硬性配套、服务质量、服务柔性、服务价格、合作能力及发展潜力六维度评价判断准则；方案层一般表示实现目标的决策方案或综合评价的决策对象，对应 N 个候选服务机构。

第二步，确定准入阶段综合评价决策的一致性判断矩阵。

分别对决策准则层和方案层中各个元素的相互重要性给出判断。判断结果用数值表示，写成矩阵形式就是所谓的判断矩阵。判断矩阵表示本层次有关元素之间根据上一层次相对重要性的判断结果。（此处不列矩阵计算）

第三步，确定准入阶段综合评价决策集重要性排序权重。

第四步，确定准入阶段综合评价决策准则因素集权向量。

按照非结构性模糊决策支持系统综合评价分析方法，对政府选择服务机构准入阶段综合评价模型主决策指标进行综合评价后，作为决策方案集的N 个候选服务机构的排名结果即可按分数高低排列出来。政府在综合考虑候选服务机构硬性配套、服务质量、服务柔性、服务价格、合作能力及发展潜力等六个维度评价判断准则的基础上，可根据得分高低选择最优的社会组织提供城市居家养老服务。这种标准化的选择流程和选择方法，可以大大弥补以往政府选择社会组织时没有标准可循、徇私舞弊多发、社会大众难以公开见证选择过程等各种不足。

三、准入阶段购买城市居家养老服务规范流程

对于采用独立竞争购买模式向社会组织购买养老服务的准入阶段，需要制订与具体的购买任务相适应的规则流程与实施方案，建立健全政府购买居家养老服务供给机构准入的相关规章制度，通过多种渠道向社会公开养老服务需求信息、养老服务项目规划 和购买养老服务的资金预算，明确各招标项目的目标人群、服务项目、服务期限、评估标准和责任义务等，向社会公开招标具备相关资质的养老服务机构。成立资格审查专家评估工作组，严格按照相关规章制度和准入阶段综合评价模型选择结果，对候选服务供给机构进行准入选择，确定各养老服务项目的合作供给机构，建立合作关系并签订合约。实现养老服务供给机构准入选择的制度化、系统化和规范化，完善社会组织承接养老服务的政策制度环境。

对养老服务供给机构科学准入评价选择程序的规范流程可归纳为以下几个步骤：（1）收集养老服务需求信息；（2）定养老服务项目规划；（3）向社会公开招标；（4）成立资格审查专家工作组、征集候选养老服务供给机构；（5）科学评价候选服务机构；（6）准入选择；（7）建立合作关系签订合同（如果满意则建立合作关系并签订合同，如果不满意则重新科学评价候选服务机构，直至满意——建立合作关系并签订合同）。

第四节　我国政府购买居家养老服务的监督机制

笔者对国内多地发展较早、表现典型区域的政府购买居家养老服务情况开展走访调查，结果显示在城市政府购买居家养老服务的过程中，从政府对社会组织准入选择环节开始，就存在难以规避的徇私舞弊和寻租风险，缺乏公开公正公平的监督反馈平台的问题。在政府与服务提供者签订养老服务合同后，也往往难以对合同的履行情况进行服务质量监督和服务效果评价，对于政府委托的社会组织生产和提供的养老服务普遍缺乏科学系统的监督评估机制。在社会组织提供居家养老服务完毕后，也往往疏于对服务使用对象满意度的关注，多见于电话回访了事，缺乏由居家养老服

务使用者对养老服务效果的评价反馈。

监管评估体系的不健全会使社会组织的准入选择过程有机可乘，破坏了社会组织公平竞争的氛围，使养老服务项目运作过程中出现的问题得不到及时的反馈和纠正，使失职人员难于被追究责任，使老年人享受到的养老服务质量和效果大打折扣，也使政府和社会组织持久合作关系无法实现良性循环。为此，建立政府购买居家养老服务监管评估体系已经迫在眉睫，对相关问题的研究也提上了日程。

一、四方监督主体分析

政府购买城市居家养老服务过程中的监督主体是指对居家养老服务机构选择准入、运作实施和后续反馈环节进行监督的组织和个人。各监督主体在此过程中各自扮演着十分重要的角色，都处于监督机制的关键位置，互相激励、互相制约、互相督促。监督主体参与监督的动力和态度、所拥有的监督经验、所运用的监督方法都会对政府购买居家养老服务监督效果产生至关重要的影响，所以对于有效的监督主体选择就显得十分重要。

笔者认为，政府购买城市居家养老服务过程中各个环节的监督主体应包含以下四个主体：政府民政部门，社会组织自身，服务对象民众和第三方监督评估机构。前三个主体不仅本身参与服务购买环节和服务实施环节，还应实时对各环节的动态进行监督反馈，而第三方监督评估机构并不直接参与养老服务的购买与实施环节，只是对全过程运作和其他三方主体进行监督和评估，有效调节监督主体间是否相互激励、互相制约、互相督促。

（一）民政部门

民政部门对社会组织提供城市居家养老服务运行过程进行监督成为保证养老服务质量的有效手段。由于居家养老服务不同于一般的普通商品，它具有以社会弱势群体为服务对象，无形异质易变动、服务质量难以测量等特点。[1]对于养老服务运行和养老服务质量的监督，单靠社会团体或市

---

① 祁峰. 城市社区养老服务的特点与作用[J]. 城市问题, 2011(11)：34.

场都是难以有效实现的。政府作为社会公共财政资源的掌握者、城市居家养老服务的购买者和公共服务供给的先驱者，有责任和义务对社会组织的准入环节实行自我监督，对社会组织提供养老服务的实施环节开展动态监督，对养老服务的实施质量和效果进行量化监督，同时也接受社会组织在资金拨付和政策支持方面的监督，接受养老服务使用对象在社会组织选择和硬件设施配套方面的督促，接受第三方机构的全程监督和实时反馈。在监督过程中，民政部门可以下放部分权力，设立三级政府监督网络，联合街道办事处和社区区委会，共同担负对政府购买城市居家养老服务各环节的监督职责。

（二）社会组织自身

社会组织按照与政府民政部门签订合同约定的居家养老服务条款，如约实施城市居家养老服务项目。在与政府合作并提供服务的过程中，社会组织不仅受其他监督主体的实时监督，社会组织自身也担负着不可或缺的监督职责。

政府在选择准入的社会组织之后，与之签订养老服务合同，自此开始，社会组织在受政府监督服务进程和服务质量的同时，对政府部门资金划拨的及时公平和硬件支持的进展程度便有了监督的权利。待养老服务使用者接受完社会组织提供的居家养老服务之后，服务对象将对养老服务的质量和效果进行评价，届时社会组织也有权利对他们提交的评价结果进行监督和质疑。

社会组织作为监督主体最主要的监督职责则是对自身的监督，从对辖区内指定老年服务对象和会员的全面情况的熟悉，对上岗员工甄选培训和技能等级的掌控，到服务输送环节员工的服务态度，沟通技巧，及时有效，专业技能，任务完成、紧急事件处理等方面和最终服务完成后回访情况的实施监督上报，都贯穿了社会组织自身监督反馈和及时整改的责任和义务。

（三）服务对象民众

服务对象民众作为政府购买居家养老服务的使用者，对居家养老服务的运作过程亲身经历也较为熟悉，对提供的养老服务是否能够否满足自身个性化的需求有着自己的判断。服务对象民众本着维护自身权益和争取社会福利最大的原则，不仅有条件和权利对社会组织提供居家养老服务的过程实施监督，对养老服务完成的效果发表自己的意见，对养老服务质量效能进行综合评定，还可以通过监督平台提出自己的反馈意见和建议，并随时查看整改结果；同时及时表明自己的养老服务需求，并有权利和义务实时监督政府部门在选择社会组织的准入过程中是否公平公正公开，对于合作的社会组织是否一视同仁地合理分配养老服务资源，是否及时地划拨公共服务补助资金，是否及时支持配套硬件设施建设等环节的进展情况。

（四）第三方监督评估机构

所谓第三方监督评估，就意味着做出综合评估结论的机构既非养老服务购买者，也非养老服务实施者，其实质是一种更加客观科学的社会监督。将具有评估资质的第三方监督评估机构引入监督主体，是未来完善政府购买城市居家养老服务监督评估体系的发展趋势，也是政府管理方式的重大创新。

引入第三方监督评估机构，监督政府选择社会组织的运作，帮助政府评估备选社会组织资质能力，帮助政府评估可享受政府补贴、免费使用居家养老服务的对象条件，监督评估社会组织按照合同完成养老服务项目情况，同时也监督养老服务对象对服务效果评估结论的可靠性。这种全过程的监督有助于提高政府购居家买养老服务的效能和公信力，有效避免政府部门推诿扯皮和徇私舞弊情况的发生，利于社会组织不断提高和完善自身供给居家养老服务的效果，也有助于使养老服务质量效果的反馈更加真实客观。

第三方监督评估机构以涉身事外的多样化评估立场和角度，帮助和督促养老服务购买者、提供者和使用者之间更加融合的委托代理合作关系，更加客观地发现各主体自身症结并及时整改。据国内现有典型地区政府购买城市居家养老服务监督评估体系来看，目前政府委托的第三方监督评估机构多是养老服务行业协会或新兴的养老咨询评估机构。第三方监督评估机构这一监督主体的发展和成熟还需社会各方的共同努力，第三方监督评估机制也需进一步制订及完善。

二、四方监督管理信息化平台构建

在研究国内外相关文献研究成果的基础上，结合国内政府购买居家养老服务过程中监督情况的实地走访调研情况，根据对相关政府民政部门工作人员、社会组织管理者、享受养老服务的社区老年人群、老年问题研究所专家和高校养老专业教育者等相关人士的访谈和问卷的结论整理，同时参考多地市地方政府陆续制定的居家养老规范管理办法和民政部公布的关于推进养老服务评估工作的指导意见，笔者对政府向社会组织购买城市居家养老服务全过程监督评估流程进行了系统全面的综合性分析。

笔者认为，建立由四方监督主体共同参与的政府购买城市居家养老服务监督管理信息化平台，对政府购买养老服务过程中出现的信息不对称、监督不健全、反馈不及时、评估形式化等问题的有效解决，能够提供较为完美的解决方案。

四方监督管理信息化平台系统由民政部门、社会组织、服务对象民众和第三方监督评估机构共同参与，在政府购买城市居家养老服务全过程、各个环节各司其职，担负自身监督管理评估反馈的职责，并通过监督管理信息化平台，实时地公开发布监督评估结果及反馈修正信息，并将这些结果和信息同民政部门相关绩效挂钩、同社会组织的政府补贴标准挂钩和服务对象民众的后续服务标准挂钩，由此通过信息化网络力量激励督促各环节的工作可以及时公平、积极有效地开展下去。四方监督管理信息化平台系统坚持"方便主体、动态掌握、数据为主"的设计原则，以街道办事处、社区区委会联合民政部门等三级政府监督网络为依托，以第三方监督评估机构全过程监督评估管理体制为支点，以"一键通"服务热线及智能救助终端为纽带，以全局整合各类养老服务资源和便民服务机构为支撑，在四方监督主体之间搭建安全便捷周到的信息化桥梁，及时为辖区内老人提供全天候居家养老服务预约、监督、评估、反馈等功能。平台兼具档案管理、沟通互动、实时结算、便民链接、投诉反馈和统计分析等管理功能。并为政府向社会组织购买城市居家养老服务工作的一站式顺利开展和可持续健康发展打下坚实的智能化保障基础。

三、四方监督管理信息化平台解析

四方监督管理信息化平台的基础功能模块分为老人档案管理模块、服务对接管理模块、统计分析管理模块和实时结算管理模块。这四大管理模块借助系统信息交流平台、服务需求平台、进程播报平台、客户投诉平台、评估上报平台和便民链接平台完成所需功能。该模块功能运作详细阐述了老人档案管理模块、服务对接管理模块、统计分析管理模块和实时结算管理模块各个模块的基本操作功能和借助系统平台实现的运行方式。如，老人档案模块包括记录辖区内65岁以上老人个人基础信息，家庭地址等；记录老人身体状况信息、血型、重大病史和过敏史等；老人子女及家属联系方式；记录辖区内审核通过可能接受无偿服务的老人信息及补贴标准；对辖区内不能处理或半自理的空巢老人实行初步监护和定位观测。服务对接管理模块包括一键接听老人紧急突发情况，及时通知家属并联系最近医疗机构，并将老人健康信息传递给上门救助医护人员；一键接听老人生活服务需求，及时联系社会组织服务机构专业人员派单，根据派单内容及时提供上门生活服务；工作人员完成服务工作之后实时上报完成情况，人工座席回访接受服务老人。统计分析管理模块包括对下级政府挑选社会组织准入阶段的评估结果，利用综合评价模型进行统计分析；对接受养老服务对象的质量反馈信息进行统计分析，利用综合评价模型对服务效果得出定量分析结论；对第三方监督评估机构的全过程监督评估信息进行综合统计分析；社会组织对旗下员工的培训考核、技能等级、专点服务次数和服务满意度进行统计分析管理，挂钩员工工资。实时结算管理模块包括养老服务项目内容展示；养老服务项目收费标准；会员老人入会福利条款；会员卡充值功能；老人预约服务时将服务定金自动划拨到平台，待服务完成后，回访结果显示老人对此次服务满意度达到90%以上，则系统自动将服务酬劳划拨社会组织财政部门，同时对老人的服务定金进行多退少补，如满意度低于90%，则督促服务人员整改，并再次回访。

其中还有几点需要说明的问题。

第一，老人档案管理模块中老年人基础、生活、家庭、医疗信息由政府牵头放权，具体由各社区居委会负责统计社区65岁以上老人全方位信息，统计结果经政府民政部门审核后上报系统平台，由专人负责录入。这种由政府出面的老人信息搜集调查行为，可以使老人们安心放心，也提高了信息搜集的及时有效性。

第二，服务对接管理模块可及时为老人提供紧急救助服务、生活帮助服务、主动关怀服务和文娱康乐服务。服务对接运行中，平台和老人的联系可全面借助"一键通"电话或"一键通"手表。各区可根据本区自身实际情况和老人身体情况，按优先级分批次给老人赠送这种简单便捷的联络设备，对不能自理或半自理的空巢老人应加配视频监控设备，对上述老人和中度及以上阿尔茨海默病老年人患者应加配"一键通"手表定位功能。

第三，统计分析管理模块的统计分析功能适用于各监督主体，政府民政部门可统计分析备选社会组织的考察结果和准入情况，养老服务实施监督人员可统计分析养老服务对象对上门服务实施的质量效果和满意程度，社会组织统计分析服务实施情况、员工培训考核情况和服务质量整改跟踪情况等，第三方监督评估机构统计分析全过程监督评估信息。四方监督主体均可将统计分析结果实时发布到公众信息平台，以便各方监督和查询，推进政府购买城市居家养老服务工作及时健康可持续地发展下去。

第四，实时结算管理模块使老人预约和使用养老服务更加方便快捷，也有效激励社会组织专业人员自觉加强对养老服务质量和效果的提升。实时结算管理模块根据养老服务项目内容公开展示收费标准，办理老年用户入会，会员用户通过预存卡的额度享受养老服务项目收费标准的折扣，一方面给老人提供价格优惠和优先接待，另一方面为社会组织积累运营资金和固定客户，并通过实时结算管理平台的"预收定金、保管款项、满意后付"的操作模式，保障服务人员和服务对象双方的权益。

服务对接管理平台提供的紧急救助服务、生活帮助服务、主动关怀服务和文娱康乐服务具体至少包括如下内容。

（1）紧急救助服务：发现不能自理空巢老人监控手表定位仅高于地面20厘米以内，随即联系就近医疗机构或社区工作人员上门近视；老人按下"一键通"电话或手表的紧急呼叫按钮，系统自动识别老人信息并将信息快速传递给就近医疗服务中心实施上门救助，并及时联系老人家属。

（2）生活帮助服务：生活照料、洗衣做饭；家政服务、卫生打扫；代购货品、送水送餐；康复护理、健康咨询；就医约定、推荐大夫；精神慰藉、读书读报；法律援助、咨询维权。

（3）主动关怀服务：用药提醒；生日问候；事件提醒；天气预报；保健养生；信息分享；语音播报。

（4）文娱康乐服务：老年大学优先报名；文娱活动沟通平台；娱乐运动场馆预约；健康保健知识讲座；老人互助交流平台。

总之，四方主体监督管理信息化平台的建成和使用，将大大加强政府购买城市居家养老服务全过程的政务公开和监督力度，也为老人更加安全快捷、及时有效地享受养老服务提供了方便。在四方监督主体互相督促制约的过程中形成良好的合作关系和发展趋势，使政府购买城市居家养老服务工作各个环节的操作更加规范；同时借助平台对相关环节量化统计分析的结果，为政府部门推进社会养老服务体系建设和养老服务政策制定提供真实详尽的数据决策依据。

第五节　我国政府购买居家养老服务支持性政策的完善

居家养老服务支持性政策体系的财税政策、人力资源、社会组织、老龄产业等四大要素之间具有较强的内在关联性。财税政策是发展养老服务中政府财政责任的重要工具，是政府政策支持体系的核心，是居家养老服务长效发展的实现路径；作为一项准公共服务，如何提供足够的专业人才以满足居家养老服务发展的人力需求是政府必须直面的问题，也是其居家养老政策支持体系构建中的重中之重；社会组织作为重要的供给主体参与居家养老服务的管理与递送，在面对老年人多元需求时能够弥补国家、市场和家庭在养老服务方面的不足；老龄产业发展是提升居家养老服务质量的重要举措，是推动居家养老服务向广度、深度和规范化迈进的保障。

支持性政策体系是居家养老服务发展的制度保障。中国居家养老服务支持性政策体系的完善，应强化政府在居家养老中的主导作用，综合运用财政政策和税收政策形成财税支持体系，从而多层面地支持养老服务业发展；居家养老服务人力资源支持政策应通过专业人才队伍建设、志愿者队伍建设和家人三方面的支持来保证居家养老的服务供给；应整合社会力量参与居家养老服务。政府在进行居家养老服务制度建设时，应通过广泛的汲取、挖掘、开拓社会资源，发展多元供给的综合养老服务体系；应积极探索吸引社会资本参与的政策制定，有效发挥财政资金对民间投资的促进作用，探索政府与民间资本的多种合作方式，完善优惠政策，并有针对性地培育居家养老产业发展。

一、居家养老服务财税支持政策体系的完善

居家养老服务支持性政策体系建设的基本目标是通过社会系统对"人、财、物"三大核心要素进行有效整合，从而达到保障老年人"养、医、康、护、住、乐"的基本养老需求。其中，财税政策是发展养老服务中政府财政责任的重要工具，是政府政策支持体系的核心，是居家养老服务长效发展的实现路径。未来我国居家养老服务刚性需求不断增加，资金缺口压力较大，需要综合运用财政政策和税收政策形成财税支持体系，从而多层面地支持养老服务业发展。

（一）明确财税支持政策的目标定位

第一，明晰居家养老服务体系的财税支持政策的基本原则及基本关系。支持养老服务发展的财税政策目标应该是：首先有利于重点发展居家养老服务，增强居家养老服务供给；其次是支持建立社区老年照料服务中心，着力发展社区照料服务；最后是统筹发展机构养老服务，走出"支持养老服务发展就是支持养老机构"的误区，使每一位老年人都能够享受应有的服务照护目标。同时，确立财政税收政策支持体系应处理好三大基本关系：一是妥善处理好政府与市场和社会组织的关系；二是着重处理好财政支持政策与税收支持政策之间的关系；三是妥善考量养老服务需要与可能获得之间的关系。这一系列目标与基本关系是构建财税支持体系的基本参照。

第二，理清居家养老服务体系的财税支持政策的基本思路。在从财

税角度支持居家养老服务发展过程中，要从社会保障、医疗服务、民政救助、财政支持等"大福利"体制的角度，完善和优化我国推动居家养老服务发展的财税政策顶层设计。首先要在普惠制福利思想指引下，建立财税政策全面支持系统，促进社保、医疗、民政、财政等部门政策的互动；完善福利制度体系建设，从资金统筹、制度安排、政策体系等方面建立全方位的支持体系。其次注重支持政策的效能设计，充分协调发挥行政手段和市场手段"两只手"功能，充分发挥政策对养老服务市场、养老服务产业形态的培育。

第三，在当前我国，居家模式在相关的角色定位方面还存在诸多主体上的模糊。这一方面主要是从三个角度来阐述。首先是政府的角色，由于居家模式是以社区和家庭为核心的，这并不是就意味着政府可以抽身而出，甚至是政府应当发挥更大的作用。政府作为公共政策的制定者与实施者，有责任和义务去制订详尽科学的养老方案，并根据政策、法律、资金等手段积极引导相关市场的发育，引导其他社会主体加入进来。其次，从政府内部公共部门之间的关系而言，政府应当站在统筹发展的高度，打破部门与部门之间的利益壁垒。最后则是要建立其一种较为宏观的福利思维和体制，将社会保障、医疗、养老、健康等相关领域的统合起来，集中力量发展，从而起到"1+1＞2"的效果。

（二）拓展财税政策空间

第一，加强财税组合，形成政策引导，构建家庭、财政、市场共担的资金配置网络。在当前我国社会，财税政策所发挥的作用是不可替代的，尤其是随着我国社会的老龄化趋势不断加强，这一方面更是对财税的需求和压力提出了更为严重的挑战。养老服务供需缺口压力较大，需要政府在宏观上综合运用财政、税收等金融工具，形成对养老服务业的直接补贴、资金补助以及政策引导的财税组合辐射体系，进而通过政策的引导，优化养老服务资源的配置，在充分发挥政府和市场两只手的调节作用下，建立以政府投入和支持为引导，社会力量积极参与为依托，以老年人养老需求为导向，家庭、财政、市场多方共担的资源配置体系，从而在根本上缓解养老服务资金不足的困境。

第二，将居家养老服务资金纳入财政预算，形成专项资金。养老保障事业属于中央和地方共担的事业，因此中央和地方各级政府应当把居家养老服务事业资金纳入一般性财政专项预算，形成专项资金。专项资金的优势在于，它可以促进政府在相关领域资金供给更为持续、稳定和有效率。长此以往，可以在财政预算方面"形塑"出具有一定长效化特征的制度机制。这带来的一个好处就是，可以使得政府在养老方面的资金供给也会水涨船高，不断稳定地提高，继而促使更多的资金整合进来，形成更为强劲的效果，从而使得无论是自费抑或是政府补贴的老年人都可以方便、快捷地获得养老服务。

第三，政策聚焦，充分发挥财税杠杆导引功能。首先，强化税收优惠和财政补贴，提高养老服务业市场的供给能力以及促进养老服务产业集群的发展。一方面可以通过降低税负，减轻养老服务企业的经验成本；另一方面通过改革完善税收制度、探索税收优惠政策，从行业发展层面引导"资金流""资本流""人才流"等资源流入养老服务业。其次，运用财政支出手段，强化养老服务业从业人员人力资本建设。通过增加对养老服务业从业人员的专业教育以及技能培训进行资金支持，提高从业人员的技术水平和收入水平，保护其合法权益。最后，完善政府购买服务制度。通过政府购买服务，在满足特殊老年人群的基础上，可以支持养老服务企业发展，培育养老服务产业链条。

（三）采用科学高效财政资金投资方式

高效的财政资金投资方式是解决财政问题的重要抓手——科学高效地应用财政资金与社会资本的结合，充分发挥财政资金的杠杆效应。更好地规避政府财政资金的使用效率低而造成隐形成本高。回到纯经济意义上来说，政府资金与社会资本的合作有很多科学模式，PPP模式（Public-Private-Parthership，即公私合伙或合营，以下简称PPP）就是一种大家较为熟悉的合作方式。

在20世纪90年代，PPP模式主要是集中在高速公路、桥梁的建设大型的基建方面，这一模式在交通建设方面得到了很大的推广，但是在其他社会公共服务领域推广得明显不够。实际上，如果我们对养老服务进行深度分析的话，会发现 PPP 模式完全适用于养老事业，包括养老服务的相关基础设施建设同样可以采取这一模式，包括社区养老中心与敬老院等。关键的区别在于，由于交通设施的修建可以快速地转化为经济社会效益，而对于养老行业来说，资金利益回收慢，而且建设成本也颇高，社会效益大于经济效益。因此如何提高资金回收效率、缩短回收周期成为社会主体进入到 PPP 模式建设养老设施的重要阻碍。

如何来化解或者破除这一阻碍？这就为政府提出一个议题和难点。这其中的，可以采取的方式是，首先政府应当出台多个政策规定来充分鼓励社会力量参与到养老服务当中来，让他们吃一颗定心丸。其次，地方政府应当与社会投资方签订具有法律约束和效力的契约合同，强化双方的责任与权利，对政府来说，就是要保护投资商的经营活动，就按质按量完成约定的工作。对于企业来说，就要按照合约的内容，完成工作，并且保证质量和项目的持续运作。除了上述做法之外，政府与社会投资方，也要约定一定的条款，包括允许退出。因为与其他工程项目不同，往往是一个一次性的投资，而与此不同，养老行业是一个需要持续的、长周期的资金流支撑，因此，从这个角度来说，PPP 模式下的养老机构就会要求自身有更多的经营实力，否则就会陷入困境，因此政府与企业签订合约时，应当允许民间资本的退出。因此，在这个过程中，政府要承担更多的责任和义务，保证社会力量能够有足够的实力和相对的稳定性，如果出现经营不善，政府就要对其"兜底"。

（四）规范政府补贴行为

一是明确各级政府在老龄补贴中的定位，未来个人补贴从单纯非缴费型补贴向缴费型社会保险过渡。对个人非缴费型的福利性补贴要采取精算平衡原则，确定瞄准机制和退出机制，项目主要瞄准人群应为高龄老人、贫困老人等特殊困难人群。不可单纯为了追求政绩工程，不断提标扩面，出现低效率的政府支出。采取结果导向确立发放养老服务现金补助的方式，政府应在测算财力的基础下，适度采取逆向公平的思维，明确财政补贴标准。所谓逆向公平，就是对弱势群体给予更多的财政补贴，对于中高收入群体则不给或少给财政补贴。①高龄补贴就要针对高龄老人，确定一个基本年龄阶段，比如面向80岁以上或者90岁以上老年人；养老服务补贴也要确定基本瞄准人群，例如贫困老年人、失能老年人，不可盲目扩展到全体老年人。养老服务的各项补贴中资金筹集责任由省级财政承担，发放、资格审核工作由基层政府承担，增加政府审计频率或聘请外部事务所，对资金的发放使用、人员信息进行监督检查，减少虚报冒领情况。政府应鼓励推出各类商业长期护理保险，适时修订法律，将长期护理保险纳入社会保险管理框架。保险运行初期，政府要避免承担缴费义务，或尽量承担较低的缴费义务。时机的选择上，宜参考医疗保险的发展状况，待我国医疗保险在控制实际医疗费用摸索出更为科学的方法、保险资金管理更加科学后，再实施长期护理保险。缴费型的长期护理保险可以先从有一定经济能力、追求更高养老服务水平的老年人着手，逐步扩至全体老年人，用于应对老年人因高龄而面对的长期护理风险。

二是改变政府对养老服务机构财政补贴的筛选机制，逐步减少财政对机构的补贴。财政补贴的选择条件，要从所有制形式转变为项目类型。财政对养老机构的补贴可以分为建设型的补贴和公益性的补贴。由于我国养老机构硬件建设不足，因此现阶段财政补贴应着力于补充基本建设中资金不足问题，考虑未来的养老机构更多的是混合制的资金来源，因此只要养老机构规模、服务质量、服务种类、服务人群达到一定要求，政府就应当给予补贴予以支持。财政的公益性补贴只要是解决当政府全额投资逐步退出养老机构建设之后，需要由政府供养的贫困老年人、五保老年人等弱势群体会陷入无处养老的问题。建设型的补贴应当是一种中短期的政策措施，财政要适时退出；公益型的补贴是一种长期政策，也是政府应当承担的一项社会保障义务。公益型补贴应当在设计之初进行一个中期规划，明确保障的对象，并可根据财力分步骤提高标准，避免每年出台一个"提标扩面"的做法。初期标准的确定要留有一定余地，不要因为短期财力状况较好，就制订出高标准，待未来财政状况发生变化时，造成财政支付困难。每执行完一个中期规划后，要对补贴项目实施的效果进行绩效评价，根据对未来财力的预测，制定下一步政策。

三是加强对公益性非营利组织的补贴力度。公益性非营利组织未来将成为我国养老服务体系构建中重要的一环，可以有效填补我国基本养老服务提供不足。由于公益性非营利性机构资金来源较为单一，因此自身的运营费用也需要从捐赠收入中列支，而这些支出往往会成为阻碍公益性非营利组织筹资的障碍。针对这一问题，财政可以设立公益性非营利组织的专门补贴，奖励的额度可根据其提供的公共服务水平、公益性支出水平、或筹集到捐款的数量来核定。

二、居家养老服务中的人力资源支持政策的完善

不管由家庭、社区、还是各种形式的社会组织提供的居家养老服务归根结底都是由具体的个人提供的，居家养老服务的重中之重还是专业人才队伍的建设，居家养老服务能够有序发展，在不同的环节都是依赖于具有可靠质量的人才保障。这也是政府绕不过去的问题，因此构建居家养老服务人力资源支持体系，在政策中把握居家服务人才层次、类型、明确各项服务的人才边界等成为重点问题。

（一）加强居家养老服务专业人才队伍的建设

老年人随着年龄的增加，身体方面表现出身体机能的萎缩，健康状况大不如前等，心理方面也会出现与社会不适、悲观处世等状况。所以，对老年人的居家养老服务不是一项单纯的服务工作，不仅包括对老年人日常生活、身体康复方面的照顾，还涉及心理健康和正面情绪的引导，保证老年人的身体和心理健康。以日本为例，政府规定从事老年护理工作的从业人员，必须经过三年及以上培训并取得相关资格证后才能上岗，且对从事的所有服务项目有高中低的等级划分，不同水平的从业人员只能从事相应等级的服务工作。

我国如何建立专业化老年服务人才队伍成为当下亟待解决的问题，应该从以下几个方面进行努力。

1. 构建社会工作人才培养体系和建立健全从业资格认证制度

首先，注重专业社会工作队伍的培养。目前我国的社会工作人才培养与国际水平还存在很大的差距，国家职业体系中有一支源源不断的职业化、专业化社会工作队伍对居家养老模式的发展是重要支撑。人才培养分为高层次人才和专业技术类人才，高层次人才可以通过在大专院校中设置老年服务和护理相关专业来实现。在人才培养过程中，可以考虑对相关专业毕业生职业资格证书考试进行补贴，进一步引导学生对老年服务专业的技能提升，增加专业人员对该行业工作的黏性。针对社会工作专业从业人员与居家养老服务工作联系不够紧密，从业人员与需求之间存在的巨大差距等问题，各高校和职业院校要主动承担职责，从专业设置到人才培养，校企联合，创新实习基地等培养方式上都要主动探索，加大社会工作人才培养数量和质量，为居家养老服务输送职业化和专业化的人才。

其次，积极推进居家养老服务从业人员的职业培训和资格认证。养老服务机构可以通过借助专业的社会组织的力量，对现有养老服务从业人员进行系统的、专业的社会工作价值理念、工作方法、知识技能的短期培训，从而增强从业人员的专业能力；同时还可以通过吸引更多的专业社会工作者从事居家养老服务事业，从而壮大养老服务队伍的专业力量。此外，鼓励期望从事居家养老服务工作的人员进行严格的资质认定，要求相关从业人员参与职业资格考试，并给予培训补贴，这样不仅有助于提高护理员职业技能水平，也有助于增加其对老年服务事业的认同感。

2. 政府应构建人才支持体系，优化从业环境

第一，将养老服务人才等级划分为初级、中级和高级，并设定相应的职称评定机制，建立居家养老服务人才的职称评定等级管理制度。职称评定不仅是专业技术人才技能提升的重要途，更是能让居家养老服务专业人才通过职称渠道获得身份认定和稳定待遇保障，从而畅通了职业晋升渠道，对该行业从业人员规范化制度建设和完善管理机制意义重大。第二，规范从业人员培训制度，建立定期培训的长效实施机制。居家养老服务知识也是一门要求专业基础扎实、知识技术革新快的学问，不论新进从业人员还是资深护理人员都需要知识的更新和水平提升。例如德国，通过普遍

建立网络化的居家养老服务人员的社会组织职业培训资源，充分利用政府组织的自上而下、层级清晰的伞状组织培训体系，培训了数量众多并拥有一定技术水平的养老服务从业人员[①]。第三，完善从业人员的薪酬福利待遇。政府应该围绕养老服务从业人员建立相应的人才政策支持体系，从职称评定、晋升渠道、调动机会等给予从业人员良好的职业发展空间。同时，部分一二线城市可以根据当地生活水平设立一定的财政津贴，保障其在当地收入水平。此外政府还要保障养老服务人员的养老保险、医疗保险、工伤保险等各类保险费用的足额缴纳。总之，要通过薪资福利待遇提高来鼓励从业人员积极工作，并吸引更多的专业人才进入养老服务队伍；此外，还可以引进养老服务专业人才，通过公开招考，定向招聘和定向培养，吸收一批学历层次较高、年轻有活力的优秀人才充实到养老服务队伍中来。第四，政府要加强舆论宣传。积极引导社会资源和社会各界人士参与到居家养老服务行业中来，从孝文化和社会道德层面加强公众对居家养老服务职业的认可度和尊重感，广泛形成全社会对居家养老事业的关注度和从业人员的尊重浓厚氛围。

（二）加强居家养老服务志愿者队伍的建设

专业队伍在居家养老中是刚性需求，而并不是所有的岗位都需要较高的专业知识和技术，例如陪同老年人聊天、散步、健身，为老年人打扫屋子和做饭等等事务，可以由志愿者来提供，因此志愿者队伍能够在居家养老服务事业中起到良好的补充和促进作用。据民政部印发的《中国社会服务志愿者队伍建设指导纲要（2013—2020年）》（民发〔2013〕216号）中对志愿者进行的定义，志愿者是指那些"不以获取物质报酬为目的，自愿奉献时间、智力、体力和技能等，为他人和社会提供公益服务的人"[②]。目前我国志愿者队伍建设存在诸多问题：缺乏管理机构，进入和退出随意性强，志愿者素质参差不齐，制度规范不健全，缺乏政策支持等。因此，政

---

① 郁建兴，任婉梦. 德国社会组织的人才培养模式和经验[J]. 中国社会组织, 2013(03)：48.

② 民政部关于印发《中国社会服务志愿者队伍建设指导纲要（2013-2020年）》的通知_2014年第12号国务院公报_中国政府网[EB/OL]. http://www.gov.cn/gongbao/content/2014/content_2667619.htm.

府应该在志愿者团队建设方面推动其向制度化、规范化和常态化发展，需要从以下几个方面进行规范。

1. 强化对志愿者队伍的组织管理和培训

第一，规范志愿者登记及管理制度。必须进行志愿者的信息登记和信息真实性的认证、业务水平的初筛等工作，这不仅是对志愿者身份的认可，也有利于其合法权益的保障；同时强化政府志愿者协会的组织联络作用，从而将分散的志愿者个体组织起来，打造具有鲜明养老服务特色的志愿者服务团队，进一步增加志愿者队伍的组织性和凝聚性。第二，做实志愿者的业务能力培训，提高志愿者服务能力。志愿者培训的实施主体可以是政府也可以是社会组织，但是在培训内容和培训教材上要做到资源共享，规范培训体系和教程，达到能让志愿者能快速掌握基本的护理知识和老年人心理知识的目的，能快速提高志愿者提供服务的专业水平和服务效率。第三，建立和管理合法规范的志愿者交流平台。网络时代的志愿者交流平台是志愿者工作信息交流沟通的一个重要阵地，目前志愿者网络平台、交流论坛林林总总，相关部门要做好合理的管理，不仅要做好归口管理工作，还要做好宣传工作，合理引导每个社区建立专属的网络信息交流平台，便于业务交流，也能引导和吸纳更多社会人员加入居家养老服务志愿者行业。

2. 建立志愿者队伍的激励扶持机制

第一，完善激励制度。加强对志愿服务人员的记录管理，这不单单只是对志愿者服务质量进行评估的一个重要指标，从长远来看它有利于志愿服务活动的品质提升和长远发展。同时，对志愿者的服务进行评估，对表现优异的志愿者给予一定的物质和精神奖励，以形成良好的循环发展机制。例如很多国家采取的"时间储蓄"（Time Bank）制度，鼓励身体健康的低龄老人照顾高龄老人，为他们提供居家养老服务，等他们年老时则可以申请享受相同的服务。第二，加大对志愿服务的财政支持和经费投入，可以通过政府购买服务、鼓励企事业单位资助等方式来支持志愿服务的发展。

（三）加强对家庭成员的政策支持

家庭养老一直是我国传统的养老方式，并且在漫长的历史中长期居于主导地位。然而在工业化、现代化浪潮背景下家庭养老的功能不断弱化，社区养老、居家养老等养老方式亦是在这样的背景下提出的养老模式。家庭养老的功能弱化并不意味着其重要性的降低，实际上居家养老仍然以家庭为核心，家庭养老需要社会的支持以更好地维系家庭的稳固。这其中包括对家人的政策支持，即对在家中照顾老人的年轻人给予一定的支持。西方发达国家很早便注意通过社会政策来支持家庭，以巩固家庭保障的作用。例如，1942年英国公布的《贝弗里奇报告》便提出在家庭中工作的妻子可以跟丈夫共享养老金，对儿童进行生活上的补助等等。这些政策的作用不只局限于社会对妇女儿童的关注，更是社会对家庭的一种支持，减轻了家庭的经济负担。

1. 制定税收等优惠政策鼓励年轻人进行非正规照料

在居家养老服务中不能忽视最基础的家人照料服务。其实在现代社会，由于流动性成为重要特征，所以家庭成员赡养老人不只在于给家庭老人更多的关爱，更多的是一种社会责任，有利于社会的和谐与稳定。我国政府层面在养老服务支持政策中之前比较忽视对家庭的支持和帮助，较少有直接对照顾老年人的年轻人给予政策支持。而对照顾家人的年轻人以其他方面的优惠政策来鼓励他们积极照顾老年人是很多国家的通行做法。例如韩国也制定了一系列政策来稳固家庭保障的核心作用，如对赡养老年人五年以上的三代同居家庭，可以减少其部分财产所得税；对赡养65岁以上的老年人的纳税者，可以减少其个人所得税。①我国可以借鉴韩国政府的方法，给予照顾老人的年轻人以一定的税收优惠，或者借鉴新加坡政府对愿意跟老人居住在一起的年轻人以一定的房贷优惠，而美国的家庭照料计划通过对提供非正规照料的家人、亲属和朋友给予培训和支持也同样值得我们学习。

2. 探索向与老年人一起居住的年轻人购买服务

其实居家养老服务的供给除了社会人和社会组织外，家庭成员应该是政府购买居家养老服务的重要组成部分。南京市政府于2014年10月推出的

---

① 邓大松，王凯. 国外居家养老模式比较及对中国的启示[J]. 河北师范大学学报（哲学社会科学版），2015（02）：136.

"家属照料型"养老方式即属于这种方式，规定子女、儿媳在家照顾因病而卧床不起的父母、公婆，便可以享受每个月300到400元不等的工资。虽然总体来讲工资并不是很高，然而这项规定却意义重大。对家庭来讲，减轻了子女赡养老年人的经济负担，有力地支持了家庭稳定；对社会来讲，该政策又起到了鼓励和宣传孝顺、尊敬老年人的效果。

总之，养老服务人才队伍的培养、使用、评价、激励成效，影响着养老服务体系的建设，而建立一支稳定的职业化、专业化、多元化的居家养老服务队伍，需政府和社会机构共同努力，加大人才培养力度，提高养老服务人才的社会地位、经济待遇，才能将老龄化社会的挑战变为机遇。

三、居家养老服务中的社会组织支持政策的完善

当前及今后很长一段时间，我国老年人日益增长的居家养老服务需求与服务供给严重不足成为我国养老服务业发展的主要矛盾，在人口老龄化、高龄化的宏观社会背景下，居家养老服务是否能够有效供给决定了老龄化社会的质量，社会组织作为重要的供给主体参与居家养老服务的管理与递送，在面对老年人多元需求时能够弥补国家、市场和家庭在养老服务方面的不足。而社会组织在这个过程中由于自身的诸多特点使得其在这个过程中扮演着不可替代的重要作用。社会组织自身所具有的公益性、志愿性特征，可以有效地减少政府和市场在这个过程中所可能出现的失灵现象。社会组织自身的服务性和灵活性特征也使得其他社会组织具有不可比拟的优势。如果社会组织在居家养老服务中的功能和角色能够得到充分的发挥，也就可以提供更为多样化的服务内容，提高养老服务的效率，促进政府、社会组织和社区的联合运作。因此，大力发展社会组织并实现政社合作是解决居家模式难题的重要抓手。

（一）社会组织参与居家养老服务法律支持

1. 改革社会组织登记管理体制

我国对社会组织准入以"双重登记管理"为基本制度，准入门槛较高，也是阻碍社会组织参与居家养老服务业的重要因素。改变这种门槛过高的现状，就得努力创造较为宽松的制度和政策环境，对相关的管理体制

进行优化改革，这样才能有效促进社会组织的发展，也可以从制度的角度激发社会组织参与进来的热情。其他国家在这方面的做法或许可以为我们所借鉴。就美国而言，他们对社会组织享受宽松政策前置条件的资格审查和后期的监督管理特别重视，同时，还要求社会组织信息要实现高度透明化和公开化。通过政府张弛有度的宏观管理，不仅为社会组织的成立和发展营造了较好的外部环境，还能使这些社会组织形成自我约束、遵守规章的内部压力，从而促进社会组织的公信力建设健康有序发展。当然，近年来，针对注册难的情况，我国一些地方政府也在积极推进社会组织登记管理体制方面的改革。在地方探索的基础上，国家应从顶层设计入手，对管理障碍进行优化，对管理体制进行完善，对"双重登记管理"制度进行改革，对等级和审查程序进行简化，适当降低准入门槛，有效保障社会组织的独立性和公益性，为社会组织参与居家养老服务营造一个良好的环境政策。

2. 建立完善社会组织发展的法律法规

国家层面对社会组织的定位是决定其是否能够良性发展的重要条件，社会组织参与居家养老服务必须在法律层面进行支持和认可。第一，加快相关立法进程，制定《社会组织法》或者对现有的三个管理登记办法进行修订完善。其二，对那些与政府开展合作的社会组织，应当用平等的法律和市场契约来确定双方的责任与义务。也唯有确定社会组织与政府较为平等的法人地位，并通过制度化、常规化的规则，来对政府与社会组织的合作具有法律效力，从而也能为社会组织创造更具持久和宽松特征的发展环境。

（二）加大政府向社会组织购买服务的政策支持力度

在政府购买社会服务方面，我国不断加大了相关力度。从近年来发布的相关指导意见来看，政府也在努力营构一个社会组织发展的制度环境，从各个方面规范和引导相关领域、事业的发展。尽管如此，要实现政府购买社会组织服务的常态化、长效化，我们国家还有许多地方需要进一步完善。具体来说，政府在诸多细节都存在不断进步的空间，包括购买的方式、程序的运作、结果的监督等等，而且促进政府部门间的合作与协调。主要是从以下多个方面来着手。

1. 构建以政府为中心的居家养老服务购买互动绩效体系

以政府为中心的居家养老互动模式必须充分兼顾四个方面的效益。当然，政府首要考虑的是自身财政投资的效益，同时还要遵循公平、效率、及时和效果等。所谓效益，就是经济性，就是要考虑到成本—收益比，将最少的数量发挥出更大的效应。所谓公平性，就是群众能否较为平等地享有到相应的养老服务。居家养老服务提供的公平性是指政府是否公平地提供公共服务，或公众能否平等地从政府提供的公共产品或公共服务中受益。公平性强调服务、产出和结果分配的过程要体现平等性。所谓效率性其实与经济性类似，就是要考虑能否以最小的资源投入取得一定数量的产出，所谓及时，就是要及时回应老龄人口的养老服务需求，第一时间响应他们的诉求。所谓效果，就是强调政府为中心的居家服务购买要强调结果为导向，注重观察总结，政策实施目标是否与预期相一致。

2. 构建居家养老服务需求调查机制，保证购买服务的信度和质量

严格来说，政府购买社会组织提供的服务，不是单方面政府一方的行为，实际上，政府的购买行为也是一种市场行为，理应同样受到法律和市场契约的约束。在这个过程中，就要启动相应的需求调查机制，从而对那些真正需要养老服务的老年人进行了解、统计和建立健康档案。同时在这个过程中，要引入竞标机制，引入竞争性。在这个过程中，政府要公开发标，要清晰地表达自身对相应服务类型的需求，并设立相应的竞标标准，然后社会组织前来竞标。随后，政府应当与中标的社会组织达成双方的合作意向，并通过法律契约的方式予以确认，对双方的权利、义务、责任进行确定，从而保证服务的质量。

3. 建立政府购买居家养老服务的长效机制

为保障社会组织的稳定发展，应该建立政府购买服务的稳定投入机制。从西方发达国家社会组织的发展经验来看，政府对社会组织的支持路径基本包括两个方面。

第一，建立起完善的购买服务制度。以英国为例，社会组织之所以能够取得长足的发展，是因为该国政府将社会组织参与公共服务视为一种基本的社会治理过程，政府购买它们的服务也是一直以来就存在的，而且越

来越完善。在英国，教育、医疗、卫生、养老，很多部分都是由社会组织或其他机构而非政府来提供的，而政府只需要提供一定的专项资金，并进行购买，可以有效为社会组织进入居家养老服务供给提供支持。此外，政策中要明确建立政府购买居家养老服务资金投入的动态调整增长机制。

第二，税收优惠减免制度。加大政策扶持力度，完善配套政策。就居家养老服务对象而言，其服务主体主要是老人，所以大多服务项目带有公益、微利性质。对社会组织而言，如果缺乏政府支持，将很难长期参与养老服务类项目。即使承担了一定项目，也会因为成本较高，收益较低而力不从心，势必会影响其提供的养老服务的质量和效率。就这个角度来说，政府对那些有志于从事这一行业的社会组织要大力扶持，从他们的税收、工作人员的待遇等各个方面，进行照顾。

第三，政府可以通过无偿或低价的土地划拨为社会组织提供办公和活动场地，还可以将空置的厂房、学校、老年活动中心等区域的设施向社会组组低价出租或开放，从而减少社会组织的运营投入。此外，借鉴国外经验，研究制定遗产税、赠与税以及鼓励慈善的税收减免政策，从而引导个人和社会资金进入社会组织，增加其筹资渠道。创新对社会组织的融资支持，通过贴息补助等形式加大对社会组织的支持；同时，可以改革福利彩票发行和使用机制，明确规定民政部门使用福利彩票资金支持居家养老服务的比例，增加基层政府对福利彩票资金用于居家养老服务事业的比重和额度。

（三）提高社会组织自身参与居家养老服务供给的能力

1.提高社会组织自身融资能力

多元的资金筹集渠道，稳定的收入来源，强大的资金实力是社会组织长效运行的重要保障。虽然政府是社会组织发展的重要资金来源，但是在现实运作中，社会组织必须摒弃"等、靠、要"的被动思想，要通过转变思维方式，创新营销理念，加强多样联系，多方宣传自己，提高社会的公信力和认可度，从而真正打造多元化的筹资渠道。首先，强化同政府的友好合作关系。通过积极支持政府工作以及活动开展，建立有效联络。经常了解政府动态，参与关于购买服务的招标会，积极争取政府的财政拨款以及购买服务项目资金。其次，有效整合社会资源和社会资金。加强同企业以及志愿者组织的联络，积极推销宣传组织的价值理念和服务对象，吸纳来自企业和个人的社会捐赠。最后，提高服务质量和服务效率，承接个人服务，组织专业培训等积极营收，增加服务供给收入。

2. 加强制度建设，改善内部治理

完善的制度建设，有效的内部治理结构、高水平的管理流程和高效的服务供给决定了社会组织的核心竞争力。作为社会组织只有努力提升自身管理水平才能够在市场上占有一席之地。因此，社会组织一方面要完善内部管理制度。通过制定社会组织的组织章程，包括会议制度、议事规则、财务管理制度、人事管理制度等，实行民主管理以及相应的监督评估制度。同时强化绩效考评制度，以服务人员的职业操守为基础，以服务水平为重点，制定精细的奖惩机制，激发组织成员的工作热情和动力。另一方面要完善外部监督。通过建立服务对象投诉以及回访机制，公开热线电话，全方位、全流程对服务人员的服务质量进行监督，从而保障社会组织参与居家养老服务的健康发展。

3. 建立专业化的社会组织从业人才队伍

高质量的居家养老服务依赖于专业的服务人才队伍。当前，居家养老服务领域社会组织从业人员素质参差不齐，影响了其在居家养老服务领域内的形象与作用。为此，社会组织自身必须强化对人才队伍的支持体系。一是通过完善的人事制度，在人员的招聘、培训、考核等程序上严把关，从根源上保障人才质量。同时对专职工作人员要切实解决其在档案、户口、职称、社保等方面的权益，保障队伍的稳定性。二是加强员工的专业化建设。通过鼓励在职教育，对在职人员进行培训，教授基本的医疗护理、心理保健等知识，同时锻炼员工的基本知识技能和专业操作能力，要求工作人员必须参加政府相关的职业资格认证，持证上岗。三是加强国际交流，推动社会组织从业人员学习国际化的护理管理模式，培养和打造外向型人才，引入先进的服务理念，提升社会组织从业人员的国际化水准。

四、居家养老服务支持政策中的老龄产业支持性政策体系建设

党的十九大提出要加快发展老龄产业，针对老龄产业的供给侧改革是面对人口老龄化的有效手段。全社会，特别是市场主体应该充分领会国家大政方针指导思想，牢牢抓住人口老龄化带来的发展机遇，冷静分析，积极探索，大胆作为，走出一条中国特色老龄产业发展道路。

（一）制定差别化的产业细分政策

养老服务产业是一项综合性产业，也是新兴产业，相关政策的引导和支持是其健康发展的重要保证，因此，政府要为养老服务产业创造一个良好的政策环境和发展环境。养老服务产业包含的领域较宽，其子产业多样化，其内部差异也比较明显，因此，养老服务产业的政策支持，应根据其子产业特点、属性的不同而采取差异化的支持方式和力度。可将养老服务产业可分为三大类，即私人物品类产业、准公共物品类产业和公共物品类产业。据此，支持性政策建设路径可对应分类为市场化产业、政府扶持产业和公共支出产业三大类型，以分类指导为基础，采取差异化的扶持措施。

（二）完善老龄产业金融支持政策

1. 加快金融产品和服务方式创新

鼓励、扶持企事业单位、社会组织，或者个人兴办、运营养老、老年人日间照料、老年文化体育活动设施等经营活动。政府相关部门应制定切实有效的投融资扶持政策，要落到实处。

加强养老服务机构信用体系建设，增强对信贷资金和民间资本的吸引力。[1]加强对中国老龄产业发展的保护力度，探索制定老龄产品和服务的进口限制措施和政策，以及对国际资本在中国投资老龄产业行为的规范政策，确保中国老龄产业市场安全。逐步改变对国有资本和民间资本投资老龄产业的差异化扶持政策，确保民间资本享受和国有资本同等的优惠扶持政策，实现公平竞争。[2]

2. 着力推进现代保险服务业与养老服务有效衔接

2014年8月，国务院印发了《关于加快发展现代保险服务业的若干意

① 罗海平，凌丹. 城镇化背景下进一步加强我国社会养老产业发展的政策建议[J]. 经济发展研究，2013（20）：187.

② 吴玉韶，党俊武. 中国老龄产业报告（2014）[M]. 北京：社会科学文献出版社，2014.

见》（国发〔2014〕29号），指出保险业的现代性和服务本质，并提出要将商业保险建设成为社会保障体系的重要支柱，有效发挥商业保险对医疗保险和基本养老的补充作用。现代保险服务业的重新定位，对我国现代保险服务业提出两个要求：一是要主动改革，拓展商业服务，更好地满足私人服务领域，实现多元化发展；二是要关注并涉足公共服务领域、养老服务等具有公益性和关系国计民生的业务。现代保险服务业的发展既要以经济效益作为重点，又要兼顾社会效益。

第一，加快养老服务机构与保险公司之间有效衔接。在全球范围内，人口老龄化的风险普遍存在，在西方较早步入老龄化社会的一些发达国家中，私人养老金在个人老年风险应对中发挥着越来越重要的作用，并且在倡导个人责任的基础上，基于公私合作基础上的公私伙伴关系形成了应对人口老龄化的基本框架。根据发展经验看，充分发展的养老服务机构和不断成熟的养老服务市场是养老服务机构和保险业务开展合作的重要基础。当前，我国养老服务市场化发展还处于初期的起步阶段，也意味着目前的养老服务市场尚不能有效满足保险公司保险产品创新的需求。就当前我国的发展情况来看，保险公司只是养老产业链的一个融资环节。尽管近年来陆续增设了私人计划养老保险、长期护理保险等服务与老年群体的险种，但它们的作用仍旧是以"保险金的货币支付"作为转移老年风险的保险产品的终点。换言之，即保险行业依旧在养老服务产业链以外，并局限在比较封闭的保险系统里面，与养老服务产业的链接还不充分。因此，保险公司如何打破当前比较封闭的保险市场系统循环的局限，积极主动地加入养老产业链中，在助推我国居家养老产业的发展具有重大的意义。保险业向现代转型，通过发挥个人养老保险和长期护理保险的作用，参与公共服务供给和社会风险治理，加入健康养老等利民产业，并能促进商业保险加入社会治理工作中，最终助推居家养老产业的发展。

第二，支持有条件企业建立商业养老健康保障计划。到在当前政府财政压力越来越大的背景下，提升企业补充养老保险支柱地位的要求必然是鼓励和引导越来越多的企业建立商业养老保障计划。当前我国经济发展进入转型期，经济发展进入到低速增长的新时期，因此今后财政收入的持续增加面临的压力仍然较大，而养老服务业作为刚性支出的产业，并不能因经济压力较大而过于减少，这就要求资金来源需要多渠道化、多元化。就政府来说，推动并支持商业保险计划的发展，一方面可以减轻财政负担，通过拓宽资金的使用形式，从而助推公共服务创新，支持养老服务的发展，另一方面还可以通过公共服务的创新，满足社会大众的相应需求，使得政府的管理负担得到减轻，管理效率得到提高。这样就对商业保险的发展提出了较高、较新的要求。然而社会经济环境和养老保障体系自身都存在着一些阻碍企业补充养老保险发展的因素。一是较高的社会保险缴费率和强制企业参保的外在硬性要求的缺乏，导致大多企业不具备为员工建立补充养老保险的能力和意愿；二是商业保险具有完全自我责任制的特点，加上企业职工们对企业补充养老保险的认知不足等都是限制其发展的因素。"新国十条"（即《国务院关于加快发展现代保险服务业的若干意见》）作为一项全力支持企业建立商业养老保障计划的政策，是企业补充养老保险发展环境得到改善的一个重要探索。

第五章 政府购买居家养老服务的绩效分析研究

作为养老服务供给的一种新形式，政府购买居家养老服务有利于激发养老服务市场的活力，有利于政府职能的转变。随着政府购买居家养老服务实践的深入发展，政府购买居家养老服务质量评估越来越受到学者和业界人士的关注。但什么是政府购买居家养老服务质量，该依据什么标准对其进行评估，在理论界和实务界都没有成熟的定论。本章将从政府购买居家养老服务的绩效模型建构、效率评价、质量评价和综合评价等四个方面探讨构建居家养老服务绩效评估框架，为科学评价居家养老服务的绩效提供参考依据的同时，对于完善政府购买居家养老服务机制、提高居家养老服务质量、促进政府和社会组织之间的协作，具有重要的理论意义、学术意义和现实意义。

第一节 我国政府购买居家养老服务的绩效模型

一、政府绩效评价的三种模式

从世界范围看，政府绩效评价有效率导向型、结果导向型、管理导向型三种模式。20世纪80年代中期以来，西方国家为应对科技进步、全球化和国际竞争的环境条件，解决财政赤字和公众信任问题，普遍实施了以公共责任和顾客至上为价值取向的政府绩效评价。

（一）效率导向型评价

19世纪末20世纪初，"科学管理运动"横扫西方世界，工具理性和效率中心主义被奉为工业社会的至上法宝。在此背景下，一些行政学家开始将效率原则引入公共行政领域。伍德罗·威尔逊（T. W. Wilson）在《行政学研究》（1987）一文中首次提出了"政治—行政二分法"的思想，并实际上提出了政府职能范围和政府效率问题。在"政治—行政二分法"的基础上，德国著名学者马克斯·韦伯（M. Weber）在《经济与社会》中建构了理性官僚制理论，认为这种理性官僚制是最科学、最有效率的组织形式。这一时期的公共行政被称为"古典公共行政"，政治—行政二分法和理性官僚制是古典公共行政的两大基石，因此，效率中心就自然而然地成为古典公共行政的核心价值。在古典公共行政范式下，政府绩效评价也必然是一种效率导向型评价，它是从经济意义上对政府提供公共产品或服务的成本和收益进行评价，其评价重心是政府活动的投入和产出。美国学者杰斯·波克斯（J. Box）在《市政管理的效率标准》（1912）一文中明确阐述了效率评价的重要性："工作量、结果和成本标准适用于每一天，而且对于公民、纳税人和官员是看得见的，这些标准是效率的基本要素。城市政府的主要目的不是为投票、修改宪章或撤职官员提供机会，而是改善和保护公民的健康、教育、安全、便利和幸福……因此，必须使用效率标准而不是投票法或宪章权利来表述政府服务。"

效率导向型评价的标准主要有4种：第一，投入—产出标准，这里的产出是指工作量，投入是指资金或工作时数。这样，产出—投入比率就可以表述为"工作量/工作时数或单位资金"。第二，产出的"有效性"标准。该方法的假设是政府活动的"真正产品"比"直接产出"更重要。第三，设备和雇员的使用率，通常被表述为"实际使用的资源量/可使用的资源量"。一般来说，政府设备的闲置时间越长或政府雇员工作时间的闲置越多，这些资源（政府设备和雇员）的使用效率就越低。第四，生产力指数。生产力和效率是同一层次的概念，可以用产出和投入来区分二者的异同：效率是指单位产出的成本即效率投入产出，生产力是指单位投入的产出量，即生产力产出投入。生产力指数是用来测量不同年度之间生产力变化的百分比，是用来评价相对效率而非绝对效率。

效率导向型评价是传统的绩效评价模式，它关注的焦点是经济意义上的投入和产出，这实际上是一种组织内部绩效的评价图。这种评价模式的缺陷非常明显，即它忽视了政府活动的结果和社会影响，违背了政府的"公共性"价值。美国当代著名绩效评价专家哈特瑞·哈瑞（H. Harry）认为：事实上，在缺乏有效性尺度的情况下，效率尺度强调工作量和产出而以牺牲质量和有效性为代价将会产生负面效应。因此，对于政府来说，其公共性的内在特征决定了公共产品或服务的结果和有效性评价比效率评价更重要。

（二）结果导向型评价

20世纪60年代末期，行政权力迅速向立法和司法领域扩张，出现了所谓的"行政国"，传统的政治—行政二分原则受到了极大的挑战；官僚制也暴露出越来越多的弊端，效率低下、官僚主义、腐败猖獗，公众对政府信任度迅速下降。人们开始对以效率为中心的古典公共行政进行猛烈的批判。1968年，美国行政学大师沃尔多（D. Waldo）率领一批年轻学者召开了著名的明诺布鲁克会议，它标志"新公共行政"的正式诞生。针对古典公共行政的效率中心原则，新公共行政引入了社会公平，并认为公平有时比效率更要，政府能够而且必须既讲求效率又追求公平。事实上，古典公共行政是在理性官僚制和政治—行政二分原则下探讨效率，是一种程序效率或形式效率，它忽视了政府的公共性特征，而这正是公共行政的核心价值所在。新公共行政要求政府必须在社会公平的前提下追求效率，是一种社会性效率。因此，新公共行政并没有完全否认效率的重要性，只是认为对效率的追求必须建立在社会公平的基础之上。

受新公共行政的影响，政府绩效评价模式也必然发生转变，逐渐从效率导向型评价转向结果导向型评价。结果导向型评价是指以政府提供公共产品或服务的质量、效果、公平性和公众满意度等为重心所进行的评价。如果说效率评价是对组织内部的绩效进行评价，那么结果评价则是对组织外部的绩效进行评价，其评价重心是外在于政府活动的质量、效果、公平和顾客满意，而产出和投入只是结果评价的一个补充要素。

20世纪90年代之后，随着新公共管理和政府再造运动在美国的兴起，结果导向型评价得以强化。美国政府"再造运动"中所注入的各种新管理主义因素，如分权化、责任机制、顾客导向和结果为本等，都是通过绩效管理的框架得以体现，并通过绩效标准的检验进行衡量。

（三）管理导向型评价

管理导向型评价是指以政府管理为重心的评价模式。其主要内容是对政府把投入转变成产出和结果的管理能力进行评价。管理导向型评价的前提假设是著名绩效评价专家英格拉姆（P. W. Ingraham）教授提出"管理黑箱"理论，即政府绩效不高的原因是"管理黑箱"的存在，它使得投入与产出或结果之间缺乏联系，人们并不知道产出和结果是如何实现的，公共资源和投入被神秘地转化为政策结果。因此，政府管理在绩效形成过程中发挥着至关重要的作用，政府管理过程和管理能力直接决定着政府绩效水平的高低。英格拉姆教授论证了政府管理能力和政府绩效之间的正相关关系。她将政府能力界定为能否在适当的时间把适当的资源运用到适当的地方；政府能力还有赖于高水平的领导和管理制度。政府管理制度、领导能力、管理制度之间的协调程度和结果管理的水平组成了政府能力。政府绩效工程主要从财政管理、人力资源管理、信息技术管理、资本管理和结果管理等五个维度来评价政府管理能力。

政府绩效评价的三种模式是在不同价值观念指导下从不同角度对政府绩效进行评价。这三种评价模式各有优点和缺陷。第一，效率导向型评价虽然注重可量化的效率评价，但是却忽视了政府活动的结果和有效性。第二，结果导向型评价显然将评价焦点转向政府活动的结果和有效性，但有时却很难对结果和有效性因素进行量化，因此也就很难克服主观因素的不利影响。第三，管理导向型评价把评价重心转向对政府绩效起决定作用的管理过程和管理能力、关注政府自身能力的建设以及政府能力与政府绩效之间的关联性，但却在一定程度上忽视政府活动的效率和有效性评价。

本书中，政府购买居家养老服务绩效的评价既关注于政府活动的效率，又关注于政府活动的有效性，是效率和效果的结合。因此，本章致力于构建建立在政府管理能力基础上的政府购买居家养老服务的效率和质量综合绩效评价模型。

二、政府购买居家养老服务的绩效评价模型

（一）政府购买居家养老服务绩效的构成要素

政府购买居家养老服务的绩效评价是一个涉及多方面的连续过程，有效评价居家养老服务的绩效，需要对购买服务的过程及其最终结果有清晰的认识。绩效分析逻辑模型描述了政府购买居家养老服务背后的逻辑方法，显示了各部分内容之间相互作用的过程。政府购买居家养老服务正是按照这种逻辑运行并由此带来了最终的产出。

公共服务质量与效率是检测一个国家公共服务体系是否完善，公共服务绩效能否满足公众需求的重要标准。政府购买居家养老服务的绩效体现为两个变量：一是养老服务购买效率；二是养老服务质量。上述两个变量展现于政府对居家养老服务生产者的选择和养老服务生产者的服务生产两个过程中。换言之，政府购买居家养老服务的绩效评价不仅包括对购买居家养老服务的政府部门的绩效评价，也包括对养老服务生产者服务质量的评价和监管。作为购买居家养老服务协议的双方均要对服务绩效负责，对任何一方评估的缺失都可能破坏持续的购买关系，影响居家养老服务的质量。因此，政府购买居家养老服务的绩效构成要素包括两个方面：一是购买居家养老服务的效率。服务效率评价体系主要是测评政府购买居家养老服务的效率，即购买一定数量的服务使用的财政资金是否买了尽可能多的公共服务。二是购买养老服务的质量。服务质量评价主要是通过顾客感知服务质量来测评居家养老服务的消费者对养老服务是否满意。

（二）政府购买居家养老服务绩效评价的模型构建

戴利的生态经济效率公式认为生态经济效率是所获得的人造资本服务与所牺牲的自然资本的比值，一方面是从每单位人造资本中所有能获得的服务量，另一方面是在所获得的人造资本中每单位自然资本的代价是多少。[①]借鉴"生态经济效率公式"的理念，笔者认为政府购买居家养老服务的绩效是给养老服务接受者（老年人）所带来的满意服务与产生服务所牺

---

① 王欢明,诸大建.基于效率、回应性、公平的公共服务绩效评价——以上海市公共汽车交通的服务绩效为例[J].软科学,2010(07)：3.

牲资本的比值，居家养老服务原始资本的投入是为了更好地满足老年人的需求，具体公式如下：

公共服务的绩效=服务/投入=（服务/产出）×（产出/投入）

在上述公式中，（服务/产出）代表养老服务接受者对养老服务质量的满意度，（产出/投入）代表技术效率，即公共服务绩效=公众满意度×技术效率。

由上述绩效公式可知，政府购买居家养老服务的绩效是由老年人对养老服务质量的满意度和技术效率共同影响决定的。因此可建立函数式为：

$P=f(s, te)$（P代表绩效，s代表公众满意度，te代表技术效率）

居家养老服务的效率，即养老服务的投入与产出之比，效率的提高体现在有效的监管体系和生产过程中，适当的投入实现必要的产出；老年人对居家养老服务质量的满意度，即养老服务的产出是否满足老年人的需求与偏好，包括养老服务的产出是有效的这层含义。

政府购买居家养老服务的绩效评价是要追求单位成本的服务满意最大化（现代的效率观念），而不仅仅是单位成本的产出最大化（传统的效率观念）。在政府导向模式下，常常是将公共资金投资于建设更多的养老院，实现产出的最大化；而在市场导向模式下，则是要通过购买市场上的养老服务，实现老年人对养老服务质量满意程度的最大化。由上述居家养老服务绩效公式可知，居家养老服务绩效是由老年人对服务质量的满意度和服务效率所决定，因此，一方面政府购买居家养老服务应该从老年人对服务质量的满意度着手；另一方面居家养老服务应从技术效率着手，努力改善财政投入效率，追求单位成本最小而产出最大。

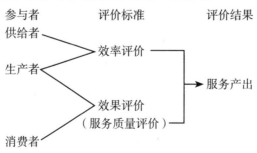

图5-1　政府购买居家养老服务绩效评价模型

上述理论模型（图5-1）表明政府购买居家养老服务绩效既要追求经济上的效率，以市场为导向；又要讲究政治上的价值，满足老年人需求，提高对老年人所需服务的质量。政府购买居家养老服务的最终目标是提供满意的养老服务，以一定的投入实现最大的满意度。

（三）政府购买居家养老服务绩效评价的标准

关于绩效评价标准，以往的研究主要侧重于政府组织的研究，评价的标准也较为丰富，在公共服务的绩效评价标准中主要包括效率、效果和公平等维度。对于政府购买居家养老服务而言，政府供给养老服务本身是社会公平的一种体现，因此笔者在借鉴和总结已有文献的基础上，从效率和效果性（满意度）两个维度考察政府购买居家养老服务的绩效。政府购买居家养老服务作为公共服务外包的一种模式，其出发点之一是为了解决养老服务供给的效率问题，但是政府购买的效率是否高于政府部门直接供给养老服务有待于实证检验，此外，居家养老服务的质量作为衡量政府购买绩效的最终目标也应成为绩效评价的重要维度。因此，应对政府购买居家养老服务进行综合性的绩效评价，其评价标准（效率和回应性）分析如下。

1. 居家养老服务效率

狭义的效率是指技术效率，可以解释为居家养老服务的投入与产出之比，在给定的投入和技术条件下，居家养老服务资源没有被浪费，或资源能被更大程度地利用。居家养老服务的投入是指政府投入居家养老的资金，居家养老服务的产出是指由政府招标产生的服务企业所提供的养老服务或生产的养老产品，例如新投入的养老服务设施、新增加的养老服务企业等。技术效率作为客观可测的指标，一般的关注点就是单位成本或政府生产率，即生产单位居家养老服务所耗费的财政资源。

2. 居家养老服务效果

广义的效率，包括技术效率和分配效率或者回应性。如果认为技术效率是内部的，则分配效率应是外部的，它可以解释为产出与公众偏好的满足。政府购买居家养老服务单位产出的服务效果，也就是消费者对服务质量的满意度。在本书中，效果是指养老服务接受者对居家养老服务质量的主观满意程度，如提供的养老服务是否舒适、服务企业提供的服务是否及时、服务人员的服务是否专业等。笔者认为，政府购买居家养老服务的绩效是由居家养老服务的效率和质量共同决定的，单纯追求服务效率或服务质量的单一目标并不是真正意义上的绩效，只有在满足老年人服务质量需求基础上的服务效率才能产生真正的绩效。因此，政府购买居家养老服务的绩效评价不仅要注重基于服务质量满意度的结果指标的评价，也要注重投入与产出指标的评价，它强调的是绩效管理的各个环节。在居家养老服务的生产过程中，居家养老服务的生产绩效超越了传统经济学效率评价的范畴，它是指在单位成本或投入的基础上对养老服务质量满意度的最大化，是体现了顾客导向价值的绩效观。

第二节　我国政府购买居家养老服务的效率评价

有观点认为，我国养老服务供给矛盾不断深化的原因在于服务供给规模过小，分配不均衡，因而指出不断扩大供给规模，加大财政投入，这种观点不无道理，但是由于当前我国经济发展水平和财力所限，加上人口老龄化的急速加剧，短期内大规模的资金增加不太现实，而养老服务供给的水平高低一定程度上也取决于供给过程中各环节运行效率的状况，因此，将视线转移到养老服务供给的过程与效率上，是提高服务供给水平的有效路径。绩效评价的实证分析，实际是对绩效评估模型的逻辑延伸和操作细化，根据上一节所构建的政府购买养老服务绩效评价的逻辑分析框架，效率是衡量政府购买养老服务的重要维度之一，需要具体构建相应的指标，选择一定的方法展开，利用样本地区的数据开展实证评价，以获得养老服务购买效率改进的依据。

一、政府购买居家养老服务效率的内涵

（一）效率的概念界定

效率最早来自物理学的定义，被认为是输入量与输出量的对比值，用来衡量投入与产出的关系，在相同的投入下，产出越高越有效率，在相

同的产出下，成本投入越低越有效率。曼昆（N. G. Mankiw）从经济学的
角度认为效率是社会从其稀缺资源中得到最多的东西，如果可以利用它所
得到的所有稀缺资源，就可以说这种结果是有效率的。目前，对于效率的
内涵国际上较多地采用三层含义，一是资源的节约，二是成本最小化，三
是产出的数量与结构符合人的需求，即技术效率与资源配置效率。道格拉
斯·诺斯（D. C. North）则从制度创新与制度变迁的角度引入制度效率的
概念，将过去集中于生产性效率的关注转移到了制度效率中来。

技术效率往往表明了在既有的一定的技术条件下和投入规模下所能获
得的最大产出水平的可能性，配置效率是从结构的分配角度对效率进行界
定，通过不同的公共产品与公共服务的组合，在最大程度上满足公共服务
的需求，从这一角度来理解，在既定规模的财政投入条件下，促使产品数
量的最大化，同时，引导财政资源流向效率高的项目，服务项目的效率绩
效不仅仅需要注重供给的投入产出比，而且要从资源配置的结构上分析，
是否符合最大化的效用产出。公共服务供给效率的实现不仅要实现高效率
的投入与产出，而且要优化结构，在不同供给项目间进行资源的合理配
比，不能有所失衡。

制度效率是新制度经济学的重要概念，主要通过制度成本与制度收益
间的比较来进行诠释，制度成本的内涵主要包括了在制度设计、制度创新
与制度变革过程中的各项成本，即组织的运行、新制度的执行与维系、旧
制度改革的付出等的费用。制度收益强调制度创设过程中外部效应与不确
定性的减少，交易成本的降低，诺斯强调制度是一种游戏的规则与社会的
规范，它能对人们的活动与行为进行有效的约束，基于制度变迁的理论，
他指出制度效率是在一定的约束机制下，使参与者的行为最大化，从而导
致产出的不断增加，一种无效的制度，则是最大化行为却不能使得产出增
加，抑或减少的制度。①趋向于合理、公平、有效的制度，可以对各项要素
资源进行优化配置，降低交易成本，减少信息不对称，从而有效提高各项
经济活动与社会服务的效率。在现实的社会中，由于产品与服务生产过程

---

① ［美］道格拉斯·C.诺斯. 制度变迁与经济绩效［M］. 上海：上海三联书店，1994.

中存在的委托代理关系，从而导致的道德风险与逆向选择，造成交易成本过高，最终影响制度效率。

（二）政府购买居家养老服务效率的内涵

福利经济学的专家们认为公共服务供给的效率是公平，他们认为实现最大多数人的幸福就是实现了公共服务供给的效率，这种供给的准则的缺点是偏好显示的困难和对财政资源的浪费。本书仅从狭义的层面来理解居家养老服务效率，这里的居家养老服务供给效率主要是指技术效率，即居家养老服务供给过程中，一系列公共资源包括人、财、物的投入与最终养老公共产品与居家养老服务的数量与质量间的对比关系，投入往往指政府购买服务财政的支出，人力资源的投入，组织资源与社会资源的参与，产出是指政府通过对投入资源的利用，生产与提供的养老公共产品与养老服务的数量与水平，如更多的人获得了居家养老服务的覆盖，养老服务项目的增加，居家养老环境的改善；养老服务满意度的提升，等等，将技术效率作为政府绩效评价的指标，应在投入方面就是对政府的单位生产成本与财政支出进行衡量，这些成本不仅是直接的，而且还涵盖了养老公共产品与养老服务供给过程中的间接成本，产出方面，不仅是对于产品与服务数量的衡量，而且还包括了养老服务的质量与满意度。

引入市场竞争机制，通过合同制可以更好地提高公共服务的效率，从而对服务对象的利益形成有效的保护，市场主体与第三方组织对公共服务供给的参与，在一定程度上可以缓解财政的不足形成的压力。从完整意义上讲，效率性是指政府购买养老服务资源的投入，能否取得最大的产出，或能否以最小的资源投入取得一定数量的产出。政府对居家养老服务资源投入与产出的比率。它能够反应居家养老服务的效果与消耗的公共资源之间的投入产出关系。有学者认为政府购买居家养老服务是将市场竞争引入居家养老服务，政府购买是否是适当的方式，需要评价其效率。可以说，任何产品与服务的效率都无法达到最优的状态，政府购买居家养老服务也不例外，因此，只有通过不同决策单元之间相对效率的评价找出效率不高的原因，从而改善效率水平，达到"满意"状态。政府购买居家养老服务的效率分为可以量化的与不可量化的，有些指标属于可量化的，如财政的投入、社区养老设施的数量、政策的覆盖面、满意率等，也有一些无法量化的指标，只能通过主观判断或认知来测量，如养老服务组织的管理沟通能力、公信力等；具体而言，政府购买居家养老服务的效率主要是指政府投入的人、财、物资源与服务承接机构和社区所提供的养老服务的实际成果之比。政府购买居家养老服务效率评价是一种正式的养老服务项目评价的制度安排，也是政府购买养老服务运行机制的一个重要环节，旨在通过科学的评价方法与原理对居家养老服务购买的实际运作效率进行测量，其评价结果可以对政府购买活动形成一定的控制、监督的效果。

二、政府购买养老服务效率评价方法的选择

效率评价作为一种治理工具，在西方行政改革与绩效评价运动中发挥了重要作用，效率评价的方法则是实施评价活动的重要手段，方式选择是否得当能对效率评价的结果形成直接影响，近年来，传统的经验研究与主观评价逐渐向定量化方向发展，由于公共服务支出的复杂性，当前理论界提出了定量研究的方法，其中比较常见的有平衡计分卡法、成本收益分析法、模糊综合评价法、数据包络分析法。

（一）平衡计分卡法

平衡计分卡是企业管理领域常用的对业绩进行战略、宏观评价的方法，由美国学者卡普兰与诺顿设计，西方国家政府、非政府组织、企业都运用这个方法对相关的绩效进行评价，它的基本评价理念、模型、要素与环节等在国内的企业与政府绩效评价中也得到了大范围的应用。它的主要思想是将评价的维度分为四个，围绕这四个方面设计绩效评价的指标体系，并要求设计指标时尽量在四个方面保持平衡，并根据这些指标对企业或公共部门的成本与收益进行测量。把平衡计分卡应用到政府部门，是汲取其"平衡"及发掘战略的主要绩效推动力以不断改进和持续发展的核心思想。此种方法主要是对某个具体的组织或部门所进行的全方位的评价，立足于宏观战略的思维，四个关键的指标不但注重组织内部的绩效，而且充分考虑外部环境及服务对象的影响，国内有学者基于平衡计分卡的理念

设计政府公共服务审计效率评价指标，对公共服务的审计效率进行评价[①]，张瑞林等基于平衡计分卡思想与方法对全民健身公共服务效率进行评价[②]，王春晖利用该方法对北京公办养老机构的运行效率进行了评价[③]。

平衡计分卡提供了对公共服务效率进行评价的思维框架，它所评价的公共服务效率是一种整体的绩效，涵盖了外部顾客、内部管理过程、财务与成长这几个方面，而不太适用于对具体的养老服务投入与产出的效率进行测评，养老服务效率是养老服务供给过程中一系列公共资源包括人、财、物的投入与最终养老公共产品与养老服务的数量与质量间的关系，尽管平衡计分卡可以应用在公共服务效率的整体衡量上，但对具体养老服务投入产出效率评价的适用性不强。

（二）成本收益分析法

成本收益分析法又称为产出评价法，是根据一定的绩效目标，将一定时间范围内公共服务项目的总成本与总收益进行比较，并对不同单元的项目进行比较，选择出最优化的决策方案的方法。此方法适用于总成本与总收益都能准确计量的公共服务项目评价，往往在基础性公共项目的效率评价中运用得较为广泛，通过对财政支出成本与服务项目收益的计算，对公共服务项目的效率进行衡量。该方法有一定的局限性，即由于从企业与市场领域借鉴而来，仅限于评价那些可以用货币值精确计量的成本与收益，对于具有一定外部溢出效应的公共产品与公共服务，如教育公共服务、环境公共服务难以做到精确地测量，外部效应越强，越难以用此方法进行评价，但实际上，无论是什么公共服务项目，都存在一定的外部效应，完全准确的去测量服务成本和收益也是不可能的，只能通过近似的方法来进行评价。

成本与收益可以被看作一个投入与产出的比率，也可称为比率分析

① 张璇. 政府购买公共服务绩效审计评价体系研究[J]. 审计月刊, 2015 (02): 28.

② 张瑞林, 王晓芳, 王先亮. 基于平衡计分卡的全民健身公共服务绩效评价[J]. 成都体育学院学报, 2013 (01): 10.

③ 王春晖. 平衡计分卡在公办养老机构绩效评价中的应用[J]. 北京劳动保障学院学报, 2015 (02): 36.

法，在计算单个投入与单个产出的情况下，成本与收益的比率分析有很强的可行性，如果是对整体效率进行评价，由于可能存在不同量纲间的差异，该方法就会大打折扣。政府购买养老服务的效率涵盖多个投入与产出，有些投入与产出也很难用货币进行量化，因而成本收益分析法与比率分析难以应用到养老服务效率评价中。

（三）模糊综合评价法

模糊综合评价法是在平衡计分卡的基础上建立起来的，利用数学模糊集理论对经济活动中或社会活动中带有模糊性质的决策问题展开分析与评估，以择优选择的一种科学方法。此中评估的特征集中在四个方面：一是通过相互指标的比较，不单纯利用同一类型的绩效指标展开评价，是注重指标间的相互比较，综合利用，减少主观的绩效指标的选择对绩效结果的影响；二是确立评估的权重等级，体现出评估主体对项目绩效的关注点和倾向性；三是确定相应的评估等级与标准，通过模糊评判矩阵确立隶属度，做出综合评价，通过指标的归一化处理，减少人为的影响，使最终的结果能切合客观实际；四是该方法将定性和定量分析相结合，同时将主观因素的影响控制在较小的范围内，适用于绩效的综合评价。随着模糊评价法的逐渐成熟，有学者将其引入到了国内的政府绩效评价中，毛太田运用熵权模糊综合评价法对湖南省 L 市政府公共财政支出进行效率评价，并得出整体效率水平处于良好，并提出进一步的优化措施。[①]潘彬构建层次分析—模糊综合评价模型对公共投资项目效率进行评价，并提出相应的评价流程。[②]该方法适合对财政支出公共服务的整体效率水平进行综合评价，形成不同等级的评判集，最终得出综合评价的结果等级，而对具体养老服务领域的政府购买支出与实际服务产出的应用难度较高，适用性不强。

（四）数据包络分析法及其效率评价的优势

近年来，DEA评价法（Data Envelopment Analysis，即数据包括分析法，以下简称DEA）在公共部门效率评价方面得到了广泛运用，其中，王伟同利用DEA对中国整体公共服务效率进行了评价，并分别从教育投入与

① 毛太田. 地方政府公共财政支出绩效评价研究 [M]. 北京: 光明日报出版社, 2013: 130.

② 潘彬. 公共投资项目绩效评估研究 [M]. 北京: 中国人民大学出版社, 2012: 119.

产出、医疗投入与产出等变量入手对各省的面板数据进行了分析，得出实证结果。[①]陈昌盛、蔡跃洲利用DEA全面地对中国公共服务的效率问题进行测评，并分别对教育、环境卫生、社会保障、公共安全等分类服务项目进行效率评价。[②]魏中龙等分别利用DEA对政府购买公共服务的效率进行实证评价。[③]DEA是一种基于数学规划理论通过估计有效生产前沿面来评价具有多个输入与多个输出决策单元间相对有效性的方法。[④]该方法无需事前给定生产函数的具体形式，可以利用已有的投入产出数据，通过模型就能得到各决策单元的相对效率，适合多投入、多产出的决策效率评价。

DEA效率评价的优势在于以下四点。

1. 此种评价方法对于各指标间的权重分配没有过多的要求，同时也没有对指标数据的投入产出的函数进行提前确立。不需要事前设定投入与产出的权重，从而使对一组决策单元的评价更具客观性，不受人为主观因素的影响。而且对投入和产出指标的性质没有要求，对于投入产出之间的联系和制约因素不需考虑，避免了计量模型中相关性或多重共线性问题。

2. DEA方法具有单位不变性的特点，即DEA衡量决策单元的效率不受投入产出数据所选择单位的影响。由于对量纲没有严格要求，因此不做无量纲化处理，并且该方法的评价结果还可以给出无效决策单元效率改进的参考信息。

3. 绩效评价的方法有很多，如平衡计分卡法、3E评价法、模糊综合评价法、层次分析法等，与其他综合评价法不同，DEA方法处理多输入多输出问题的能力较为突出，可以用于多输入多输出的非营利性系统的评价，对于非营利的公共服务部门，不能简单地利用利润最大化来对它们进行评价，DEA评价方法能满足公共服务部门追求目标的多样性和弹性，有利于公共服务部门在追求目标多样性过程中产生的多产出与多投入间的相对有

① 王伟同. 公共服务绩效优化与民生改善机制研究 [M]. 大连: 东北财经大学出版社, 2011: 120.

② 陈昌盛, 蔡跃洲. 中国公共服务体制变迁与地区综合评估 [M]. 北京: 中国社会科学出版社, 2007: 282.

③ 魏中龙. 政府购买服务的理论与实践研究 [M]. 北京: 中国人民大学出版社, 2014: 226.

④ 魏权龄. 数据包络分析 [M]. 北京: 科学出版社, 2004: 26.

效性评价。

4. DEA通过设立的线性规划模型，得出的是相对有效的方法。这个相对有效比绝对有效更有实际意义，因为对一定系统，大量管理运筹学的实际应用研究已经说明，任何生产效率都不可能达到最优，实际的生产只能追求适合本系统中的生产状况的"满意"效率。DEA则提供了这种"满意"解，给出了适合系统发展方向、相对系统现有发展水平可能达到的效率改进目标。

（五）政府购买居家养老服务效率评价方法的选择

目前国内外学者对公共服务效率的评价主要是运用数据包络分析法（DEA）。DEA不需要事先给定生产函数的具体形式，仅通过投入产出数据，利用DEA模型便可以判断出各决策单元的相对效率值。一般而言，用DEA方法可以从投入的角度也可以从产出的角度来核算技术效率。该方法的特点是：适合评价多输入、多输出指标的决策单元相对有效性，并且无须考虑输入输出指标的单位量纲问题。在政府购买居家养老服务效率评价中存在多个投入指标和多个产出指标，适合运用DEA模型评价相对效率。当需要对某一特定地区政府购买居家养老服务的相对效率进行评价时，可以选择一组政府购买相同居家养老服务地区的效率进行比较。被选择的每个地区即为一个决策单元，通过不同决策单元的比较可以判别某一特定地区居家养老服务是否有效率，此外，通过有效率和无效率单位的比较，可以寻求提高效率的方法。

数据包络方法在政府购买居家养老服务效率评价中的具体应用：为保证不同评价地区（被评价对象）变量间的可比性，在指标选取上均采用人均指标进行考察。在投入变量方面，选取各地区人均居家养老服务支出额，代表不同地区提供居家养老服务所消耗的资源（养老服务支出占政府总支出和GDP的比重）。在产出变量方面，根据居家养老服务的内容和特性，选择"每千名服务对象拥有的服务机构（企业或NGO）数"，"每千名服务对象拥有的服务员工数"和"辖区内实际享受服务的老年人数占应享受服务的老年人数的比例"三个指标，上述产出指标比较全面地涵盖了居家养老服务在机构数量、人力资源和服务对象方面的产出绩效情况。基于DEA的政府购买居家养老服务效率评价,它既可以计算一定时期内政府养老服务部门的效率得分,也可以比较不同地区的相对服务效率。

当前我国政府购买居家养老服务的尚处于探索阶段,各地区的实践无论在居家养老的服务内容、服务规模和服务方式上存在较大的差异性,尚不具备运用DEA模型进行多地区间相对效率的评价。由于任何服务效率不可能达到最优,对于居家养老服务的效率而言也是如此,只能通过相对效率评价达到"满意"效率。因此,某一特定居家养老服务效率是通过与该地区其他养老服务方式的比较产生的。下面将以L市CG区的机构养老和居家养老两种服务模式为例,通过深度访谈与数据调查的数据进行具体分析。

三、L市CG区居家养老服务效率分析

(一)养老服务效率评价的指标

养老服务的效率是指居家养老服务的投入与产出之比,在给定的投入和技术条件下,居家养老服务资源没有被浪费,或资源能被更大程度的利用。居家养老服务的投入是指政府投入居家养老的资金,居家养老服务的产出是指由政府招标产生的服务企业所提供的养老服务或生产的养老产品,例如新投入的养老服务设施、新增加的养老服务企业等。技术效率作为客观可测的指标,一般的关注点就是单位成本或政府生产率,即生产单位居家养老服务所耗费的财政资源。要比较机构养老和居家养老,要采用相同的指标。为保证不同养老模式下变量间的可比性,在指标的选取上采用人均指标进行考察。在养老服务投入变量方面,选取人均养老服务支出表示,其代表了不同养老模式下养老服务所消耗的资源。在养老服务的产出变量方面,分别从选择若干个指标来反映其综合产出情况。具体而言,养老服务的效率指标包括人均养老服务支出、每千名老年人拥有的护理人员数、每千名老年人拥有的医护人员数、每千名老人享受服务的人数占所有老年人的比重等。

(二)L市CG区机构养老概况

截至2020年10月,L市CG区现有的敬老院共有16家,16家养老院总投资约5.04亿元,占地面积约32.11万平方米,建筑面积为13.04万平方米,共

有床位数4 741张，共收养老人1 762人。在收费方面，L市CG区养老机构中自理老人的每月平均收费约为1 890元，半自理老人的每月平均收费约为2 300元，完全不自理老人的每月平均收费约为2 960元。

（三）L市CG区"虚拟养老院"的效率分析

L市CG区的居家养老服务依托于"虚拟养老院"进行开展，2020年，L市CG区财政用于养老院的支出约2 800万元。通过上述对L市CG区机构养老基本情况的分析可以看出，目前，L市民办养老院，老人的每月生活费用基本都在1 720至2 770元之间，对半自理和完全不能自理的老人，每月还加收500至900元的护理费。这对于部分退休金很低的老年人来说，是一笔不小的开支，即使本人想进养老机构养老，也难以负担起费用。而虚拟养老院的服务，是根据老人需要的项目确定的，如需提供的服务项目多，收费则多，反之则少。目前，老年人入住虚拟养老院的费用一般每月在500元左右，最低的只有100多元，即使生活不能自理的老人也不超过1 200元，较机构养老有很大的节约。同时，CG区对"三无"、困难空巢老人、五保户和低收入的高龄、独居、失能等养老困难老人，采取政府补贴的方式，提供养老支持。对这部分老年人，人均年补贴2 500元就可以保障他们的养老问题。目前CG区政府仅投入1 500余万元服务补贴资金，就基本解决了几万名老年人的养老问题。

L市CG区政府大力推广"虚拟养老院"居家养老服务模式，2019年，L市CG区政府出台了相关规定，如虚拟养老院的办理条件、服务项目、服务范围、补贴式服务政策等。凡户籍和居住地均在CG辖区，男女均满60岁，都可以免费注册加入虚拟养老院。老人可到所在地社区或虚拟养老院大厅进行注册登记。虚拟养老院的服务项目有：餐饮服务、生活照料、医疗卫生、保健康复、日常陪护、家政便民、家电维修、娱乐学习、心理慰藉、法律咨询、临终关怀十一大类230余项服务。A类老人的服务范围分为三部分。一是生活照料。负责老人自身卫生清洁，清洗老人衣物（若老人子女在本地，不负责清洗老人贴身衣物），生活物品代购，各类费用代缴。若老人生活不能自理，要负责老人饮食。二是家庭保洁。负责老人房间及厨房、卫生间地面、墙面、窗面、桌面的清洁。三是物业维修。负责老人房间上下水、暖气、电路维护。虚拟养老院只负责相关服务，所需材料成本由老人支付。若工作人员上门服务期间有老人子女前来探视的，工作人员本日服务工作停止，须由老人子女继续完成。（A4类老人的陪护服务范围是：照顾老人起居，协助进行自身清洁；负责老人每日三餐，协助老人进食、饮水；协助老人大小便、翻身、功能锻炼；护送、协助老人进行检查、理疗、治疗康复活动；负责清洗、消毒老人衣物，清洁消毒老人的脸盆、茶具、痰盂、便盆等生活用具；及时将病人的有关情况告知护士或医生）。补贴式服务政策规定如下：如果是特困及低保老人，经CG区虚拟养老院审批，可纳入A类老人服务范围。其中生活基本不能自理的A类老人划为A1类，工作人员每天上门服务，享受政府补贴为552元/月；生活半自理的A类老人划为A2类，工作人员每三天上门服务一次，享受政府补贴为324元/月；生活能自理的A类老人划为A3类，工作人员每周上门服务一次，享受政府补贴为84元/月；重病、重残和有其他特殊情况须24小时照看的城市"三无"和农村"五保户"老人划为A4类老人，服务人员进行24小时陪护服务，享受政府补贴为1 680元/月。A4类老人须经民政局批准，补贴时间最长为3个月，老人病愈或情况好转后，再根据情况转为其他服务类别。超过三个月仍需护理的老人，费用另行规定。重点优抚对象，90岁以上高龄老人，市级以上劳模，"三八红旗手"，"见义勇为"称号获得者，担任两届以上（含两届）的离退休的省市人大代表、政协委员经城关区虚拟养老院审批，可纳入B类老人服务范围。每月享受50元的政府家政补贴。普通老人为C类服务对象，自己出钱购买服务，但价格比市场平均价格低20%左右。

第三节　我国政府购买居家养老服务的质量评价

现代公共服务的质量观是以顾客的预期为目标，保持对公共服务传递过程中的持续改进，最终实现公众的满意度。本书中居家养老服务的质量评价是指居家养老服务消费者在服务消费过程中通过感受服务人员的态度、行为、仪表等而对服务做出的一种综合感知水平与主观评价，也即居家养老服务消费者对服务质量感知的满意度。在满意度形成之前，服务消费者心目中会预先设定一个期望的标准或水平线。在对服务质量、服务效率、服务态度等服务价值进行一番主观感受之后，再与期望值相互比较，就能得出满意与否的最终评价。如果服务对象的感知水平低于期望值，那么是不满意的；如果服务对象的感知水平与期望值相当，那么是满意的；如果服务对象的感知水平远远超过期望值，那么是非常满意的。

公共服务的顾客满意度测评属于政府绩效评估的主观评估法。主观评估方法，即根据公众主观感知到的政府行为和态度来衡量政府绩效，这类方法往往能直观反映公众对政府服务的接受和认可程度。

对于政府购买居家养老服务满意度的测量，应该包括各参与主体，即服务购买者政府、服务提供商、服务接受者老年人的满意度，但是就各参与主体的重要度比重而言，作为服务的最终接受者即老年人的满意度更为重要。因此笔者就将政府购买居家养老服务满意度具化为服务接受者即老年人的满意度，依靠政府提供的政策及资金支持，物化于服务提供商的具体服务。

一、政府购买居家养老服务满意度及其影响因素

（一）政府购买居家养老服务满意度的概念界定

满意度概念首先被广泛使用是以商业中的顾客满意度概念，认为满意度是顾客对购买的产品或服务，基于期望和实际感知的心理评价，是一种整体性和长期性的态度评估，属于主观评价，测量难度较大。在满意度具体测量实践中，西方各国都形成了各自的满意度测量模型，其中具有代表性的有以下几种测量指标体系，比如美国的顾客满意度指数（ACSI）模型、英国政府的满意度模型SERVQUAL、瑞典的 SCSB 模型、欧洲的 ECSI 模型，韩国的KCSI 模型等。我国在研究满意度模型问题上起步较晚，还未形成成熟统一的满意度测量模型。

在商业广泛使用顾客满意度概念后，满意度也成为公共管理学、社会学、心理学等多个学科重点研究的问题。公共管理领域对满意度的研究，主要集中在公共产品和服务满意度研究上。随着新公共管理理论和新公共

服务理论的发展完善，公众对公共产品和服务的满意度成为服务型政府建设的重要内容，因为其直接影响公众对政府的信任程度，并且能够及时反映服务水平。在商业对顾客满意度的概念界定基础上，笔者对公众满意度概念界定为：公众基于对公共产品和公共服务期望，对公共产品和公共服务进行实际感知，并将期望与感知相比较，得到最终满意度结果。

基于此，政府购买居家养老服务满意度，指享受政府购买居家养老服务的老年人群体，基于总体感受到的居家养老服务质量，对政府购买居家养老服务的总体满意情况。而且，老年人满意度，不仅受服务质量因素的影响，还受个人基本特征和个人生活环境因素的影响。这主要有两方面原因：一方面政府购买居家养老服务具有不可分割性和无形性，所以老年人满意度的依据就是对服务质量的感知；另一方面，不同老年人的个体特征因素和外在环境因素都不同，其满意度也受此影响，相应有所不同。

（二）政府购买居家养老服务满意度及其影响因素研究模型

政府购买居家养老服务的最终目的是为了满足老年人的养老需求，而是否得到充分满足，体现在老年人对政府购买居家养老服务满意度上。因此，本书只研究老年人对政府购买居家养老服务的满意度，探讨哪些因素影响了老年人对政府购买居家养老服务的满意度，以及如何提升老年人的满意度。笔者在对学术界相关文献进行详细梳理后，结合政府购买居家养老服务的特性和服务对象老年人的特点，对老年人满意度的测量，将分为响应性、有形性、可靠性、移情性等四个具体指标。并且根据以往学者研究，在众多影响政府购买居家养老服务老年人满意度的因素中，着重研究服务质量、老年人个人特征和老年人生活环境因素。在此基础上，对政府购买居家养老服务老年人满意度及其影响因素，构建的研究模型如下（图5-2）。

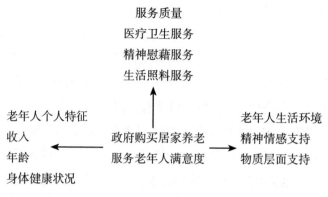

图5-2 研究模型

（三）研究假设

1.服务质量对政府购买居家养老服务满意度的影响[①]

服务质量原是企业中的概念，指消费者享受服务的实际水平，以消费者购买目的的实现程度作为衡量服务质量的标准。将服务质量的概念引入到公共服务领域，则是衡量公共服务的重要指标。对于政府购买的居家养老服务质量，则指服务对象即老年人，在整个服务提供过程中，实际感知的服务水平，要以购买目的的实现程度作为衡量标准。根据马斯洛的需求层次理论，可以将老年人购买居家养老服务的目的，总结为两方面，一方面是精神情感需求，另一方面是物质需求。因此，在居家养老服务中，不仅是精神层面服务项目，还是物质层面服务项目，其服务质量，都直接影响到老年人购买目的的实现程度和享受服务的实际水平。而且不同服务项目，处于不同层面，在政府购买居家养老服务满意度中，其影响程度可能也不同，也有必要分类详细研究。

在政府购买居家养老服务领域中，学界很少直接探讨服务质量与满意度之间的关系，但是也有学者在研究政府购买居家养老服务满意度指标和影响因素中涉及。此外，还有学者研究不同居家养老服务项目质量对老年人满意度的具体影响。刘昊从精神生活的角度出发，指出居家养老服务的

---

① 除了服务质量，还有服务规模、服务内容、服务方式等因素影响满意度，受限于调研实际情况，本书只研究服务质量对满意度的影响。——笔者注

供给质量直接影响到老年人精神生活的满意度。[①]耿雅琴从医疗卫生的角度出发，结合调查，得出结论，居家养老医疗服务质量与老年人的满意度呈正相关关系。[②]也有学者从生活环境角度入手，发现老年人居家养老满意度与生活环境具有相关性。基于以上分析，为服务质量与满意度之间的关系，将服务项目进行划分，并提出以下有关假设。

H1：服务质量和政府购买居家养老服务满意度有相关性

H1a：医疗卫生服务对政府购买居家养老服务满意度有显著的正向影响

H1b：精神慰藉服务对政府购买居家养老服务满意度有显著的正向影响

H1c：生活照料服务对政府购买居家养老服务满意度有显著的正向影响

2. 老年人个人特征对政府购买居家养老服务满意度的影响

老年人的个人特征对政府购买居家养老服务满意度的影响至关重要，是不可回避的重要因素之一。在老年人众多个人特征中，老年人收入、年龄和身体健康状况是三个较为重要的特征。其中，老年人收入是老年人可以购买政府购买居家养老服务的物质保障，尽管在政府购买居家养老服务中，对老年人进行一定额度的服务费用补贴，但补贴额度并未达到满足老年人正常养老需求的标准，因此，老年人收入还是其可以享受政府购买居家养老服务的重要前提。不仅如此，年龄越大，身体越不能自理的老年人对政府购买居家养老服务需求越多，反之，需求越少。可见，自身年龄和身体健康状况，也影响到老年人对居家养老服务的需求。

学界在关于老年人个人特征与政府购买居家养老服务满意度两者关系研究中，也较为侧重老年人收入、年龄和身体健康状况等个人特征的影响。张国平研究政府购买居家养老满意度及其影响因素中，通过实证调查，得出结论，老年人身体健康状况与满意度呈正相关关系，但是收入与满意度呈负相关，老年人收入越高，对居家养老服务需求越高，满意度越

① 刘昊，郑潇雨. 社区居家养老老年人精神生活满意度影响因素分析——基于 ISM-AHP 方法 [J]. 福建农林大学学报（哲学社会科学版），2017（05）：78.

② 耿雅琴. W 社区居家养老服务供需研究 [D]. 太原：山西财经大学，2014：34.

低，老年人收入越低，对居家养老服务需求越低，满意度越高。①蒲新微等通过走访老龄人群，发现在影响老年人对养老服务满意度的因素中，老年人年龄是重要因素。年龄越大，养老需求越多，满意度越低，反之，年龄越小，养老需求越少，满意度越高。②因此，在结合前人研究和政府购买居家养老服务特性基础上，就着重考虑老年人收入、年龄和身体健康状况三个老年人个人特征，笔者提出以下研究假设。

H2：老年人个人特征和政府购买居家养老服务满意度有相关性

H2a：老年人收入对政府购买居家养老服务满意度有显著的负向影响

H2b：老年人年龄对政府购买居家养老服务满意度有显著的负向影响

H2c：老年人身体健康状况对政府购买居家养老服务满意度有显著负向影响

3. 老年人生活环境对政府购买居家养老服务满意度的影响

在社会支持理论中，个人的发展离不开社会环境的帮扶，个人可以通过来自社会环境的支持和帮助，保持生活积极性，获得身体健康和心理健康。对于身体和精神逐步走向衰老的老年人而言，来自社会环境的支持帮助则更为重要，是其重要的精神支持来源。对于政府购买居家养老服务的具体领域而言，服务受众老年人的满意度也受到其社会环境的影响。而接受政府购买居家养老服务的老年人更多常年居住在社区的家中，对社会环境中家庭、亲友和社区依赖性较强。因此依据社会支持理论，结合老年人的特征和政府购买居家养老服务的特性，将老年人接受的社会环境帮扶定为生活环境支持，主要来自家庭、亲友和社区的精神上和物质上帮助，而且相较于物质帮助，精神帮助更为重要和常见。

学界现有研究从侧面揭示了老年人生活环境与政府购买居家养老服务满意度的关系。颜秉秋等通过研究居家养老服务满意度，利用结构方程方法，构建了满意度影响因子模型，并通过实证研究，发现在居家养老服务

---

① 张国平. 地方政府购买居家养老服务的模式研究：基于三个典型案例的比较［J］. 西北人口，2012（06）：74–78.

② 蒲新微，孙娇娆，党宇菲. 年龄结构、养老服务需求与服务满意度——基于万份数据的实证调查［J］. 吉林师范大学学报（人文社会科学版），2017（04）：67.

领域中，影响老年人满意度最重要的因素，是自家庭、亲友和社区的支持帮助。[①]高辉等通过实证研究，发现在个体特征、区位特征、邻里关系、家庭特征等影响因素中，邻里关系对老年人居家养老满意度的影响更为重要。[②]也有学者在对老年人进行调查研究中发现，相较于生理健康、心理健康、老年人活力等，老年人拥有的子女数量以及子女关怀程度，对老年人生活满意度的影响最为重要。在现在的政府购买居家养老服务中，更加注重物质服务项目的提供，忽视了老年人的精神慰藉需求。但是随着经济发展，老年人对精神慰藉需求逐步上升，老年人能否从生活环境中获得精神帮扶，对政府购买居家养老服务满意度有重要影响。因此，笔者提出补充假设如下。

H3：老年人生活环境与政府购买居家养老服务满意度有相关性

H3a：精神情感支持对政府购买居家养老服务满意度有正向影响

H3b：物质层面支持对政府购买居家养老服务满意度有正向影响

（四）变量测量

1. 测量满意度

在顾客满意理念导向下，满意度实质上是评价主体对客体的主观感受评价，其中感知质量与期望质量的差距大小直接影响到满意度的高低。具体到政府购买居家养老服务领域中，老年人的满意度则揭示了老年人享受服务的水平以及对此的主观感知。虽然在政府购买居家养老服务满意度研究中，并未形成统一成熟的测量指标和量表，但是学术界和政府也有一定研究。有学者从多方面构建政府购买居家养老服务满意度指标，主要有三个维度，包括服务感知质量、养老服务组织和政府部门与政策。也有学者在构建政府购买居家养老服务满意度指标中，主要研究服务内容、质量和工作人员服务态度。宁波市在《关于开展城市社区居家养老服务工作绩效评估的通知》中，专门将公众满意度作为一个评估维度，主要考察享受服

① 颜秉秋，高晓路，袁海红. 城市社区老人居家养老满意度的结构方程模型［J］. 中国老年学杂志，2015（21）：2.

② 高辉，谢诗晴. 老年人居住满意度研究基于社区居家养老服务设施发展［J］. 中国房地产，2017（21）：34.

务的老年人,对服务时效、质量和态度的满意度。

在整个政府购买居家养老服务过程中,共有供给、生产和消费三个环节,是一个涉及政府、供应商和老人的多元主体活动。其中,因为老年人的实际情况,居家养老服务也具有无形性、不一致性、不可分割性等特点。因此,对于设计政府购买居家养老服务满意度的测量指标,考虑到老年人的实际情况和主观感受,结合服务购买过程与具体特点。在借鉴学术界研究成果和政府实践经验基础上,笔者将政府购买居家养老服务满意度的测量分为可靠性、响应性、有形性、移情性等四个指标。各个维度的内涵如下:(1)可靠性:相信养老服务供应商,可以及时精确履行服务承诺的能力。(2)响应性:养老服务员工可以快速识别养老需求,及时提供养老服务。(3)有形性:养老服务供应商提供的工具设备,以及其工作人员的专业知识,具有专业服务能力。(4)移情性:服务提供商及其工作人员可以与老年人有效沟通,提供个人定制服务套餐,满足个性化需求。基于此,笔者设计的政府购买居家养老服务满意度测量量表如表5-1。

表5-1 满意度测量量表

维度	组成项目	顺序号
可靠性	相信居家养老服务中心可履行承诺	1
	相信居家养老服务中心提供服务的效果	2
响应性	居家养老服务中心总能快速识别养老需求	3
	居家养老服务中心总能及时提供服务	4
有形性	居家养老服务中心设备齐全且现代化	5
	居家养老服务中心工作人员具备专业能力	6
移情性	居家养老服务中心可以提供个性化服务	7
	居家养老服务中心工作人员给予我个别的关怀	8

2.服务质量的测量

在政府购买居家养老服务质量的测量中,学界多沿用服务质量的测量方法。费逸在构建社区居家养老服务质量的评价模型,同时参考

SERVQUAL 和 SERVPERF 两种方法。[①]虽然这种测量方法借鉴国外较为成熟的量表，但是并没有综合考虑政府购买居家养老服务本身的特性，以及老年人的个性特征。因此，基于上述学者对服务质量的研究，笔者结合具体服务项目，从医疗卫生服务、精神慰藉服务、生活照料服务等三个服务项目维度，结合 SERVQUAL 量表，研究可靠性、响应性、有形性、移情性四个维度（如表5-2）。

表5-2　政府购买居家养老服务质量测量量表

维度	组成项目	顺序号
医疗服务	提供的医疗卫生服务效果良好	1
	及时获得所需的医疗服务	2
	医疗服务设备齐全且医护人员专业水平高	3
	根据老年人情况制定医疗方案并给予个性关怀	4
精神慰藉	精神慰藉服务项目可带来愉悦、幸福感	5
	可及时获得所需的精神慰藉服务	6
	有完善的休闲娱乐设备且工作人员态度和善有耐心	7
	工作人员根据我的需求给予个别关怀	8
生活照料	居家养老服务中心提供的生活照料服务满足需求	9
	能够及时获得所需的生活照料服务	10
	生活服务人员服务态度好且专业素质高	11
	能够提供定制化生活服务套餐，自由选择服务项目	12

3. 老年人生活环境的测量

在社会支持理论中，对不同性质的社会支持进行了划分，包括受到他人尊重和称赞的情感支持、给予个体忠告和指导的信息支持、与人交往受人接纳的友谊支持、提供财力和物质帮助的工具性支持。因此，基于社会支持理论对不同支持活动的划分，在政府购买居家养老服务中，服务对象老年人的生活环境，主要是来自家庭、亲友和社区提供的情感精神支持

① 费逸. 居家养老服务满意度研究——以上海市为例[D]. 上海：上海交通大学，2009：34.

活动，包括关心关怀、沟通交流、理解爱护、指导忠告等。总之，老年人生活环境可以通过两点来测量：一是精神情感支持，包括情感支持和友谊支持，主要是来自子女、亲友和社区的关心关爱，以及子女、亲友与老年人共享时光；二是物质层面支持，包括信息支持和工具性支持，主要是子女、亲友和社区对老年人各种行为活动提供具体建议和实质帮助，以及子女对老年人提供物质帮助。

4.老年人个人特征的测量

基于对以往文献的梳理，在众多老年人个人特征中，老年人收入、年龄和身体健康状况较为重要。受限于实际调研情况，在个人特征变量中并未分析性别、文化程度、职业、居住情况等对满意度的影响。主要分析老年人收入、年龄和身体健康状况对满意度的影响。

根据学界现有研究，老年人个人特征中年龄的划分一般以实际年龄为主，收入一般以养老金或退休金为依据，身体健康状况以能否自理为划分标准。因此，笔者参照以往研究，主要从实际年龄、实际退休金或养老金和身体能否自理方面，对老年人个人特征加以测量。

二、我国政府购买居家养老服务的综合评价

综合评价主要对不同城市和不同社区的政府购买居家养老服务质量进行分析和比较，比如，N市、J市两市5个社区的政府购买养老服务质量如何，二市在服务设施、安全性、关心性、回应性、供给需求匹配度以及有效性方面进展如何，以及较早开展政府购买居家养老服务的N市的居家养老服务质量是否高于开展时间较晚的J市？回答这些问题需要对政府购买居家养老服务质量进行综合评价。

综合评价的方法有多种，如综合评分法、层次分析法、数据包络法、模糊综合评价法、功效系数法、因子分析法等。本书采用因子分析综合评价方法，因为该方法能以最少的信息丢失把纷繁复杂的多个原有变量浓缩为少数的几个公共因子，能够基本保留原始信息且不需要额外确定权数，涉及的主观因素较少。运用因子分析进行政府购买居家养老服务质量综合评价因子主要有五个步骤。第一步，对研究的样本是否适合做因子分析进

行研究。第二步，提取公因子，即将政府购买居家养老服务质量评估的原有变量综合成少数几个公因子；第三是使因子具有命名解释权；第四是计算各样本的因子得分；第五是对政府购买居家养老服务质量进行综合评价。需要指出的是，由于各社区服务接受政府购买居家养老服务的老年人数量不同，要对比各城市、各社区的政府购买居家养老服务质量情况，需要对各城市、各社区质量综合得分取均值，即在计算出各城市、各社区质量总得分后，分别除以该城市、该社区的老年人数量，得出每位老年人的质量得分。评价过程包括：（1）因子分析的适用性检验和提取公因子；（2）公因子命名和计算因子得分；（3）计算综合得分。因篇幅所限，评价的具体过程在此处简略。

根据评价过程对评价结果进行分析，主要分析两个方面：（1）不同城市服务质量的分析和比较，根据N市、J市两市的政府购买居家养老服务质量综合得分，对N市、J市两市的服务设施、有效性、关心性、回应性、安全性、供给需求匹配度以及综合质量等进行比较。（2）不同社区服务质量的分析和比较，根据N市、J市两市X个社区的政府购买居家养老服务质量综合得分，对N市、J市两市X个社区的服务设施、有效性、关心性、回应性、安全性、供给需求匹配度以及综合质量等进行比较。

通过N市、J市两市各社区评估结果反映了政府购买居家养老服务质量存在的一些问题，如，服务设施（日间托老所、老年人活动室、健身室、棋牌室、图书室等）建设和使用宣传不足，服务过程的回应性、关心性不足，服务需求的满足率低等，为提升政府购买居家养老服务质量提供策略依据。

三、政府购买居家养老服务质量提升策略

（一）提升政府购买居家养老服务质量

政府购买居家养老服务满意度是服务对象即老年人主观感知的结果，而其最直观感知的内容就是服务质量。根据前文数据分析结果可以看到，在服务质量中，虽然精神慰藉服务对政府购买居家养老服务满意度的影响不显著，但是医疗卫生服务和生活照料服务对政府购买居家养老服务满意

度的影响还是呈显著正相关。由此可见，服务质量还是直接影响到政府购买居家养老服务满意度，优化服务质量，能有效提升政府购买居家养老服务满意度。但是提升服务质量是一个复杂的系统性问题，特别是具体到政府购买居家养老服务领域。为更好提升政府购买居家养老服务质量，需要从政府购买居家养老服务整个过程入手，包括供给、生产和消费三个环节，而三个环节对应的主体分别是供给者政府、生产者企业或非营利组织以及消费者老年人。在提升政府购买居家养老服务质量中，占据主导地位的政府有主要监督责任，生产者企业或非营利组织负责执行落实，消费者老年人也应有效表达养老需求和及时评价服务质量。因此，笔者将从供给者、生产者和消费者三主体视角切入，考虑老年人收入对满意度的正向影响，结合具体服务项目医疗卫生服务和生活照料服务，提出优化政府购买居家养老服务质量的具体对策。

首先，供给者政府占据主导地位，为更好保障政府购买居家养老服务质量，应充分发挥监督作用。对此，政府可以从三个方面加强监督：第一，完善政府购买居家养老服务评估体系，对服务内容、服务标准、服务数量等详细规定，并设置科学合理可量化的评估指标加以评估，便于对服务质量进行考核，从政策上保证服务质量。第二，建立专门的监督管理小组，对政府购买居家养老服务履行监管职责。基于科学合理的政府购买居家养老服务评估体系，对服务质量进行评估，针对其存在的问题，提出专业性指导意见，督促服务提供者加以改进，更好提供服务。第三，针对政府居家养老服务质量，不仅要落实政府内部监督，也要加强社会外部监督。在内部监督方面，为保证政府购买居家养老服务的运行，存在多个监管部门，包括日常监管的民政部门、考核项目给付资金的财政部门、专门的审计监察部门等，不同监管部门负责不同的监管内容，需要协同合作，共同完成监督管理工作。此外，单靠政府内部监督是不够的，还需要依靠外部监督，将服务对象老年人和社会力量引入到监督主体的范畴中，在有效表达各方利益诉求之外，也可有效规范政府和服务提供者的行为，优化服务质量。总之，以监督保障服务质量的底线，并在此基础上，促使服务质量加以提升。

其次，作为政府购买居家养老服务的直接提供者，生产者企业或非营利组织应当以老年人需求为基础，结合具体服务项目，优化服务质量。并且根据数据分析结果，具体服务项目应以医疗卫生服务和生活照料服务为主。医疗卫生服务质量对政府购买居家养老服务满意度促进作用最为明显，为更好地向老年人提供全面的医疗照料，服务提供商一方面与三甲医院和社区医疗机构合作，建立一支专业性的医疗服务队伍，为老年人提供有效可靠的医疗服务；另一方面，老年人因年纪过大，身体不便，服务供应商在提供医疗卫生服务时，不仅设置固定的医疗卫生服务点，还应提供定期上门医疗服务。在最基础的生活照料服务方面，工作人员大多学历不高。为保证服务质量，需对工作人员进行专业性培训，使其在完成本职工作的同时，保障服务态度。根据数据分析结果，可以看到在老年人个体特征控制变量中，老年人收入对满意度有正向影响。因此，针对收入不同的老年人，服务供应商应提供定制化服务，满足日益个性化、多元化的养老需求。并且在基本养老服务项目之外，为高收入的老年人，开发新型高端养老服务项目，全方位提升政府购买居家养老服务质量。

最后，在政府购买居家养老服务整个提供环节，也离不开老年人的互动参与，因此，在提升政府购买居家养老服务质量时，老年人也是重要的参与主体之一。为优化服务质量，老年人应当从以下两方面做起，一方面在供给者政府和服务提供商对老年人养老需求进行前期调查时，老年人应积极配合，充分表达养老需求。这是政府和服务供应商制定服务项目的基础，也是优化服务质量的前提；另一方面，作为服务的最终消费者，老年人对服务质量有最直观的感知，可对服务质量进行真实有效的评价，以此作为改进服务，进而提升服务质量的重要依据。因此，老年人需担负起对服务质量进行评价和监督的责任，积极参与到监督主体行列中，配合政府或服务供应商组织的服务满意度调查或访谈，发挥外部监督作用。

（二）改善老年人生活环境

根据社会支持理论，个人的发展离不开社会环境的支持帮助。个人可以通过社会支持，获得身体健康和心理健康，从而生活满意度得以提高。具体到政府购买居家养老服务领域，服务对象老年人也离不开社会环境的支持帮助，而老年人更多常年居住在社区的家中，家庭和社区营造的生活环境对老年人尤其重要。这一论点经过前面数据统计分析得到了验证，根据回归分析结果，生活环境中精神情感支持和物质层面支持均与老年人满意度，呈显著正相关。因此，在以家庭为基础、社区为依托的政府购买居家养老服务中，老年人对政府购买居家养老服务的满意度，受到家庭和社区为老年人营造的生活环境的正向影响。改善老年人生活环境，可有效提升老年人对政府购买居家养老服务的满意度。而在改善老年人生活环境中，老年人依赖的家庭和社区应发挥积极作用。

改善老年人生活环境，保障老年人身心健康，是提升老年人对政府购买居家养老服务满意度的重要环节，在此过程中，家庭担负着主要责任。首先，家庭成员应当多与老年人沟通交流，定期看望老年人，关注老年人的思想动态，重视老年人心理健康，满足老年人的精神慰藉需求。其次，家庭成员应多鼓励老年人开展社交活动，拓宽人际关系网。使老年人在社会交往活动中，参与多样的文娱活动，丰富精神世界，并在此中继续发挥自我价值，减轻家庭和社会负担，这都可提升老年人对政府购买居家养老服务的满意度。最后，考虑到老年人收入对政府购买居家养老服务满意度的正向影响，家庭成员应给予老年人足够的物质支持，使其多种养老需求得到物质保障，这是提升老年人满意度的重要前提。

因为老年人常年居住在社区的家中，所以改善老年人生活环境，也离不开社区的参与。为此，社区应从三个方面努力。首先要优化社区居住环境，为老年人提供健康的生活空间。社区居住环境是老年人生活环境的重要组成部分，其是否适宜居住，影响到老年人对生活环境的满意程度。对此，社区在规划中应适当增加绿化面积，保障足够的休闲绿地和户外活动空间，打造环境优雅、适宜居住的社区，保证老年人的居住需求。其次要加强社区老年人活动中心建设，为老年人开展社交和休闲活动提供场地。设施完善的社区老年人活动中心，可为老年人交友提供平台，满足其社交需求；并且老年人群可在此开展多种休闲活动，锻炼身体，舒展心情，实现自我价值。因此，社区要加强活动中心建设，满足老年人的社交和休闲需求。最后社区应积极开展各种文娱活动，鼓励老年人参与，丰富老年人精神生活，并最终改善老年人生活环境，提高其对政府购买居家养老服务的满意度。

（三）构建政府购买居家养老服务协同治理体系

政府购买居家养老服务是为满足老年人不同的养老需求，以政府为主导、家庭为基础、社区为依托、企业或非营利组织直接提供、并鼓励老年人参与，最终共同完成居家养老服务的提供。因此，为了发挥多元主体共同治理的优势，就要构建政府购买居家养老服务协同治理体系，整合资源，取长补短。才能更好优化政府购买居家养老服务质量，改善老年人生活环境，最终提升政府购买居家养老服务满意度。

一方面，要充分发挥多元主体协同治理的优势，构建协同治理系统，就要明确各主体担负的养老责任。在政府购买居家养老服务整个过程中，作为政策的制定者和服务的监督者，政府占据主导地位，不仅要在政策制定环节，制定服务标准和监督细则，更要明确各方责任；同时对服务提供商企业或非营利组织进行政策帮扶，促进其发展。还要在监督环节，对企业或非营利组织提供的服务进行评估，发现其存在的问题，并指导其改正，保证政府购买居家养老服务质量。企业或非营利组织作为服务的直接提供者，对服务质量担负着主要责任，不仅要根据老年人实际养老需求，提供多样化服务项目。还要配合政府和社区的工作，接受其监督，并针对服务存在的问题加以改进，不断优化服务质量，为提高老年人满意度而努力。社区要做好沟通各方的工作，一方面对有关政策进行广泛宣传，引导老年人积极参与，协助政策落实；另一方面，不管是在场地配合，还是人员协助上，都要对企业和非营利组织进行支持。家庭在改善老年人生活环境中有主要责任，应给予老年人足够的精神情感支持和物质层面支持，保证其身心健康。老年人作为协同治理系统中治理主体之一，应充分表达个人实际养老需求，并对企业或非营利组织提供的服务进行评价和监督，促使其不断优化服务质量。

另一方面，在政府购买居家养老服务中，为更好构建协同治理体系，各主体应该及时进行信息交换，加强沟通交流。其中，占据主导地位的政府应当定期与服务供应商进行沟通，在进行监督的同时，对其遇到的困难加以帮助解决，提供指导和政策性支持。同时，服务供应商应当积极接受政府的监督，包括对服务内容、服务质量、服务态度等的监督，并且对出现的问题积极解决，不断优化服务质量。并且，其也应主动向政府汇报项目进展，使政府充分掌握项目动态，更好予以指导和帮助。对于老年人来讲，应积极配合政府和服务供应商对于服务的回访，表达建议。在此过程中，社区也是连接政府、服务供应商、老年人及家庭的桥梁，为各主体沟通交流搭建平台。总之，在政府购买居家养老服务中，为更好构建协同治理系统，不仅需要明确各治理主体责任，还需要各主体互相沟通交流，这样才能协同合作，发挥协同治理的优势，优化服务质量，改善老年人生活环境，提升满意度。

（四）鼓励引导社会组织参与

居家养老服务生产者的工作表现以及基础能力对养老服务质量有着直接的影响。目前，有些省市居家养老服务生产者由于资金投入不足，政府部门对其认识不足等原因，导致养老服务机构中缺乏专业的护理人才以及管理者等人员匮乏，工作人员素质差距比较大，严重地影响了居家养老服务的质量。因此，要想更好地发展政府购买居家养老服务，需要加强对居家养老服务机构的扶持，为养老服务生产者提供一个良好的发展环境与空间，充分的考虑人员、资金、场地等问题，不断提高公共养老服务水平。

1. 简化注册程序

目前，居家养老机构在注册申请过程中，需要提供养老机构的能力证明，包括场地面积、床铺数量等，相关负责人的资料证明、资金来源、担保证明等，需要向当地民政部门提出申请，需当地政府部门审批合格之后方能够正式运营。在实际的注册过程中，手续比较复杂，审批比较难。在这种情况下，政府部门应该简化程序、降低标准，让更多的组织机构参与到公共养老服务之中。简化公共养老服务组织登记注册程序，不但能够更好地保证社会组织机构的独立性，还能够转变政府职能，体现为民服务的根本。

2. 加大扶持力度

在激烈的市场竞争环境下，社会公共组织机构面临着严峻地生存压力，居家养老服务处于初期发展阶段，要想扩大居家养老服务规模，需要政府部门加大对公共养老服务机构的扶持作用。首先，在土地规划方面，政府部门应优先考虑居家养老服务机构的申请，为公共组织机构提供土地基础；其次，政府部门应加大财政补贴，对符合要求的居家养老服务机构提供一定的资金补助，给予一定的专项补贴和运营补贴，保证居家养老服务机构的运作；最后，地方政府应对非营利居家养老服务机构实施免税政策，营利性养老机构降低税收。居家养老机构在运营过程中所使用的电费、水费、燃气费用等按照居家费用计算，以此加大对公共养老服务发展的扶持力度。

3. 扩宽筹资渠道

居家养老服务机构发展过程中，资金来源途径主要是依靠政府部门的贴补，资金供给远远不能够满足居家养老机构的发展需求。居家养老机构在创建过程中，要从多元化的角度出发，除了满足老年人基本的日常生活需求之外，还需要关注老年人的身体健康程度、精神慰藉情况。多样化的服务内容需要大量的资金支持，仅仅依靠政府部门的财政补贴无法达到要求，因此，需要对社会资源进行整合，扩宽资金来源，更好地实现多样化的养老服务。一方面，可以向企业申请融资。公共养老服务机构的建设，属于公益事件，地方政府应鼓励企业积极地参与公益事件，给予企业相应的表彰，有利于提高企业的知名度，增强当地居民对企业的忠诚度，对企业发展起到良好的宣传作用；另一方面，可以向社会公民进行资金筹集。采用众筹的方式，让广大公民积极地参与其中，为公共养老机构的发展捐助资金，以此更好地促进居家养老机构的发展。不断扩宽资金来源，为居家养老服务生产者提供资金支持，是保障养老服务体系完善的关键点。政府应不断鼓励企业单位以及个人踊跃地参与养老服务体系构建，不断发展非盈利性的养老机构的创建，满足地方政府越来越多的养老需求。

（五）加大政府财政投入

对于评价一个国家发展程度的重要指标之一就在于国家对于保障养老服务的支出多少，因为只有国家经济迅速发展，并且稳定增长，才能在一定程度上提高人民的生活水平，也才能更好地服务于社会，服务于广大老年朋友。尤其是对于老年人而言，政府在其养老服务经费提供中充当主要的角色，是经费的重要来源与保障，主要体现在政府必须取之于民，用之于民，对于此方面的支出，必须专款专用，同时保障其经费的及时性与稳定性，资金下拨时可以联系各个地区的实际情况具体安排，并可灵活进行调整，这样不但可以保证资金的顺利发放，而且还可以保证资金的正确使用。

众所周知，相对于我国在养老服务方面的投入来说，发达国家对此却是非常重视的，主要体现在其对于此方面的投入逐年增加，并且不断提高其服务水平，力求其更加的完善与壮大，让更多的老年人享受到高质量、人性化等方面的服务。总的来说，我国政府也可以借鉴相关成功经验，从自身的经济实力情况出发，加大对此投入，当然，同时也需要不断拓宽资金的来源，比如说通过相关的宣传活动来吸引社会各界人士和相关团体的支持与帮助也是非常关键且非常可行的。

（六）优化受惠群体范围

在未富先老的实际情况与财政养老压力的双重背景下，实行普惠性的养老服务供给并不现实，而应根据服务对象的需求、个人基本条件、家庭基本状况等做出合理的综合评估。对不同层次的老年人合理划分，并分层分类提供相应的居家养老服务，合理设定划分政府的角色与责任，从而有利于在宏观上科学、合理地确定政府购买居家养老服务的规模和服务对象。居家养老服务需要对有需要的老人根据不同标准进行划分，我们需要对可以享受低偿、无偿居家养老服务的老年人进行条件界定。

政府提供的养老服务不是全能的，更多是为没有达到一定生活水平的老人提供基本的养老服务，这种服务可能是无偿或者低偿的。对于老年人的经济收入标准需要民政部门根据城镇居民可支配收入水平的标准来划分，一般可以分为低保老人、低收入老人和正常收入老人三类，低保老人和低收入老人是政府养老需要重点关注的对象。公平公正的原则是确定老人收入标准的关键，在这个过程中要排除权力寻租的可能，做到以事实为依据。衡量老年人身心健康的重要指标是生活自理程度、年龄和与子女居住情况。按照年龄来划分，可以划分出四个年龄段，60至70周岁、70至80周岁、80至90周岁、90周岁以上。与子女居住情况也是一个重要的标准，以此标准又可分为独居、夫妻空巢、与残疾子女居住、与健康子女居住。

从个人经济能力和自理能力两个维度来看，只有同时具备个人经济能力低下和生活自理能力欠缺的老年人，才能享受到政府购买的无偿居家养老服务。结合次要变量年龄以及与子女居住情况，还可以进一步优化受惠群体条件。年龄在90岁及以上且个人经济能力或自理能力有一方面存在欠缺的老年人，与残疾子女居住且个人经济能力或自理能力有一方面存在欠缺的80岁及以上的老年人，也能享受政府购买的无偿居家养老服务。将上述能够享受政府购买的无偿居家养老服务的老年人规定为一类受益者，不满足上述条件的60岁及以上的老年人为二类受益者。但我们还要考虑到各地政府财政水平不同、老年人年龄的分布比例不同、老年人健康程度不同，各地政府需要进一步扩大受惠群体范围。

第六章　政府购买居家养老服务的实证分析 —— 以W市为例

　　W市是我国中部六省中的一个省会城市，也是副省级特大城市。2020年W市常住在籍人口已增长至853.65万，60周岁以上的老年人达178.85万，占比高达20.96%；65岁以上的老年人口116.87万，所占比例为13.69%，老龄化程度高于我国的平均水平（11.4%）。可见，W市面临的社会养老压力巨大。因此，缓解人口老龄化压力，成为W市政府工作的重心。自2006开始探索政府购买居家养老服务以来，W市政府对此的重视程度逐年提高，并给了了大量的政策和资金扶持。截至2020年，W市成为中国第一批居家养老服务试点改革城市之一。W市老龄化问题严峻，政府购买居家养老服务历时已久，积累了一定的理论成果与实践经验，又因其重要的地理位置以及在我国经济、政治、文化中所处的地位，所以对W市政府购买居家养老服务进行实证分析或可对W市养老服务市场发展提供帮助，甚至可以为其周边地区在该领域的发展提供经验借鉴，从而为推动政府购买居家养老服务工作的顺利开展、为解决我国所面临的养老难题建言献策。

第一节　W市政府购买居家养老服务的购买方分析

一、政府购买居家养老服务的启动

　　居家养老是大部分老人首选的养老方式。从2013年2月底开始，W市对辖区内65岁以上老人进行了问卷调查，共发放问卷65万份，回收45万份，统计结果显示，选择居家养老的老人达到了84.7%，2.9%的老人选择了机构养老，选择日间托老的有12.4%。老年人口的持续增加，家庭养老功能的弱化，我国养老体制的不完善，大部分老人又倾向于选择居家养老，这几个方面的因素交织在一起，必将给社会生活的方方面面、特别是政府的工作带来巨大的压力与挑战。福利多元主义有关社会福利来源可以也应该多样化的论断，为政府向社会组织购买居家养老服务、由社会组织为居家养老老人提供所需的各种服务，也就成为应有之义。

2003年，W市率先在所辖社区设置空调纳凉点，为困难群众免费提供纳凉避暑服务，被称之为"纳凉工程"。每年的七八月份，W市的气温较高，W市政府为了解决困难群众的避暑问题，决定从2003年夏季开始，社区设空调纳凉点，当最低气温在28℃以上或最高气温达35℃时，纳凉点对外开放。纳凉点开放对象逐步由最初的困难家庭老人、低保户，扩大到重点优抚对象、空巢老人、无对象、残疾对象、农村"五保"对象、流动花朵、农民工及其他生活困难的群众。纳凉点内除空调外，一般还有冷饮食品、文化娱乐设施、防暑药品等供市民使用，此外还制定了相关安全制度，配有消防设备、消毒设备，并有专人管理。纳凉点的费用由市、区两级财政负担，一般通过补贴的形式发放给社区，这是W市政府购买服务的开始。"纳凉工程"自2003年起一直延续至今，这种特殊的购买方式也随之延续至今。

在"纳凉工程"这种购买方式中，虽有不少居家养老老人从中受益，但这并不算是真正的购买居家养老服务。W市正式购买居家养老服务是从2006年开始的，实施这一政策主要基于以下几方面原因。

首先，"全国养老服务社会化示范单位"创建活动的推动。2006年7月14至15日，在辽宁省大连市召开了全国养老服务社会化经验交流会，北京、上海、辽宁、山东、江苏等省市的政府、民政部门、老年福利机构分别介绍了养老服务社会化的经验和做法，时任民政部副部长的窦玉沛同志提出了深入开展养老服务社会化示范活动的号召[①]。依据这次交流会的部署，2006年9月25日，民政部发布了《关于开展"全国养老服务社会化示范

---

① 钟利平. 加大养老服务社会化推动力——全国养老服务社会化经验交流会在大连市召开 [J]. 中国民政, 2006 (08)：9.

单位"创建活动的通知》（民函〔2006〕292号）文件，指出："推进养老服务社会化，有利于服务党和国家的工作大局，全面促进小康社会目标的实现；有利于落实科学发展观，促进经济社会全面协调和可持续发展；有利于完善社会福利制度，促进社会福利由补缺型向适度普惠型转变；也有利于推动多种养老方式和服务方式的建立，进一步巩固、完善居家为基础，社区为依托，以机构为补充的养老服务体系。"①并确定了首批示范单位名单。因此，"全国养老服务社会化示范单位"创建活动的开展，为W市购买养老服务，特别是购买居家养老服务提供了一个契机与推动力。

其次，老龄化的压力。2003年，W市户籍人口数781.19万人，其中60岁及以上人数为94.5万人，占人口总数的12.1%；到2006年，W市60岁及以上老人数已首次超过100万，达到1030.13万人，占人口总数的12.59%，较2006年上升了0.49个百分点，超过人口老龄化10%的标准2.59个百分点，老龄化程度进一步凸显。在这种情况下，迫切要求政府对如何向这些老人提供适合的养老服务做出很好的规划。这是W市政府购买居家养老服务的客观需要。

再次，"4050"人员再就业的需要。社会上大量闲散的"4050"人员，也给社会生活带来了一定的压力，购买居家养老服务，就可以带动这部分人员的就业，从而既满足了老人居家养老的需求，又缓解了"4050"人员的就业压力。这就为政府购买居家养老服务提供的大量的人员支撑。

最后，W市"社区建设883行动计划"平台的铺设。2002年，W市的7个中心城区共计883个社区的社区划分工作全部完成，为了提升社区管理水平，满足市民的物质和文化需要，W市委、市政府发布了《关于进一步加强社区建设的意见》（W发〔2002〕15号）文件，提出要用3年的时间，推进"就业和社会保障、城市管理、社会治安综合治理、社会服务"等服务"四到社区"，将已有的883个社区建成"人民安居乐业的和谐家园"，这被称之为"社区建设883行动计划"。到2005年末，这7个中心城区的社区达到了895个，除去27个社区因需整体拆迁而单列外，其余868个社区均

---

① 关于开展养老服务社会化示范单位创建活动的通知[EB/OL]. http://www.qingdao.gov.cn/n172/n24624151/n24625835/n24625849/n24625863/120909004131184022.html.

实现了该行动的既定目标。W市"社区建设883行动计划"成功实施后，城市社区的功能也日渐完备，这就为开展购买居家养老服务提供了广阔的平台，也提供了一个很好的前提条件。

正是在这几方面因素综合作用的基础上，也为了促进老年福利事业的发展，W市正式开始了购买居家养老服务的实践与探索。

二、W市政府购买居家养老服务的购买主体

作为居家养老服务的购买主体，在这一养老服务体系的建立过程中，政府应发挥如下职能作用：推动相关制度的出台、落地和实施，建立科学的监管评价机制，保障居家养老服务政府购买的顺利实施。总之，政府作为居家养老服务体系中最重要的一个环节，是这一服务模式规范持续发展的重要保证。但是不同层级、不同部门的政府机构在具体的职责划分上又各有差异。

目前，W市政府购买居家养老服务的购买主体已经形成了比较完备的服务网络，主要有四个层级：市政府（包括市民政局、财政局、老龄委等）；区政府（包括区民政局、财政局、老龄委等）；街道以及社区。其具体职责划分如下：市民政局、市财政局主要负责开展政府购买居家养老服务的指导协调工作；区级民政部门主要负责居家养老服务信息公开、合同签订，承接主体的资格审核等事项；在街道建立的居家养老服务点，主要职责是为社区居家养老服务的顺利开展提供支持；社区主要负责管理老年人的需求调查、资格审核，对服务质量的监督考评等具体服务事项。

三、W市政府购买居家养老服务的政策与资金投入

（一）W市政府购买居家养老服务的发展规划

为了解决老龄化问题，推动W市养老服务模式的健康稳定发展，W市政府特别重视居家养老服务的建立，于2017年3月14日，出台了专门的发展养老业的规划文件，文件明确了W市居家养老服务发展的主要目标：W市计划到2025年，全市要建成全面的养老服务体系，并坚持以市场为主导，促进养老服务业的健康持续发展。W市政府又于2018年1月16日出台了一

份新的文件，文件中指出在居家养老服务中可以加入互联网的因素，充分利用互联网的优势，构建新型的居家养老服务体系，同时，文件对这一养老服务模式也做出了明确的规定：W市构建养老服务体系的下一步工作重心是大力推进"互联网+居家养老"模式，并计划到2025年在W市重要的社区建立82个嵌入式的养老中心（即借助社会力量在社区建设居家养老服务点，将社区原有的养老设施设备进行更新换代或升级改造，充分借助互联网等信息技术建立新型的养老中心）或辐射性的养老中心（指通过建成区域性的服务中心来为周边的居家老人提供服务）服务网点，逐步形成以"三助一护"为主要服务内容的"互联网+居家养老"发展新模式。

（二）W市政府购买居家养老服务的政策

近年来W市政府陆续出台了一系列文件，如，2013年的《市民政系统提升社区养老和居家养老服务工作实施方案》、2014年的《市人民政府办公厅关于加快推进政府向社会力量购买服务的意见（试行）》《政府为特殊困难老人购买社区居家养老服务项目实施方案》《关于优化社区居家养老服务中心（站）服务功能的通知》、2015年的《W市政府购买服务实施细则（试行）》、2016年的《关于进一步推进和完善政府为困难老人购买居家养老护理服务工作意见的通知》以及2017年的《关于印发W市居家和社区养老服务改革试点实施方案的通知》和《关于提升养老服务供给水平加快发展养老服务业的实施意见》。对居家养老服务的发展方向进行规范，从而使居家养老服务这一模式能够符合法律规范。这些政策文件、法律条规的出台，有效地助力W市政府居家养老购买服务，为其良性发展打下了坚实的基础。

（三）W市政府购买居家养老服务的资金投入

W市大力推动居家养老服务的发展，不仅在政策上给予大力倾斜，更是从资金上进行补贴，如W市政府拨付了50%的社会福利彩票公益金，用于支持居家养老服务。

W市政府为了发展居家养老服务，在财政上给予了大力支持，同时还设立了专门的财政预算，用于解决居家养老服务中出现的各种管理费、运营费等。除此之外，W市政府还设立了专门的财政补贴，用于对居家养老服务场地和从业者进行补贴。

1. 建设运营及保险方面

在居家养老服务中心的建设运营方面，2015年至2020年，W市总共投入了7 240万元，更是在2017年至2019年间，投资了4.74亿元，主要以财政补贴的形式来推动居家养老服务的发展，维护社区居家养老服务网点的运营，提升社区居家养老服务中心的服务质量。

为了鼓励社会组织积极进入居家养老服务市场，W市政府还为老年人群购买了场地意外伤害险。2015年至2020年，W市在办理养老服务中心场地意外伤害险方面总投入达470万元，2018年至2020年，W市政府按照2 000元的补贴标准对社区居家养老服务中心进行补贴。

2. 护理人员的补贴标准方面

为了保障居家养老服务健康稳定地发展，W市政府在运行居家养老服务时，特意设置了岗位补贴，凡是拥有国家养老护理员资格证的护理工作者，只要工作满两年，就可以获得与其证书等级一致的补贴。所有补贴资金全都由W市和各区财政负担。补贴金额根据证书等级不同，从500元到5 000元不等。另外，如果工作满三年，每位护理员还可以获得每月100元的补贴。

四、W市政府购买居家养老服务的购买内容

笔者在此将W市政府居家养老购买服务提供的服务分为了三类。

（一）生活照料服务

W市为居家养老服务对象购买的居家服务项目，主要有以生活照料为主的基础服务，以及以医疗保健、志愿服务等为主的专项服务两大类。具体购买内容见表6-1。

表6-1　W市居家养老生活照料服务内容一览表

项目名称	项目内容
生活照料类	老人可以得到饮食、洗浴、保洁和陪护等照料
医疗保健类	为老年人提供医疗康复、保健治疗、家庭护理等服务
志愿服务类	与志愿者团体建立联系，帮助老年人从社会获取公益性服务
其他	提供文化体育、法律咨询以及其他老年人需求的服务

（二）医疗卫生签约服务

W市从2015年7月1日起开始实施居家养老医疗卫生签约服务，市政府致力于医疗资源与养老资源的整合，为服务对象提供更加优质的医疗服务。凡居住在W市中心城区的年满65岁的老人都可以申请享受医疗卫生签约服务。符合条件的老人，可以选择居家附近的社区卫生服务点，与之签订医疗服务协议。签约老人在社区医疗中心就医产生的费用大部分由公共医疗经费负责，就医老人只需要负担基本的药费和上门费。具体购买内容见表6-2。

表6-2　W市居家养老医疗卫生签约服务内容一览表

项目名称	项目内容
基本公共卫生服务	给社区老人建立医疗档案；每年组织一次身体评估；为患有慢性病的老人进行定期检查
基本医疗服务	社区养老中心的会员，可以享受在社区医疗中心优先就诊的权利
上门医疗服务	社区养老中心的会员，如属于失独老人、身体不便行动、身患重病等特殊情况，可以申请上门服务

（三）场地人身意外保险

老人在社区、街道或农村的养老服务中心可以得到日常生活照料、心灵慰藉等服务，但是这些服务中心并非法人，不具备法人资格，而老年人属于高风险人群，发生意外的可能性较大，一旦意外发生，事故的权责划分等问题比较难处理，为了应对这项风险，W市、区财政共同出资，由政府为服务对象购买场地人身意外险。一旦老人在社区、街道或者农村的养老中心出现意外，就可以向保险机构进行索赔。政府通过购买保险的形式将风险转移给第三方来承担，让承接者在提供服务时免去了后顾之忧，很大程度上提高了居家养老服务工作人员的积极性，进一步推动了政府购买居家养老服务的发展。

第二节　W市政府购买居家养老服务的承接方分析

一、承接方的类别

在我国，政府购买公共服务的承接方一般用"社会力量"表示，包括营利性的企业和非营利性的社会组织。国务院办公厅《关于政府向社会力量购买公共服务的指导意见》（国办发〔2013〕96号）指出，承接政府购买公共服务的主体包括：依法在民政部门登记成立或经国务院批准免予登记的社会组织、依法在工商管理或行业主管部门登记成立的企业、机构等社会力量。①居家养老服务是公共服务的一部分，因此，符合条件的购买公共服务的承接方，都可以成为购买居家养老服务的承接方。

作为购买居家养老服务承接方的各类组织必须是独立的法人，并且能够承担民事责任。此外，购买居家养老服务承接方还必须具备提供服务所必需的设施、人员和专业技术能力，具有健全的内部治理结构、财务会计和资产管理制度，具有良好的社会和商业信誉，具有依法缴纳税收和社会保险的良好记录，并符合登记管理部门依法认定的其他条件。

社会组织又称"民间组织""非政府组织""非营利组织""第三部门""志愿者组织"等，泛指"在政府与企业之外，向社会某个领域提供社会服务，并具有公益性、非营利性、自治性、志愿性等特点的组织机构"②。在我国，"社会组织"这一概念在党的文件中正式使用，始见于2006年10月党的十六届六中全会通过的《关于构建社会主义和谐社会若干重大问题的决定》。而后，"社会组织"的概念在党的十七大、十八大报

---

① 国务院办公厅关于政府向社会力量购买服务的指导意见[EB/OL]. http://www.gov.cn/xxgk/pub/govpublic/mrlm/201309/t20130930_66438.html.

② 蒋昆生. 民政概论[M]. 北京：中国社会出版社，2012：75.

告中也被使用。

在我国，社会组织有狭义和广义之分。狭义的社会组织是指由各级民政部门作为登记管理机关并纳入登记管理范围的社会团体、民办非企业单位和基金会。由于历史的原因，我国原来对社会组织的重视度不够，对其实行特别严格"双重管理"，社会组织的登记注册与日常管理分别对应登记管理机关（民政部门）和业务主管单位（政府部门或政府部门授权的组织），任何一个社会组织只有先找到主管单位后，才能去民政部门进行登记备案，这样的登记管理制度，很大程度上扼制了社会组织的发展，制约了其应有功能的发挥，社会组织的发展异常缓慢，涉及的领域也比较单一。近年来，随着对社会组织重视程度的提升，我国社会组织也获得了快速发展，社会组织所涉及的领域也逐渐多样化，社会组织在社会生活中，也在政府购买公共服务（包括购买居家养老服务）中发挥着越来越重要的作用。

广义的社会组织除包含狭义的社会组织外，还包括以下三类组织：一是参加中国人民政治协商会议的人民团体，如工会、共青团、妇联、科协、侨联、台联、青联、工商联；二是由国务院机构编制管理机关核定、并经国务院批准免于登记的团体，如作家协会、宋庆龄基金会等；三是机关、团体、企业事业单位内部经本单位批准成立、在本单位内部活动的团体。人民团体和经批准免于登记的团体又合称为群团组织。

二、承接方扮演的角色

新公共管理运动的推动者都主张，在公共服务提供中政府应加强同私营部门之间的合作，在政府与私人部门和非营利组织之间要形成新的伙伴关系。公私伙伴关系，也逐渐成为政府向社会组织购买公共服务的代名词。因此，笔者认为，在政府购买居家养老服务的过程中，作为购买居家养老服务承接方的社会组织，不仅仅是购买环节（特别是在购买合同中体现的）和购买方相对应的"承接方"，更是政府向社会公众提供公共服务的合作伙伴。

社会组织之所以是政府的合作伙伴，是由社会组织的本质特征决定的。当然，这里也包含两个问题，即社会组织首先要存在，其次是与政府之间的合作。一般而言，社会组织的存在是存在"市场失灵""政府失灵""合约失灵"的结果的。依据古典经济学家亚当·斯密"看不见的手"理论，"自利"的个人在追求个人利益最大化的过程中，能够实现资源的优化配置，从而达到帕累托最优，政府的活动也就被限定在有限的范围之内。20世纪20年代，特别是美国经济大萧条之后，市场并非总能起作用，由于不完全信息、外部性、公共产品、垄断的存在等因素，市场无法高效率运转，帕累托最优即帕累托效率无法实现，这就是市场失灵。市场失灵成了政府干预经济的充分条件，罗斯福新政和凯恩斯主义都是运用政府力量矫正市场失灵的表现。自20世纪70年代西方国家出现"滞涨"局面后，人们意识到政府也并非总是高效率的，政府也存在失灵的可能，从此凯恩斯的"国家神话"破灭。布坎南（J. Buchanan）认为，政府失灵主要体现在政府政策的低效率和政府机构工作低效率等两大方面，政府机构工作低效率表现为缺乏竞争机制、缺乏降低成本的激励机制、政府机构自我膨胀、监督信息不完备和政府的寻租行为等五方面。①除了布坎南提到的五个方面外，政府失灵还存在于对公共物品的提供。由于公共物品具有非竞争性非排他性的特征，依靠市场是无法实现有效供给，因此，政府被认为是公共物品的最佳生产者。但政府在这方面也存在固有的局限，即"在民主社会中，它只能生产能够获得大多数选民支持的集体物品的种类和数量"②，因此不能满足相对而言少部分人（例如一国内某一地区的民众）对公共物品的需求，这也属于政府失灵的表现。社会组织具有非政府性、非营利性、自治性、民间性、志愿性和组织性等特征，这些正好可以弥补市场与政府的缺陷。美国法律经济学家将社会组织的存在归因于另外一种形式的市场失灵，并将其命名为"合约失灵理论"。该理论认为，在市场交换中，由于生产者与购买者之间就产品或服务的质量等问题存在信息不对称，这就使得购买者对生产者对其商品或服务的一些承诺不能作出准确的

---

① 转引自丁煌. 西方行政学说史 [M]. 武汉: 武汉大学出版社, 2004.
② [美]莱斯特·M. 萨拉蒙. 公共服务中的伙伴——现代福利国家中政府与非营利组织的关系 [M]. 田凯译. 北京: 商务印书馆, 2008: 41.

判断，从而导致买卖双方的契约无法达成，即造成合约失灵。这时候就需要有代理方，就购买方拟购买的商品或服务是否符合一定的质量标准等做出保证。由于企业是受利润驱动的，对购买方而言，由企业作为代理方显然会存在很大风险，而社会组织非营利为目标，因此更值得购买方信任。

市场失灵理论、政府失灵理论和合约失灵理论从不同角度解释了社会组织存在的依据，但用来说明在购买公共服务中社会组织作为政府的合作伙伴，则略显力不从心。对此，萨拉蒙（L. M. Salamon）提出了"志愿失灵理论"，并认为，"志愿失灵使得政府的行动成为必需，并使得政府对志愿部门的支持有着更为充足的理由"[①]。具体而言，社会组织的"志愿失灵"表现在四个方面：（1）慈善不足，即社会组织无法调动充足的资源用以提供足够的服务；（2）慈善的特殊主义，即社会组织"容易受到富人的特殊主义和偏爱主义的影响"；（3）慈善的家长式作风，即社会组织容易受到资助者的控制；（4）慈善的业余主义，即社会组织一般被认为使用业余的而非专业的方式提供服务。[②]尽管社会组织存在诸多固有的缺陷，但萨拉蒙认为，社会组织的弱点恰好是政府的长处，反之，社会组织的优势也正好对应了政府的缺陷：政府可以提供充足的资源，可以通过设置一定的程序克服特殊主义，可以通过权利抵消家长式作风，可保证专业化的服务；而社会组织也可以使提供的服务更具针对性，并且可以通过提供者之间的竞争提升服务的效率与质量，因此，社会组织与政府之间正好可以实现优势互补取长补短，二者相互取代是不可取的，二者加强合作才更有意义。[③]

当然，由于种种原因导致的我国社会组织发展"先天不足"的状况，在短时间之内很难从根本上消除或改观，这也就使得作为承接方的"社会

---

① ［美］莱斯特·M.萨拉蒙.公共服务中的伙伴——现代福利国家中政府与非营利组织的关系[M].田凯译.北京：商务印书馆，2008：41.

② ［美］莱斯特·M.萨拉蒙.公共服务中的伙伴——现代福利国家中政府与非营利组织的关系[M].田凯译.北京：商务印书馆，2008：47–51.

③ ［美］莱斯特·M.萨拉蒙.公共服务中的伙伴——现代福利国家中政府与非营利组织的关系[M].田凯译.北京：商务印书馆，2008：51.

组织是政府的合作伙伴"这一命题更多的是理论上或应然层面的。但无论如何，确立这样的理念，对促进政府购买居家养老服务中政府与社会组织（购买方与承接方）的合作，更好地服务于居家养老的老人，是非常有裨益的。

三、W市社会组织整体情况

W市社会组织的发展和我国社会组织的整体发展状况相一致。随着改革的深入推进，社会组织的作用也逐渐凸显，社会上对社会组织的态度也发生了很大变化，由原来的限制其发展，逐步转变为促进与引导社会组织的发展。特别是党的十八大之后，这一变化尤为明显。党的十八届三中全会后，民政部宣布，作为激发社会组织活力的一项措施，行业协会商会类社会组织、科技类社会组织、公益慈善类社会组织、城乡社区服务类社会组织等四类社会组织不再需要经由业务主管单位就可以直接向民政部门申请登记。其实，党的十八届二中全会通过的国务院机构改革和职能转变方案，以及随后的十八届三中全会《中共中央关于全面深化改革若干重大问题的决定》，都明确提出了要促进这四类社会组织的发展。有了前期的推动，民政部随后又予以正式宣布，也是水到渠成之事。无论如何，这将无疑为激发社会组织活力拉开了序幕。

在民政部所公布的这四类社会组织的基础上，2014年5月1日起，W市民政局结合W市、特别是W市社会组织发展的实际，又将不需要业务主管单位而可以向民政部门直接申请登记的社会组织名录增加了三类，分别是：社会福利类社会组织、文娱类社会组织和生态环境类社会组织。除这项举措外，W市在促进社会组织发展方面还进行了其他一些大胆的探索与尝试，如取消了行业协会"一行一会"的限制、降低了社会组织注册资金、允许商会异地登记、促进"政社分开"、建立"社会组织孵化园"等，进一步厘清政府、社会、市场三者之间的关系，促进、引导社会组织的发展，W市社会组织迎来了发展的春天。①

---

① 王志新, 张福先, 周钢, 赵样. 武汉社会组织迎来发展春天 [N]. 长江日报, 2014–12–15.

经过W市政府对社会组织的积极引导和大力扶持，目前已经有超过40亿元社会资金被纳入居家养老服务领域，并已组织和培育超过5 800家社会组织为老年人群提供全面的居家养老服务。同时，社会力量也参与到养老服务中来，已知由社会力量建立的养老院有217家、养老床位数3万余张。可见，社会力量正逐渐成为W市养老机构举办、养老服务提供的主体，在养老、助残、慈善救济等等方面发挥的作用越来越大。

第三节　W市政府购买居家养老服务的需求方分析

一、需求方概述及数据来源

对购买居家养老服务的需求进行研究，主要基于这样的逻辑：政府应该根据居家养老老人的需求，向社会组织购买精准的服务，即政府购买的服务项目应该以居家老人的需求为旨归。这也符合政府购买居家养老服务的本意。

由于受年龄、文化程度、健康状况、家庭环境、社区环境等诸因素的影响，老人会在居家养老、机构养老等方式之间做出不同的选择。即这一研究是将"居家养老服务需求"等同于对"养老方式"的需求与选择。而本书中所谈及的"居家养老服务需求"，指的是居家养老老人（已经将养老方式定位于居家养老），对具体的居家养老服务的服务项目（比如希望获得生活照料还是希望获得精神慰藉等）需求情况，以及对某一类的服务需求受哪些因素的影响等。本书研究居家老人对居家养老服务的需求，目的是为了探求不同类型的老人对居家养老服务项目的偏好情况，在此基础上，相关部门在购买居家养老服务时，就可为不同服务偏好的老人购买有针对性的服务，实现"精准"服务，这将在很大程度上提升居家养老老人的福祉。

为了了解居家养老老人对居家养老服务的需求状况，同时给政府购买居家养老服务提供决策依据，笔者组织了政府购买居家养老服务需求状况调查。此次调查的地点是W市C区。辖区面积87.42平方公里。C区下辖14

个街道，共179个社区居委会，2个村民委员会。除了区位因素，由于历史原因，C区的老旧社区比较多，老龄化比较严重。至2020年底，C区60岁及以上人数为22.76万人，在W市17个市辖区中居于第二位；60岁及以上人数占区总人数的20.82%，老龄化率在W市排名第7位。同时，C区也是2006年"全国养老服务社会化示范单位"创建活动的试点之一，相对而言，C区在购买居家养老服务方面取得的经验也比较丰富，具有一定的代表性。调查时采用了多级抽样（即多段抽样或分段抽样）的方法，首先从C区14个街道中选取4个（北部、南部各1个，中部老城区2个），再从北部和南部的两个街道分别随机抽取1个社区，中部两个街道随机抽取4个社区，共计6个社区作为目的社区，问卷的发放就在这6个社区进行。调查时，在征得相关社区居委会同意的基础上，在了解社区老人大体数量的前提下，依照不大于1∶30的原则，即平均至少每30位老人发放一份问卷，采用登门拜访与偶遇相结合的方法，共发放问卷300份。

二、结果分析

（一）样本基本情况

1. 性别、年龄、婚姻状况、文化程度

被调查者的性别、年龄、婚姻状况以及文化程度等方面的基本特征为：252名被调查者中，性别方面，男性女性之比为1∶1.23，和2016年W市60岁及以上老年人男女性别比1∶1.08（2016年末，W市60岁及以上人数为163.76万人，其中男性78.85万人，女性84.91万人）比较接近；年龄方面，以65至74岁为主（56.3%），85岁及以上高龄老人占5.8%；婚姻方面，以已婚且配偶健在者为主，比例为83.6%，有12.3%的老人丧偶；文化程度方面，中专／高中及上学历者占大多数（合计为63.8%），基本符合C区人群文化素质比较高的状况。

2. 老人子女及子女陪伴情况

从统计数据来看，被调查的老人大部分有两个子女（56.8%），没有子女的仅有1人（0.4%），最多的有5个子女（3.2%）。对于和老人一起居住的人数，问卷中设置的题目是："请问除您以外，您家现在与您常住在一起的还有人？"要求老人根据自己的实际情况进行填写。为了更清楚显示和老人一起居住的人数，在统计时将老人本人也计算在内。结果显示，被调查老人现在居住的家庭以2人、3人为主，分别为总体的23.1%和47.0%，还有5.7%的老人是独居生活。对于和老人一起居住的成员，统计结果显示，排在前5位的分别是配偶（35.6%）、儿子（32.4%）、孙子（女）及其配偶（19.4%）、儿媳（15.8%）、女儿（11.3%），其他如外孙子（女）及其配偶（8.9%）、女婿（5.3%）、曾孙子（女）及其配偶（1.6%）、曾外孙子（女）及其配偶（1.6%）、配偶的父母（1.2%）、兄弟姐妹（0.8%）、父母（0.4%）、其他亲戚（0.4%）、保姆（0.0%）等所占的比例均比较低。

对于子女的陪伴情况，则设置了一个生活情景予以考查，即问被调查者："当您购买日用品或看病需要人陪同时，谁会陪您去？"从统计结果来看，所给出的6个选项，被选择的比例从高到低依次是：子女（64.4%）、配偶（25.5%）、其他人（7.7%）、其他亲属（1.6%）、保姆（0.8%）、社工（志愿者）（0.0%）。因此可以说，在老人迫切需要家人的陪同时，有89.9%的老人有子女或配偶的陪伴。没有老人选择社工或志愿者，原因可能是，一方面，就关系的亲疏而论，老人有需要时能够有比较亲近的人陪同；另一方面，也有可能是，社工或志愿者的人数还相对较少，当老人出去看病或购物时，不能找到合适的社工（或志愿者）。具体是何种原因，还有待进一步论证。

3. 经济及身体状况

随着老年人年龄的增长，身体机能在逐渐下降，老人的劳动能力处于下降状态，这时候没有稳定而持续的经济收入，或收入的多寡，对老年人晚年生活的影响是非常大的。从这次调查的情况看，被调查的老人的月收入主要以1 000至1 550元和1 551至2 500元为主，收入在这两个区间的分别占到了总数的33.2%和25.6%，有近9%的老人收入在3 500元以上。当然，还应注意，被调查者中2.0%的没有收入，还有一成多一点（10.9%）的老人收入在1 000元以下。收入来源方面，退休金和其他家庭成员的供养是60岁及以上老年人的主要生活来源，从此次调查的统计结果看，八成多老人

（84.6%）的收入主要来自离退休收入，4.5%的老人收入源于劳动收入。离退休收入是老人们的主要收入来源，其他学者对W市的调查也显示，人们最希望通过养老金或退休金解决自己养老问题的比例占到了84.6%。就收入的来源看，问卷中还列示了"出售房屋收入"，也许由于这一项具有不可持续性，没有老人选择此项。

（二）政府购买居家养老服务的认知度与满意度

1. 政府购买居家养老服务认知度

政府购买居家养老服务在W市已开展了十余年，社会公众，特别是老年人对此项政策是否了解，或了解的程度如何呢？当问及"您是否知道政府购买居家养老服务这件事？"时，统计结果显示，购买居家养老服务的认知度还是比较高的，70.4%的被调查者都对此知晓，也说明W市C区这些年的购买实践已经深入人心。不过，仍然不知道购买居家养老服务的还有将近三成（29.6%），说明政府还有必要加强对此政策的宣传力度。当问及"您是否享受过政府购买的居家养老服务项目？"，统计结果显示，享受过的仅占15.8%，没享受过的占84.2%。享受过购买的居家养老服务与没有享受过的对比特别鲜明，前者还不及后者的四分之一，这一定程度上可以说明，目前武昌区购买的居家养老服务数量以及覆盖的范围还比较有限。

2. 政府购买居家养老服务满意度

C区老人对购买的居家养老服务以基本满意为主（42.9%），满意与非常满意之和还不足二成（19.4%），除了15.4%的老人对服务的感受说不清楚外，比较不满意与非常不满意之和竟超过两成（22.3%）。出现这样结果的原因，可能与调查的对象有关，在范炜锋等人的研究中，调查对象是接受过购买的居家养老服务的老人，而本书的调查对象中仅15.8%的老人享受过政府购买的居家养老服务，因为享受过服务的老人更倾向于对已经享受的服务做出比较高的评价。老人对C区购买的居家养老服务满意度不高的原因，在另外一个方面得到了解释。问卷中有询问被调查者所在社区是否有上门做家务、上门护理等10类服务，以及在过去一年中有没有使用过该服务的题目。对此，统计结果显示，老人们认为社区里有的服务项目，排在前3位的分别是：聊天解闷（55.5%）、上门做家务（51.1%）、老人服务热线（34.8%），其余的服务项目绝大多数老人都认为"没有"或"不知道"。而就是否使用过相应的服务而论，仅有"聊天解闷"和"老年服务热线"这两项服务使用的频率较高，分别为14.2%和10.5%，其余的均没有超过10%，甚至上门看病和帮助日常购物两项的比率均仅有0.8%。一方面是老人们对这些服务不太了解，另一方面是这些服务很少有人使用，因此，对购买居家养老服务的满意度自然就不会很高。

（三）政府购买居家养老服务需求分析

购买的居家养老服务必须要满足居家养老老人的需求，抑或政府购买一定要以居家养老老人的居家需求为导向，这是本书所秉持的一个观点。那么，老人们希望政府为他们购买什么样的服务呢？问卷中有这方面的题目："如果这些居家养老服务项目由政府来购买，您认为最需要购买的服务有哪些？"统计结果显示，四分之三的老人都选择了"医疗保健"，可见老人们对身体健康的重视程度，"身体是革命的本钱"，拥有一个健康的体魄不仅是年轻人的选择，也是老年人的追求，这一点在这里进一步得到了体现。排在第二位的是"日常照料"（70.0%）。日常照料服务和家政服务，也是相当一部分老人生活中所不能或缺的，这两项分别排在第二、三位。作为各居家养老服务中心（站）必有的项目，包含个人护理、量血压等内容的健康服务则排在了第八位。从自上而下（由多至少）的排序中，可以很容易知晓，购买这些居家养老的服务时，在一定的财力等条件的约束下，应该首先满足居家养老老人的医疗保健服务，然后是日常照料服务、家政服务等服务。

调查结果虽然能够直观地看出居家养老老人对居家养老服务的需求程度，但还存在一个问题，即一些服务之间的需求程度差异是不太大的，比如排在第一位的医疗保健服务和排在第二位的日常照料服务，二者仅差距5.3%，排在后几位的维修服务、法律服务和健康服务，之间的数字差异更小，因此，理论上能够分出的轻重缓急在实践中可能会存在执行的难度。

三、总结

在老龄化背景下，由政府为老人购买居家养老服务，是政府行使服务职能的重要体现，也是缓解人口老龄化所带来的压力的重要方面。但在购买时一定要注重老人的实际需求，即以老人的服务需求作为政府购买居家养老服务的切入点。老人的需求是多元化的，在诸多服务中，老人最需要的服务是什么？在老人的性别、年龄、身体健康状况等特征存在差异的情况下，老人对居家养老服务是否也呈现一定的差异性？这些都是首当其冲要予以解决的。

本部分通过对W市C区实地调查的数据，对居家养老服务需求有关的一些问题进行了探讨。首先，分析了老人对购买居家养老服务的认知度与满意度情况，就调查样本来看，购买居家养老服务的认知度比较高，超过70.4%的老人对购买都比较了解，说明C区通过近十年的购买实践，这项工作已经深入人心；应该是由于享受过这项服务的老人不是很多的缘故（被调查者只有15.8%的享受过政府购买的居家养老服务），对购买居家养老服务的满意度基本满意为主（42.9%），还有超三成的老人（33.7%）对此说不清楚或不满意。其次，在对前面问题进行分析的基础上，本部分重点分析了购买居家养老服务的需求问题。研究发现，老人们最希望购买的居家养老服务依次是：医疗保健服务、日常照料服务、家政服务服务、文化体育服务、精神慰藉服务、维修服务、法律服务和健康服务。

W市面临着加速老龄化、高龄化的巨大压力，通过以上对调查数据的分析，既可以检测目前老年人对购买居家养老服务的认知与满意情况，又检视了不同特性的老人对居家养老服务需求的不同偏好性，这应该有助于为老年人，特别是男性老年人、独居老人购买到恰当的、有针对性的、精准服务。

第四节 W市政府购买居家养老服务的经验、问题与建议

一、W市政府购买居家养老服务的基本经验

从2006年W市开始购买居家养老服务算起，到现在基本上已进行了15年。15年来，W市、各市辖区政府在实践中不断探索，在购买居家养老服务方面，走出了一条具有W市特色的做法。笔者将W市购买居家养老服务的实践经验概括为：政府为主导、社区为基础、社会力量为运作主体开展政府购买居家养老服务。

（一）以政府为主导推进购买居家养老服务

在家庭养老模式下，政府对德高望重者进行表彰，将"孝"作为选拔人才的一个重要标准；通过法律形式对"孝"进行宣扬、对不孝进行惩戒；为让家庭更好地照顾老人，还通过免租税、免兵役、表彰老人（授予老人荣誉官职、物质奖励等）等形式减轻家庭负担，这些教化宣传与具体措施，都对家庭养老起到了保障作用[①]，因此，国家的支持是家庭养老能够得以延续的必要条件，家庭养老实际上是国家的支持下的养老。居家养老是随着社会经济的发展而衍生出来的一种养老方式，在这种方式下，老年人居住在自己家中，接受来自家人、其他组织或个人的服务；政府购买居家养老服务，是将本由政府提供的服务交由社会组织向老人提供，但在这种方式的服务提供中，政府的作用也不可或缺。

1.提供政策保择

政府购买居家养老服务，实质上是一项政府行为，购买工作能否进行，以及进行的程度如何，一定程度上取决于政府是否对此重视、重视的程度如何。因为，无论如何，政府购买会涉及政府权力的划分与下放，政府如果不愿意做，政府购买居家养老服务也就是一纸空文。在公共服务供给方式转变（由政府直接提供转变为政府购买）过程中，W市政府对购买

[①] 张晖. 居家养老服务输送机制研究——基于杭州的经验 [M]. 杭州: 浙江大学出版社, 2014.

居家养老服务工作非常重视，一个重要的表现就是不仅遵照执行了上级机关的一些政策措施，当地政府还因地制宜地出台了一系列的文件，自上而下逐步推进，从而保障购买工作的顺利开展。

W市购买居家养老所依据的文件主要有：《国务院办公厅关于印发社会养老服务体系建设规划（2011—2015年）的通知》（国办发〔2011〕60号）、《省人民政府办公厅关于印发H省社会养老服务体系建设"十二五"规划的通知》（民政办发〔2012〕37号），在此基础上，W市、各市辖区政府又出台了一系列的文件、措施来推进购买居家养老服务工作。这些文件有的为如何推进政府购买居家养老服务提供了依据，有的则为推进购买提供了保障。

2. 提供资金保障

出台一系列的政策文件是推进政府购买的前提，购买居家养老服务的推进还离不开必要的资金支持。W市政府和区政府共同分担购买资金，分担的比例为1：1。这虽然在一定程度上加重了区级政府的负担，但资金来源于不同的部门，也一定程度上避免了由于一方资金不及时到位，购买无法进行的弊端。

也是按照同样的比例（1：1），市财政和区财政对社区居家养老服务中心（站）的建设和运营进行补贴。服务中心、服务站的建设补贴分别是10万元和6万元，但是如果仅凭这些建设补贴，是建不成服务中心（站）的。为了推进社区居家养老服务中心（站）的建设，对街道、社区其他社会力量建设的服务中心（站），C区还实行额外的补贴原则，以30万为限额，即总成本低于30万的，C区财政给予全部的建设经费；若总成本高于30万，则区财政给予30万元的建设经费，这就在很大程度上保证了居家养老服务中心（站）的顺利建设。

另外，自2013年起，W市政府新增了惠民项目资金，每个社区每年20万元。这项资金的具体用途由社区做主，实行实报实销的原则。这为社区解决与居民关系比较密切的、最现实的利益问题、居民最关的民生问题，也包括居家养老问题提供了便利条件。

（二）以社区为基础开展购买居家养老服务

居家养老服务是以家庭为基础，社社区为依托的，政府购买的居家养老服务的提供也必须以社区为依托。居家养老中的"以家庭为基础"，是指老人的居住地点，而购买居家养老服务中的"以社区为基础"，是指购买的服务项目是通过社区提供给居家养老的老人的，因此，在这一部分标题中"以社会为基础"和居家养老"以家庭为基础"这两个"基础"不仅不冲突，反而是相容的，都融入为老人服务之中。武汉市政府购买居家养老服务以社区为基础，包括两个方面的内容：社区居家养老服务中心（站）与社区工作人员对为老服务的确认。

1. 创新社区居家养老服务中心（站）等场所的运营与设立方式

目前W市的社区居家养老服务中心（站）主要有两种形式：公办公营和公办民营。公办民营，即是由政府出资兴建，由社会组织对社区居家养老服务中心（站）进行日常经营，由政府给予一定运营补贴的方式。实现社会化运营，本身就是一种创新。C区在W市率先进行了这方面的实践与试验。截至目前，在C区的14个街道，每个街道至少有一家社区居家养老服务中心是这种经营模式，共有6家社会组织参与进来。

居家养老服务中心（站）运营社会化，最直接的好处就是使居家养老服务项目的提供更加多元化。一般而言，由政府自己运营的居家养老服务中心（站）的服务大多是为居家老人、特别是到居家养老服务中心（站）的老人提供生活照料、家政等服务，绝大部分没有食堂，不能供老人在中心就餐，也不能为别的老人实施送餐服务，而由社会组织运营的居家养老服务中心（站），除了基本的服务项目外，还有供老人进行基本的身体检测设备以及其他一些康复护理仪器，可供老人随时进行身体状况检测；同时，这样的居家养老服务中心（站）一般都配有食堂，去服务中心（站）的老人中午不出服务中心（站）就可就餐，社区内的其他老人也可以通过电话等形式就餐，享受居家养老服务中也（站）的送餐服务。在社区居家养老服务中心（站）的人员配备方面，公办公营和公办民营的也有一定的区别。公办公营的社区居家养老服务中心（站）的工作人员属于政府的公益岗位，人员配备的原则是"居家养老服务中心（站）1至2个岗位纳入政府公益性岗位，按照老年人数量配备一定比例工作人员"，一般2至3人：正主任、副主任、其他工作人员，如果服务中心（站）有食堂，则还有一位厨师。因为人员少，也就无法实现专业化分工，如果举行较大型的活动，人员不足的情况就异常凸显。

比较而言，社会化运营的居家养老服务中心（站），在人才配备方面相对更加齐全，一家中心（站）一般有店长1人，服务专员2人，健康管理师1人，甚至还有信息专员、助餐员等。因此，他们提供的服务也更加专业化，甚至还可为一些特殊老人开设"家庭病床"，提供后续护理服务。和公办公营的居家养老服务中心（站）全部是免费的服务不同，公办民营的社区居家养老服务中心（站）都有低偿、市场化的服务项目。

2. 社区为老服务专员对服务进行确认

从W市购买居家养老服务的实际来看，即便不是作为购买主体的社区和街道，在购买过程中，也起了很大作用。为了更好地为老人做好服务，各街道、社区都有老人服务专员。他们和社区内的老人接触比较多，对老人的情况也比较了解，因此老人申请政府补贴时，他们首先要对老人的情况进行初步审核。另外，对于政府购买的居家养老服务，服务人员给老人服务结束后，一方面，服务组织将从老人那里换回的服务圈收集汇总之后，首先要到社区为老服务专员那里签字确认，而后才能到社区财政将服务券兑换成现金。在这一过程中，社区为老服务专员的地位举足轻重；另外，老人接受服务后，为老服务专员还要对这些老人进行回访，回访的形式可以是电话回访、入户回访等，询问所接受的服务质量，以此作为衡量社会组织服务效果的重要依据。

（三）以社会力量为运营主体实施购买居家养老服务

这里的社会力量不仅指承接居家养老服务的营利性质的企业、非营利性质的社会组织，还指为老人提供服务的志愿者。承接居家养老服务的企业与非营利组织是实施居家养老服务的最主要主体。由于在政府的购买合同中已对提供服务的种类、方式、结算方式等进行了规定，因此，这些组织是按照与政府签订的合同之规定为老人提供各种服务。

完全按照购买合同提供服务是最基本的一种类型，另外，一些组织为了组织的发展等目的，往往超越合同的范围，为老人提供更高质量的服务、更多样化的服务。比如承接居家养老服务中也（站）的组织，通过前面提及的公办公营与公办民营的居家养老服务中心（站）服务内容的对比可发现，在无偿服务项目方面，这两种类型的居家养老服务中心（站）实质上并没有明显区别。区别比较大的是，除了一般的无偿服务项目外，公办民营的居家养老服务中心（站）还会有低偿服务，甚至完全市场化的服务。在服务的动力方面，他们较公办公营的有更大大积极性与主动性。之所以有这样的效果，一个重要的原因是，他们必须要能得到社区内老人们的认可，只有老人们对他们的服务满意，他们运营的居家养老服务中心（站）才能持续运营下去。另外一个重要的原因是，在老人对他们服务满意的基础上，培养尽可能多的、能够接受他们的低偿服务，甚至能接受完全社会化的服务的老年人，以弥补运营成本（单靠政府的运营补贴是支撑不了居家养老服务中也的运营的），甚至在弥补成本的基础上，实现盈利。一句话，他们是营利为目的在为老人提供服务。

非营利性质的社会组织在承接政府的购买项目方面也表现出了极大的积极性。这一点，和公办民营的居家养老服务中心（站）有一定程度的一致性——让更多的老人能够真正接受他们的组织，为了以后能为老人提供更多的服务，他们只有让老人们对服务满意。另外，通过这样的方式，实现微利的目的（不是完全的营利），以使自己的组织的力量进一步壮大。还有一些义工组织，政府也向这些组织购买针对居家养老老人的义工服务，他们也是承接购买居家养老服务的重要主体。

还有一个很重要的主体，就是志愿者。志愿者投入到无偿服务的价值比捐款更重要。为居家养老的老人提供服务的志愿者有两类：在某一社会组织的组织下从事为老服务的志愿者，和在特定社区的组织下从事为老服务的志愿者。承接购买居家养老服务的社会组织会组织一些志愿者为老人进行生活照料、精神慰藉等服务。同时，一些专门从事志愿服务的社会组织，虽不是购买居家养老服务的承接者，也会主动发扬志愿精神，如高校的一些社团，青年学子们热情洋溢，他们会经常性地到居家养老服务中心

（站），或者在社区干部的陪同下到老人的家里，为老人做家务、培老人聊天等。

还有一部分志愿者是社区组织的。现在W市的每一个社区都组织了若干个志愿者队伍，这些志愿者都是社区内的居民，他们利用自己的闲暇时间，为社区的和谐，也为老人生活得更加幸福，无私地奉献着。社区一般会将志愿者分为紧急救助服务类和一般性服务类两种。为居家养老的老人服务，即属于一般性服务类，即便如此，这些志愿者为居家养老的老人所做的这些工作仍令人肃然起敬。

二、W市政府购买居家养老服务中存在的问题

W市的居家养老服务在市政府和各区政府的共同努力下，取得了不俗的成绩，得到了社会的一致认可。但是W市的居家养老服务要想获得更大的发展，也面临着很多问题。笔者主要从政府购买方、承接方、需求方三个方面来进行探讨。

（一）购买方存在的问题

1. 相关法律法规不够健全

居家养老服务购买政策体系的不完备、不健全，会在很大程度上影响其运行效果。W市的居家养老服务仍然处在初步探索阶段，与之相配套的有关法律法规还不成熟，有的只是各地政府的一些政策和规章，其合法性和合理性都还有待加强，文件也比较零散，缺少完备的制度体系作为支撑。具体表现在一些政策规定在操作细则方面不够具体、一些扶持政策在具体工作中不够适用等方面。

（1）缺乏具体实施政策的方法

对于政府购买居民养老服务方面的政策规定，由于仍在探索阶段，还没有形成切实有效的操作细则，仅在大概的发展方向、发展目标以及发展路径方面提供了指引，实际开展工作仍旧困难重重。往往在实际开展工作时，各项政策规定切实有效的执行是依赖于行政化手段的落实，如在养老服务的人才培育方面，政府有关文件已经提出鼓励各大专院校与用人单位合作开展订单式培养，支持高等院校开设相关专业，引进专业人才。这些

政策的出台，让居家养老服务从业者看到了行业的良好发展前景，但是仍然没有详细的可操作的行业标准。居家养老服务的推行难免会涉及众多人的切身利益、牵扯的行业众多，因此在开展实际工作时，如果没有政府引导各行各业各主体相互配合，那么很容易导致政策无法顺利开展发挥预期的效果。于是，政府一般采用临时性的行政任务的形式达成目的。

（2）扶持政策在现实工作中缺乏适用性

在实际工作中，一些扶持的政策存在并不适用的矛盾。以居家养老服务的场地来说，W市的居家养老服务用地大多是以租用民房和社区内的公共空间为主，而由于租期不定或者租金的变动，经常给养老服务的承接者带来额外的负担和压力，一定程度上也影响了居家养老服务的稳定性和安全性。但是查看W市现有关于居家养老服务的政策，政府只是对居家养老服务租用个人或机构的房屋做了5年内不变更土地使用性质的规定，这一规定对于居家养老服务来说作用有限，居家养老服务仍然面临着场地不稳定的威胁。

2. 政府购买力度有待加强

W市对政府购买居家养老服务的扶持力度虽然在不断加大，但是这种扶持力度的加大赶不上老年人口增长的速度，政府在财政上的投入和W市对养老服务的需求矛盾仍然巨大。政府购买力度有待加强的问题主要体现在服务覆盖范围较窄和服务内容不够丰富两个方面。

（1）服务覆盖范围较窄

当前，W市居家养老服务的主要使用人群是那些生活困难的老人。这里的生活困难指的是，主城区以及新城区城市户籍的老年人或老年夫妻月收入低于最低生活标准，新城区农业户口老人本人或夫妻月人均收入低于当年农村最低生活保障标准2倍。而W市有养老需求的老年人却远远多余生活困难的老人。目前W市政府提供的养老服务远远低于市场上对养老服务的需要，政府仍然需要在政策和财政上不断加大投入，使这一养老服务方式能够覆盖更大的范围，让更多的老人能够受益。

（2）服务内容不够丰富

在马斯洛的需求理论中，把人的需求分为了五类，包括生理需求、安全需求、社交需求、尊重需求、个人价值方面的需要。当前，W市的居家养老服务项目有助餐服务、医疗救治服务、心灵抚慰服务和最基本的家政服务。这些服务项目满足的只是马斯洛五大需求中的身体需求。但是现在老年人的物质生活已经非常富足，他们更需要精神层面的满足。随着社会的不断发展，老年人的需求不再仅仅局限于生理性，还会包括社会性的需求；对老年的关心不再只有物质上的帮助，老年人群的精神需求同样值得关注。另外在不同的居住环境，不同年龄层次的老年人群，他们的养老需求也是不一样的，不能一概而论。而现阶段，W市政府在居家养老服务方案的规划，主要考虑保障一部分困难老年人群的基本生存条件，明显是不足以满足他们多元化差异化的服务需求。根据2017年W市社会科学院与W市民政局联合展开，针对W市居家养老服务做了一次大规模的调查，调查显示，W市老年人对居家养老服务最大的需求是医护上门服务，其次是水电设施维修、清洁打扫、生理康复、送餐上门、代购等服务。W市政府结合当前互联网高度普及的现状，将居家养老服务与互联网融合，计划推行的"互联网+居家养老"的新型模式中，主要围绕"三助一护"（助餐、助洁、助医，远程照护）开展工作，并不满足老年人群最迫切的服务需求。产生这些问题的主要原因是因为政府财政资金有限，单靠政府力量难以承受巨大的养老压力，政府对老年人群的养老需求变化不敏感等，目前仅能以满足老年人群的基本生存条件为优先考虑。

3. 监督评估机制不够完善

政府购买居家养老服务必须有严格的监督评估机制，当前W市政府在购买居家养老服务时，在确保服务质量以及服务的规范化、标准化问题上比较困难，最主要的一个原因就是现在的监管评价体系不完善。笔者认为，W市政府居家养老服务的监管评价机制不完善主要是因为监督管理零散、评估反馈机制不够完善。

（1）监督管理零散

W市政府对于居家养老服务提供的过程、结果等监督主要依靠第三方评估机构进行监理。监管内容和途径等相关具体细则主要依托于政府购买合同来确定。第三方监管评估机构则是依据所签合同的条款，对居家养老服务的实施方案进行监管和考察，并按时地将考察评价结果反馈给政府部门。W市政府仅仅依靠第三方这一个评价监管主体，在监督评估过程中没有参考居家养老服务的其他各个参与主体，特别是没有征求社会公众的意见。整个服务提供过程还缺乏统一、长效的监督机制，监管过于零散，容易形成各自为政的局面。

（2）评估反馈机制不够完善

W市政府往往在开展监管服务的同时针对养老服务进行评估和反馈工作，政府向第三方的评估机构购买监督管理服务，第三方根据合同约定定期对居家养老服务的实施方以及各个社区的养老服务站点进行评估，并出具公平合理的评估报告，市级和区级政府则依据评估报告对居家养老服务的实施方和各居家养老服务站点进行评级，这一评级将直接决定上述两方是否获取各种财政补贴、政策扶持等资源。该政策给居家养老服务工作开展时如何进行服务的评估反馈工作提供了原则性的指导意见，但仍然没有提出具体在居家养老服务中如何划分信用评级、如何确定承接方是否具备服务供应的资格、如何确定评级结果与扶持力度、补贴金额之间的关系等问题解决的具体机制，导致在实际工作中往往还是由政府出面协调，专项问题专项解决，而非评估反馈机制直接确定。

（二）承接方存在的问题

1. 居家养老服务基础设施建设有待优化

社区是政府购买居家养老模式的主要执行主体，具有促进服务扩大覆盖范围、连接政府与公众的双重作用。W市的居家养老服务体系建设仍处于初级阶段，即还在规划统筹阶段，尚未出台细致的政策措施，更遑论落地实施了，无法发挥预期的功效。各项服务的配套设施都较为简陋，无法满足老年人群的现实需求。且边远城区与主城区的居家养老服务设施建设差距较大，大多数的社区服务的基础设施还不够完善，有待优化。

W市自2015年启动打造"10分钟养老服务圈"工程，截至2020年底，市民政为全市社区居家养老服务中心（站）配置符合老年人特点的文娱设备、图书室、健身康复器材等硬件设施，为191个城乡养老服务设施办理场地意外伤害保险。养老设施的统一配给为W市政府推动居家养老服务的发展奠定了较好的基础。但社区中养老设施闲置的问题比较严重，尤其是心理咨询类、医疗康复类的专业设施多因未配备专业人员等原因而处于闲置状态，使用率低，居家养老服务的特色类服务，如日托、配餐、"一键通"等服务也并未真正发挥作用。

2. 服务人员专业素质有待提高

当前，虽然养老服务需求巨大，但是专业的养老服务从业者却极为稀缺，并且从业者的专业素养相对较低，缺乏专业的培训。该问题源于目前公众、养老机构或企业对政府购买居家养老服务的认可度和知晓度不高、服务建设资金较少，另一方面，养老服务涉及大量护理学、心理学等多方面专业知识。当前W市社会组织中从事养老服务行业的人员往往是下岗职工，多数没有经过养老方面的专业技能培训，仅能简单的照顾老年人群生活，如洗衣做饭、打扫卫生等基本的生活帮扶。而拥有社会工作证书并从事养老服务行业的专业人士极少，养老服务是一项专业性较强的工作，缺乏专业技能的服务人员将会导致服务质量无法保证，降低老年人群对居家养老服务的信任。

形成居家养老服务人员专业素质不足的主要原因有以下两个方面：第一，W市居家养老服务发展起步较晚，居家养老服务领域的专业发展还不够成熟，人才储备也还不够；第二，居家养老服务工资薪酬不可观且工作社会认可度低导致专业人才的流失率较高。

3. 服务的提供不够标准化、规范化

在政府购买居家养老服务的竞标过程中，政府对提供服务的机构资质进行筛选时，最后是依靠竞价的方式，选择出一个出价最低的机构来进行的。所以在政府对居家养老服务进行招投标时，投标组织可以凭借宣传、包装及低廉的报价给其在竞争中带来很大的优势。由于没有对居家养老服务的质量、服务人员的素质有标准化、规范化的要求，一些价格低廉的中标服务机构就会在服务质量，专业技术等方面偷工减料，导致居家养老服务质量参差不齐，这就直接影响了整个W市居家养老服务的行业水平。

4. 社会组织的参与度有待提高

近年来，W市坚持以主体多元化、服务专业化、运行市场化为原则，多形式开展居家养老服务，积极探索市场化、社会化的居家养老服务发展道路，以加强居家养老服务领域中政府的购买力度，完善监督评估机制。W市政府一直坚持自己的主导地位，通过政策引导、加大资金补贴力度等方式整合社会资源。但是由于社会组织运营过于依赖政府的帮扶，自身能力又比较薄弱，承接W市政府购买居家养老服务的社会组织比起W市各类社会组织的总数（4 700个）来说，社会组织的参与度还有相当的上升空间。

（三）需求方存在的问题

1. 公众对社会组织缺乏信任

公众对社会组织存在不信任的状况，这就导致公众对政府购买居家养老服务的政策的参与度与接纳度都不高，一定程度上阻碍了W市居家养老服务的发展。公众一般对非营利组织不太信任，对不收费或收费低的项目有时会持怀疑态度。笔者总结了产生这些问题的两点原因如下。

第一，政府采购居家养老服务这一政策没有普及开来，大众对其缺乏必要的了解，社会公共服务由政府提供转为由其他社会组织，甚至是私人部门提供，公众受固化观念的影响会对政府购买居家养老服务产生怀疑。

第二，前几年关于非营利组织的一些负面事件及言论严重破坏了社会组织，尤其是非营利组织，在公众心目中的形象。

2. 老年人群对服务购买意愿不足

W市老年人群对居家养老服务的购买意愿不足。大多数老人都表示不愿意购买。笔者认为原因主要有以下两点。

第一，传统的养老理念导致部分老人无法接受新型的养老模式。这是因为我国根深蒂固的传统家庭观念的影响，绝大多数老年人还是希望在自己家中由家人子女照料养老。

第二，W市老年人群购买能力有限。购买能力有限。2017年W社会科学院与W市民政局联合开展的"关于W市居民养老服务需求调查"结果显示，老年人群平均退休工资普遍不高，42.1%受访老人的月均退休收入仅2 000至3 000元，月均退休收入水平5 000元以上的，仅占12.6%，加上收入来源比较单一，购买居家养老服务的能力因此受到限制。

3. 公众对服务缺乏监督意识

W市政府购买居家养老服务的科学、持续、健康发展必然需要一个健全完善的服务体系，作为对这一服务体系起到监管和督查作用的监管制度成为最重要的一个环节，建立完善的监督机制需要W市政府建立多元主体权责机制，公众使用者，是居家养老服务参与主体中的重要一环，公众监督也是我国服务型政府的必然要求。公众对居家养老服务的监督意识不足，未能很好地行使自己的监督权力，导致养老体系的发展受到阻碍。产生这个问题的原因主要有以下几点。

第一，公众与居家养老服务的相关主间尚未建立起经常性的、畅通的沟通机制，导致公众并不熟知自己的监督权力与义务。

第二，受我国传统观念的影响，"知恩图报"——享受服务的消费者并不会考虑行使监督权力，指出养老服务的不足之处。

第三，服务过程和服务效果监督反馈的匿名性较低，某些接受居家养老服务的老年人因担心自己的反馈会对其后续服务带来不利影响而选择沉默。

三、完善W市政府购买居家养老服务的建议

近年来，W市也在大力发展政府购买居家养老服务，但从整体来看，W市老龄化问题依然非常严重，W市政府购买居家养老服务仍然面临着很多挑战和难题。居家养老服务属于社会公共服务的范围，所以它能否健康持久地发展下去，很大程度上取决于国家的政策，以及财政上的支持力度，除此之外，还需要社区、社会组织以及老年人群等多种社会主体共同推进。这就要求政府主动挑起居家服务养老的大梁，将居家养老服务的各个主体都串联起来，推动政府法治和服务方面的建设，为居家养老服务的发展创造良好条件。虽然居家养老在中国已经提出有十几年的时间了，但是它的发展始终非常缓慢，政府作为这一养老形式的主导者应该为其发展提供政治、经济和社会上等方面的支持，为其创造良好的发展环境，让更多的社会力量参与进来，从而更好地发展养老服务。

（一）购买方的建议

1. 完善政策体系的建设

作为居家养老服务的主要参与者，W市政府应该明确自己在这一过程中的责任和义务，充分发挥职能作用，建立一个完善的居家养老服务体系。

（1）积极配合立法机关建立健全的法规

在相关法律尚不健全的情况下，W市政府应当依据居家养老服务发展的具体特点，结合自身情况，依法建立健全政府购买居家养老服务的地方性法律法规，积极配合武汉市立法机关开展相关工作。

（2）在法律允许范围内先行先试

W市政府可以根据具体问题、具体特点，在法律允许范围内自行制定相关的条例和办法，先行先试，促进地方性立法更科学、有效提供参考。重点要改变以往依靠行政主导实行的方式，促进居家养老服务更加制度化、规范化。

（3）合理范围内积极探索和实践

在当前法律法规尚未健全的情况下，W市政府应当在合理范围内积极进行实践探索，保障老年人的居家养老基本公共利益，并且从实践中总结出经验办法，为立法机关进一步健全相关法规提供现实参考。

2. 加大政府购买力度

形成W市政府购买居家养老服务的购买力度不足的主要原因是政府拨付财政资金不足与老年人养老需求过大的矛盾。政府购买居家养老服务作为一项长期福利事业，各方面都需要大量资金支持，如果长期依靠政府单向投入，必然会增加财政压力和负担。笔者根据走访调查获得的信息，参考国内外居家养老服务的建设经验，总结了W市政府筹措资金发展居家养老服务的两种方法。

（1）建立长效的财税机制

努力推动W市的经济发展转型，优化财政结构，保障W市财政收入的稳定，并利用政策引导，使财政支出向居家养老服务领域倾斜，如完善税收优惠政策，调整税收结构，合理利用福利彩票等公益资金，适当加大支持份额等方式。建立健康、长效的财税机制。

（2）建立多元化资金筹措机制

为了保证有充足的资金持续发展居家养老服务事业，政府需要积极拓展筹资渠道、创新筹资手段，保障资金使用效率，建立多元化可持续的资金保障机制，为W市政府居家养老服务的发展提供雄厚的资金保障。除此之外，W市政府还可以提供更多优惠的政策，加大对这些优惠政策的宣传力度，让更多的社会力量知道并参与到居家养老服务中来，使居家养老服务的投资范围更广。产业投入、彩票公益金、投资获益等都可以成为吸引资金的方式。另外，可以根据享受居家养老服务的老年人的经济状况，适当地对其收费。上述多种资金筹措方式，可以减轻政府的财政压力，从而保障政府购买居家养老服务的稳定发展。

3.完善监督评估机制

新公共管理理论主张高效、竞争，这就对政府购买居家养老服务的监管评估机制提出了更高的要求。如果要提高居家养老的服务效率，保障养老服务科学、有效的发展，就必须完善监督评估机制。现有条件下居家养老服务体系缺乏有效的监管评价体系，所以建立居家养老服务的监管评价标准势在必行，唯有如此，才能推动居家养老服务事业的可持续发展。

（1）建立多元主体权责机制

目前W市在对居家养老服务的监督评估方面，主要措施是由政府购买第三方监督评估机构服务，监督管理的重心全部放在第三方监督的一元化主体上。因此，W市应当畅通其他主体的监管渠道，促进外部监督与内部监督共同发展。建立多元化主体权责机制，发挥政府的引导作用，串联其他主体，建立相互监督、相互制约的动态监督管理机制。

（2）建立系统完善的质量评估标准体系

为了推动居家养老服务的可持续发展，W市政府需要重视居家养老服务质量和服务水平的提升，一套规范化、标准化的行业标准迫在眉睫。比如购买居家养老服务需要满足哪些条件、如何确定购买金额、发放的标准有哪些，明确核实服务对象的家庭情况、住所情况以及经济情况等多个方面的具体要求，评估的标准应当尽量具体且合理，评估的范围应当尽量广泛包括工作人员的评价标准、服务质量的评价标准、服务对象的满意度标准、指标服务的完成度标准等。

（二）承接方的建议

根据新公共管理理论，政府向公众提供服务必须要高效率和高质量，W市政府居家养老服务也不例外，理应做到高效率和高质量。W市居家养老服务的整体状况是服务能力较低，服务水平欠佳。作为居家养老服务的主体，W市政府应该采取措施对其进行刺激和引导，通过各种手段进行激励，大力发展与之有关的基础设备设施；不断培育专业能力强、职业素养高的居家养老服务工作人员；建立规范化和标准化的居家养老服务体系；推进居家养老服务社会化、市场化，以更好地满足W市老年人群的差异化养老需求。

1. 资源整合，优化基础设施建设

在政府购买居家养老服务体系中，社区应该充分利用其自身优势，对周边的社会资源进行充分整合，改善老年人的养老生活水平。如，将周边医院、社区卫生服务站等医疗资源进行整合，为社区内需要医疗护理服务的老人提供服务；充分调动社区和街道的空闲房屋、设备设施等，使其成为居家养老服务的坚实后盾；与周边大型连锁的商业企业、银行等机构联系，鼓励他们将服务网点引进老年社区，尤其尽量引进优质优量、安全可靠的餐馆，解决社区老年人的就餐问题；另外，积极寻求社会上那些与养老服务有关的机构和社会组织，与其展开合作，提高居家养老服务质量的专业性，将优质的养老服务引入居家养老服务体系中。

2. 推进专业化的居家养老服务人才培育机制

（1）建设居家养老服务专业化团队

政府可以制定明确具体的人才培养方案，建立健全人才培育体系。将专业化、职业化的人员培育与居家养老服务机构结合起来，建立长效畅通的人才输送方式。W市更是拥有本地各大高校的教育资源及拥有"七校联盟"等优势，政府可以发挥其引导作用，在养老服务机构和高校之间建立桥梁，以全日制的理论学习和非全日制的实践学习相结合的形式定期培育养老服务专业人才，使居家养老服务的理论与实践相结合，提高居家养老服务团队的专业化素质。

（2）保障相对稳定的居家养老服务队伍

引导居家养老服务科学、有效的可持续发展还需要从保障相对稳定的居家养老服务队伍着手：积极探索吸纳养老服务人才的激励政策，为养老服务行业的从业者提供与其工作付出相符的工资和待遇；从社会环境入手，使养老服务行业从业者得到社会的认可和尊重，使这一行业融入主流行业；定期开展培训稳步提高其职业素质和技能，提高已就业人员的稳定性，吸引人才长期投身于现代化养老服务事业建设等。

3. 推进居家养老服务标准化、规范化

居家养老服务要长久、可持续地发展，要建立一个高质高效的居家养老服务体系，就必须建立一套规范和标准的行业标准。政府应当引导居家养老服务根据老年人群的实际特点制定具体的实际的统一的行业服务标准和准则，对于社会组织提供的养老服务要更加细化明确，规范康复护理、生活照料、医疗保健等具体服务的内容和标准，如助浴时间以30至40分钟为宜，水温以37至42度为宜等，避免同一项服务的不同机构提供的服务内容与质量不同，从而改进养老服务过程难以把控、服务参差不齐的问题，进而提升居家养老服务的整体能力。

4. 融合多方力量，共同推进居家养老社会化、市场化

为推动政府购买居家养老服务健康有序的发展，政府应该引导社会资本以多种形式进入养老服务市场，培育更多能够提供居家养老服务的社会组织。具体方法可以参考如下两点：一是加大资金的支持力度，通过投入大量的资金，使社会组织得到发展；二是免费或者收取较低的租金为社会组织提供场地和设施设备，大大降低社会组织的各种负担，帮助其发展。上述两种方法可以有力地拉动社会组织，使其主动参与到养老服务中来。

无论是市场化的居家养老服务还是社会化的居家养老服务都离不开养老服务市场，所以必须要对市场进行激活。作为养老市场的主导者，政府应该积极推动养老市场的发展，优化市场的资源配置，为其提供一个开放、有序的市场环境，让更多的社会力量加入养老服务市场，最终达到提升养老服务质量、提升养老服务市场活力的目的。但是，政府的干预不可过度，不能打乱市场的规律，适度引导但不过分干预，努力打造公平公

正，规范有序的养老市场环境。

（三）需求方的建议

1. 提升社会组织公信力

要取得社会公众对居家养老服务的信任，必须得从社会组织本身着手，提高社会组织的服务人员的服务质量，当有了口碑之后，社会公众对社会组织的印象自然会改观。具体可以按照如下几点来做：第一，加强自身专业素质的培养，完善居家养老服务团队专业化、职业化的培育方式，打造专业度高、职业素质好的服务队伍。第二，定期对从业人员展开职业道德教育，提升整体职业道德素质，用优质的服务和高效的效率，赢得社会公众的认可。服务质量是社会组织获得公众认可的最重要一点，服务质量提高了，才能提升养老服务行业在社会公众中的形象，从而从根本上解决社会组织公信力不足的问题。

2. 提高老年人群对服务的购买意愿

（1）大力宣传政府购买居家养老服务

当前W市仍有大量老人由于传统观念的影响，或者因为对居家养老服务缺乏必要的认识，使其对居家养老服务缺少信任，以至于拒绝这一养老服务方式。政府应积极与居家养老服务机构建立长期合作伙伴的关系，运用其自身强大的资源整合能力，通过召开社区座谈会、走访居民群众等多种方式加强居家养老服务的宣传与普及，逐步改变老年人传统的生活理念，增进老年人对社会的认同感和信任感，促使老年群体逐步了解居家养老服务并参与其中。还可以建立相关的信息发布平台，举办政府购买居家养老服务听证会、对各大社区的居家养老服务相关信息进行介绍、公示等方式鼓励引导老年人群的参与。

（2）提高老年人群的购买能力

转变老年人群的消费观念，提高他们的购买能力是市场化居家养老服务的前提件。因此，政府可以通过提高老年人群退休收入水平、建立高龄津贴、提高W市老年人群养老金发放标准，通过加大各种补贴的方式来扩大居家养老服务的涵盖范围，提升老年群体的支付能力，改善老年群体的生活条件。

3. 积极营造有利于公众监督的社会环境

积极转变服务使用者的思维观念，鼓励公众对居家养老服务进行监督；多方位开启用者监督的渠道并建立健全的用者监督机制，明确消费者对于居家养老服务监督的权利及义务，方式和途径；建立完善的匿名监督机制，切实保障居家养老服务享受者的切身利益，打消他们行使权利时的顾虑；并针对公众监督提出的意见，科学地根据切实情况采用，让公众切实感受到公众监督的可行性与实用性借助公众的力量对居家养老服务进行监督，促进居家养老服务的良性发展。

总之，居家养老服务的不断深入推广取决于上下各级政府、机关、社区、群众对此的理解和认可，居家养老服务科学有序的发展有利于促进家庭和谐、社区和谐和代际和谐，会大力推进当下和谐社会的营造。作为主导者的政府需主动连接社会各方，打通各方的症结和壁垒，担负起顶层设计者的角色，为居家养老服务营造良好的政治经济以及社会环境，推动整个社会的进步。

参考文献

[1] [美]道格拉斯·C.诺斯. 制度变迁与经济绩效[M]. 上海: 上海三联书店,
1994.

[2] 姜向群. 对人口老龄化社会经济影响问题研究的回顾与分析[J]. 人口研
究, 2001(12).

[3] 熊必俊. 人口老龄化与可持续发展[M]. 北京: 中国大百科全书出版社,
2002.

[4] 陈茗. 日本老龄产业的现状及其相关政策[J]. 人口学刊, 2002(06).

[5] 党俊武. 老龄社会引论[M]. 北京: 华龄出版社, 2004.

[6] 魏权龄. 数据包络分析[M]. 北京: 科学出版社, 2004.

[7] 丁煌. 西方行政学说史[M]. 武汉: 武汉大学出版社, 2004.

[8] [美]N. 格雷戈里·曼昆. 经济学原理[M]. 北京: 机械工业出版社, 2005.

[9] 许福子. 中日老龄产业比较研究[J]. 社会福利, 2005(08).

[10] 郭沧萍, 姜向群. 老年学概论[M]. 北京: 中国人民大学出版社, 2006.

[11] 钟利平. 加大养老服务社会化推动力——全国养老服务社会化经验交流
会在大连市召开[J]. 中国民政, 2006(08).

[12] 陈昌盛, 蔡跃洲. 中国公共服务体制变迁与地区综合评估[M]. 北京: 中
国社会科学出版社, 2007.

[13] 娄峥嵘. 我国公共服务财政支出效率研究[D]. 北京: 中国矿业大学,
2008.

[14] [美]莱斯特·M. 萨拉蒙. 公共服务中的伙伴——现代福利国家中政府与
非营利组织的关系[M]. 田凯译. 北京: 商务印书馆, 2008.

[15] 王名, 乐园. 中国民间组织参与公共服务购买的模式分析[J]. 中共浙江省

委党校学报, 2008 (04).

[16] 郭强, 赵瑾、胡小云. 三标度改进方法及其在火炮采购方案评价中的应用 [J]. 系统工程, 2008 (26).

[17] 王名, 李勇, 黄浩明. 英国非营利组织 [M]. 北京: 社会科学文献出版社, 2009.

[18] 费逸. 居家养老服务满意度研究——以上海市为例 [D]. 上海: 上海交通大学, 2009.

[19] 师艳荣. 日本应对老龄化的措施及对我国的启示 [J]. 社会工作, 2009 (05).

[20] 郑苏晋. 政府购买公共服务公益性非营利组织为重要合作伙伴 [J]. 中国行政管理, 2009 (06).

[21] 范炜锋, 祁静, 薛明蓉, 郑庆, 甘筱敏. 政府购买公民社会组织居家养老服务研究——以南京市鼓楼区为例 [J]. 科学决策, 2010 (04).

[22] 王欢明, 诸大建. 基于效率、回应性、公平的公共服务绩效评价——以上海市公共汽车交通的服务绩效为例 [J]. 软科学, 2010 (07).

[23] 赵青. 我国社区居家养老模式的现状及问题浅析 [J]. 今日南国 (中旬版), 2010 (07).

[24] 吴洪彪. 美国和加拿大养老服务业考察报告 [J]. 中国民政, 2010 (07).

[25] 王伟同. 公共服务绩效优化与民生改善机制研究 [M]. 沈阳: 东北财经大学出版社, 2011.

[26] 孟茹. 美国非盈利组织管理对我国的启示 [J] 经济视角, 2011 (03).

[27] 王洁. 政府购买公共服务理论初探 [J]. 中国政府采购, 2011 (04).

[28] 李平. 美国老龄事业税收政策及启示 [J]. 涉外税务, 2011 (10).

[29] 祁峰. 城市社区养老服务的特点与作用 [J]. 城市问题, 2011 (11).

[30] 张同功. 我国养老产业融资支持体系研究 [D]. 北京: 中国社会科学院研究生院, 2012.

[31] 潘彬. 公共投资项目绩效评估研究 [M]. 北京: 中国人民大学出版社, 2012.

[32] 蒋昆生. 民政概论 [M]. 北京: 中国社会出版社, 2012.

[33] 齐海丽. 政府购买社会组织公共服务的现实困境与未来趋势 [J]. 中共天津市委党校学报, 2012 (06).

[34] 张国平. 地方政府购买居家养老服务的模式研究: 基于三个典型案例的比较 [J]. 西北人口, 2012 (06).

[35] 赵兴利. 论我国人口老龄化问题的应对办法 [J]. 环渤海经济瞭望, 2012 (09).

[36] 谢家瑾, 刘寅坤. 美国、加拿大社区养老考察调研报告 [J]. 中国物业管理, 2012 (12).

[37] 毛太田. 地方政府公共财政支出绩效评价研究 [M]. 北京: 光明日报出版社, 2013.

[38] 张瑞林, 王晓芳, 王先亮. 基于平衡计分卡的全民健身公共服务绩效评价 [J]. 成都体育学院学报, 2013 (01).

[39] 张旭升, 张孝廷. 服务投递者参与政府购买居家养老服务的动机、行动策略及政策建议 [J]. 西北人口, 2013 (01).

[40] 郁建兴. 德国社会组织的人才培养模式和经验 [J]. 中国社会组织. 2013 (03).

[41] 杜鹏. 中国老年人口健康状况分析 [J]. 人口与经济, 2013 (06).

[42] 常敏, 朱明芬. 政府购买公共服务的机制比较及其优化研究——以长三角城市居家养老服务为例 [J]. 上海行政学院学报, 2013 (06).

[43] 付波航, 方齐云, 宋德勇. 城镇化、人口年龄结构与居民消费——基于省际动态面板的实证研究 [J]. 中国人口·资源与环境, 2013 (11).

[44] 罗海平, 凌丹. 城镇化背景下进一步加强我国社会养老产业的发展的政策建议 [J]. 经济发展研究, 2013 (30).

[45] 肖云, 杨光辉. 我国社区居家养老服务人员队伍结构优化研究——以564名社区居家养老服务人员为例 [J]. 西北人口, 2013 (06).

[46] 李旭初. 我的老龄观 [M]. 武汉: 武汉大学出版社, 2014.

[47] 吴玉韶, 党俊武. 中国老龄产业报告 (2014) [M]. 北京: 社会科学文献出版社, 2014.

[48] 王向南. 中国非营利组织发展的制度设计研究 [D]. 长春: 东北师范大

学, 2014.

[49]魏中龙. 政府购买服务的理论与实践研究 [M]. 北京: 中国人民大学出版社, 2014.

[50]耿雅琴. W 社区居家养老服务供需研究 [D]. 太原: 山西财经大学, 2014.

[51]张晖. 居家养老服务输送机制研究——基于杭州的经验 [M]. 杭州: 浙江大学出版社, 2014.

[52]金晓彤, 崔宏静. 亚洲国家 "以房养老" 模式的经验与借鉴——以日本和新加坡反向住房抵押贷款为例 [J]. 亚太经济, 2014 (01).

[53]潘屹. 优化整合城乡资源, 完善社区综合养老服务体系——上海、甘肃、云南社区综合养老服务体系研究 [J]. 山东社会科学, 2014 (03).

[54]卓志. 加快现代保险服务业发展——学习新 "国十条" 的体会和认识. 工作论文, 2014 (10).

[55]李长远. 社区居家养老服务的国际经验借鉴 [J]. 重庆社会科学, 2014 (11).

[56]中国社会科学院财政与贸易经济研究所课题组. 推进财政支出领域的改革 [J]. 经济研究参考, 2014 (22).

[57]张俊浦. 日本养老经验对我国社会养老服务体系建设的启示 [J]. 改革与战略, 2014 (08).

[58]陈超. 中国老龄产业发展研究 [M]. 北京: 中国人民大学出版社, 2015.

[59]张璇. 政府购买公共服务绩效审计评价体系研究 [J]. 审计月刊, 2015 (02).

[60]王春晖. 平衡计分卡在公办养老机构绩效评价中的应用 [J]. 北京劳动保障学院学报, 2015 (02).

[61]总报告起草组. 国家应对人口老龄化战略研究总报告 [J], 老龄科学研究, 2015 (03).

[62]邓大松, 王凯. 国外居家养老模式比较及对中国的启示 [J]. 河北师范大学学报 (哲学社会科学版), 2015 (02).

[63]辜胜阻, 方浪, 曹冬梅. 发展养老服务业应对人口老龄化的战略思考 [J]. 经济纵横, 2015 (09).

[64] 李长远. 我国政府购买居家养老服务模式比较及优化策略[J]. 宁夏社会科学, 2015 (05).

[65] 颜秉秋, 高晓路, 袁海红. 城市社区老人居家养老满意度的结构方程模型[J]. 中国老年学杂志, 2015, 35 (21).

[66] 翟振武, 陈佳鞠, 李龙. 中国人口老龄化的大趋势、新特点及相应养老政策[J]. 山东大学学报 (哲学社会科学版), 2016 (03).

[67] 钟慧澜, 章晓懿. 从国家福利到混合福利: 瑞典、英国、澳大利亚养老服务市场化改革道路选择及启示[J]. 经济体制改革, 2016 (05).

[68] 吴锡扬, 黄灿云. 国际养老金融发展经验及启示[J]. 福建金融, 2016 (05).

[69] 王硕, 井坤娟, 戎艳琴. 美国养老机构老年人服务需求评估现状及对我国的启示[J]. 护理学杂志, 2016 (04).

[70] 刘昊、郑潇雨. 社区居家养老老年人精神生活满意度影响因素分析——基于 ISM-AHP 方法[J]. 福建农林大学学报 (哲学社会科学版), 2017 (05).

[71] 高辉, 谢诗晴. 老年人居住满意度研究基于社区居家养老服务设施发展[J]. 中国房地产, 2017 (21).

[72] 蒲新微, 孙娇娆, 党宇菲. 年龄结构、养老服务需求与服务满意度——基于万份数据的实证调查[J]. 吉林师范大学学报 (人文社会科学版), 2017 (04).

[73] 韩振秋. 老龄化问题应对研究[D]. 北京: 中共中央党校, 2018.

[74] 钱学明. 社会化养老服务关键在于一体化[J]. 小康, 2018 (10).

[75] 陈宁. 从"生存"到"尊重": 我国居家养老服务理念的嬗变[J]. 南华大学学报 (社会科学版), 2018 (02).

[76] 包世荣. 国外医养结合养老模式及其对中国的启示[J]. 哈尔滨工业大学学报 (社会科学版), 2018 (02).

[77] 宋晨晓, 徐爱军, 王丹丹. 老年人口卫生服务利用现状及影响因素分析[J], 现代预防医学, 2018 (45).